高等职业教育专业教学资源库建设项目规划教材

网络贸易
Wangluo Maoyi

贾少华　金文进　主　编
金航飞　副主编

高等教育出版社·北京
HIGHER EDUCATION PRESS BEIJING

内容提要

高等职业教育电子商务专业教学资源库项目（项目编号：2011-1-7）是教育部、财政部为深化高职教育教学改革，加强专业与课程建设，推动优质教学资源共建共享，提高人才培养质量而启动的国家级高职教育建设项目。本书是高等职业教育专业教学资源库建设项目规划教材。

本书以基于B2B的网络贸易业务流程为主线，以服务中小企业开展网络贸易（B2B中前端中小企业）为核心，全面阐述网络贸易基础知识，探索网络贸易创新模式，并以相应业务流程形成教学模块。全书注重实战操作与职业技能提升。

本书共分为6章，首先介绍了网络贸易相关的基本知识，其次按照网络贸易的业务流程，对目标客户寻找、询盘与洽谈、交易管理、客户管理、网络采购进行了模块化设计，详细阐述分析了相应的理论基础与实战技能。

本书可作为高等职业院校、本科院校电子商务专业、市场营销专业、计算机类专业、营销类专业、管理类专业等相关专业学生的教材，也可作为电子商务从业人员以及相关人员的实战参考书。

图书在版编目（CIP）数据

网络贸易 / 贾少华，金文进主编. -- 北京：高等教育出版社，2014.1
ISBN 978-7-04-038750-6

Ⅰ. ①网… Ⅱ. ①贾… ②金… Ⅲ. ①网络贸易－高等职业教育－教材 Ⅳ. ①F713.36

中国版本图书馆CIP数据核字(2013)第271549号

策划编辑	赵　洁　杨世杰	责任编辑	杨世杰	封面设计	于　涛	版式设计	于　涛
插图绘制	杜晓丹	责任校对	刁丽丽	责任印制	朱学忠		

出版发行	高等教育出版社	咨询电话	400-810-0598
社　　址	北京市西城区德外大街4号	网　　址	http://www.hep.edu.cn
邮政编码	100120		http://www.hep.com.cn
印　　刷	北京鑫丰华彩印有限公司	网上订购	http://www.landraco.com
开　　本	787mm×1092mm 1/16		http://www.landraco.com.cn
印　　张	18	版　　次	2014年1月第1版
字　　数	280千字	印　　次	2014年1月第1次印刷
购书热线	010-58581118	定　　价	32.70元

本书如有缺页、倒页、脱页等质量问题，请到所购图书销售部门联系调换
版权所有　侵权必究
物　料　号　38750-00
审　图　号　GS（2013）2643号

高等职业教育电子商务专业教学资源库建设项目课程建设委员会 <<<<<<<<<<<<

顾 问：倪光南

主 任：宋文官　陈丽能

常务副主任：黄春麟　陆春阳

副主任（按姓氏笔画排序）：方玲玉　王庆春　宋　卫　张　红

　　　　　　　　　　　　张继忠　李琳娜　杨　明　范小青　贾少华　商　玮

委　员（按姓氏笔画排序）：

　　　　山少男　乌达巴拉　王丽丽　王克富　王宝双　王　林

　　　　王　威　王　顺　王晓红　王晓亮　王　桃　王　莉

　　　　王　鹏　王　鑫　刘　红　刘丽华　刘　娜　刘春侠

　　　　刘　霞　孙　羽　孙志超　孙荣燕　安　刚　庄　洪

　　　　成先海　朱文峰　朱立伟　朱兴荣　汤海洪　纪　琳

　　　　许久霞　邢　明　邬厚民　严丽丽　何洪伟　吴小琴

　　　　吴洪贵　吴凌娇　吴　涛　宋玉强　宋彦华　张永红

张永良	张立群	张丽华	张丽霞	张明明	张晓娜
张　鸽	张　磊	李正坤	李玉清	李立威	李国政
李建军	李建洪	李　苑	李统亮	李选芒	李祥杰
李　艳	李　琴	杨小毛	杨志昂	杨国良	杨晓黎
杨莉惠	汪永华	汪启玲	邱　阳	陆　婷	陈月波
陈伟明	陈　华	陈　花	陈国军	陈　炜	陈　萱
单继周	周林燕	周　莉	季晓伟	宗　玮	庞海松
林剑谊	林　雯	罗闻泉	罗艳蓓	范生万	范微娜
郑　延	郑　琦	金文进	金航飞	姚旭东	姚　琪
姜　欣	姜桂娟	施建华	胡华江	胡　蓉	赵宇萱
赵树敏	夏　凡	徐云彪	徐　文	徐秀清	柴方艳
桂海进	殷洪杰	聂洪臣	袁江军	陶　金	崔华楠
曹春益	曹献存	梁学伟	盘红华	麻丽颖	傅　俊
童旭红	粟卫民	董彦龙	覃晓康	韩　花	鲍志林
蔡宝玉	谭东清	薛永三			

总　序

2005年国务院发布了《国务院办公厅关于加快电子商务发展的若干意见》，强调电子商务是国民经济和社会信息化的重要组成部分。发展电子商务是以信息化带动工业化，转变经济增长方式，提高国民经济运行质量和效率，走新型工业化道路的重大举措，对实现全面建设小康社会的宏伟目标具有十分重要的意义。

2012年发布的《中华人民共和国国民经济和社会发展第十二个五年规划纲要》中指出，积极发展电子商务，完善面向中小企业的电子商务服务，推动面向全社会的信用服务、网上支付、物流配送等支撑体系建设。

2012年工业和信息化部制定了《电子商务"十二五"发展规划》，阐明电子商务是降低成本、提高效率、拓展市场和创新经营模式的有效手段，是满足和提升消费需求、提高产业和资源的组织化程度、转变经济发展方式的重要途径，对于优化产业结构、支撑战略性新兴产业发展和形成新的经济增长点具有重要作用。

电子商务业已经成为国民经济的一个非常重要的服务产业，它涉及领域广、吸纳就业人数多，对促进生产、拉动消费的作用大。据统计，电子商务业产值每增加1个百分点，可增加10多万个工作岗位。电子商务在中小企业中的应用普及率迅速提高。网络零售交易额迅速增长，"十一五"期间年均增速达100.8%，占社会消费品零售总额比重逐年上升，成为拉动需求、优化消费结构的重要途径。2012年我国网络零售用户规模达2.42亿，交易额达到12 594亿元，占社会消费品零售总额比重达到6.1%。为适应电子商务的快速发展，规范电子商务人才的培养，《国家教育事业发展第十二个五年规划》明确指出，加快培养电子商务、电子政务等经济社会各领域信息化应用型人才。

要提高电子商务业整体管理水平，则需要一支数量庞大的高素质、高技能的电子商务从业人员队伍。2006年年底启动的"国家示范性高等职业院校建设计划"，旨在引导我国高等职业教育人才培养面向各行业企业岗位需求，向培养高素质、技能型人才方向发展。于2011年开展的"高等职业教育电子商务专业教学资源库建设项目"，是教育部门为了满足电子商务业迅速发展对从业人员素质提高的需求，规范电子商务专业人才培养模式，共享优质教学资源而做的一项重要的有开创性的工作。两年多来，在中国电子商务协会、教育部高等学校高职高专工商管理类专业教学指导委员会电子商务与物流分委会、全国电子商务职业教育行业指导委员会的指导下，按照教育部提出的"由国家示范高职建设院校牵头组建开发团队，吸引行业企业参与，整合社会资源，在集成全国相关专业优质课程建设成果的基础上，采用整体顶层设计、先进技术支撑、开放式管理、网络运行的方法进行建设"建设方针，确定了浙江经济职业技术学院、上海商学院、常州信息职业技术学院、昆明冶金高等专科学校、浙江经贸职业技术学院、海南职业技术学院、义乌工商学院、青岛职业技术学院、长沙民政职业技术学院、黑龙江农业经济职业学院等10多所院校和阿里巴巴（中国）教育技术有限公司、浙江物产信息技术有限公司、杭州拼图网络科技有限公司、重庆人人斑竹网络技术有限公司、湖南竞网科技有限公司、东华纺织集团有限公司、常州顶呱呱彩棉服饰有限公司、黑龙江响水米业股份有限公司、牡丹江德世盟生物科技有限公司、昆明浩州集团有限公司、云南省电子政务网络管理中心、济南盈昂信息科技有限公司、义乌市万客投资管理有限公司、海南天涯在线网络科技有限公司等20余家企业作为联合建设单位，同时以课程和项目为单位吸收全国80余所高职院校的100余名骨干教师共同承担了10门专业课程开发和3个子项目建设工作，形成了一支学校、企业、行业紧密结合的建设团队。两年多来，项目建设团队先后召开了多次全国性研讨会，以建设具有高等职业教育特色的标志性、共享型专业教学资源库为目标，紧跟我国职业教育改革的步伐，确定了"能力本位、工学结合、校企合作、持续发展"的高职教育理念，以《国家教育事业发展第十二个五年规划》中的"课程内容与职业标准对接"为指导，以《国家电子商务师职业标准》为依据，以电子商务职业岗位及岗位任务分析为逻辑起点，开发了电子商务概论、网络营销、网络贸易、网上创业、商务网站内容维护与管理、客户服务与管理、商务网页设计与制作、电子商务法律法规、商品信息采集与处理、商品实务等10门电子商务专业理实一体的课程，以先进技术为支撑建设了各课程系列教学资源，开发了虚拟仿真实训库、大宗生产资料电子商务实践平台、网上小商品创业平台等三个教学平台，构建了一个电子商务专业的门户网站，该网站也是校企沟通的桥梁，为本专业搭建了全国性的教学与就业信息共享平台。

在上述工作基础上，项目组推出了高等职业教育电子商务专业教学资源库系列教材。本系列教材是"高等职业教育电子商务专业教学资源库"建设项目的重要成果之一，也是资源库课程开发成果的重要载体和资源整合应用的实践。两年多来，项目组多次召开教材编写会议，组织各课程负责人及参编人员认真学习高等职业教育课程开发理论，深入进行电子商务职业岗位及岗位任务的调研与分析，以培养高素质的技能型电子商务人才为目标，根据电子商务教学的需求重新构架教材体系、设计教材体例，力求做到理论知识的学习和实际技能的训练能合二为一，使"教学做"融为一体。

本系列教材装帧精美，采用四色或双色印刷，使教材的表现力更加生动、形象。另外，按照资源库建设的顶层设计要求，在本系列教材编写的同时，各门课程开发了涵盖课程大纲、教材、职业活动教学设计、电子课件、操作演示、虚拟实训、案例、动画、视频、音频、图片等在内的丰富的教学资源。这些教学资源的建设与教材编写同步进行，相携而成，是本系列教材最大的特色。同时，为了引导学习者充分使用资源，打造真正的"自主学习型"教材，本系列教材增加了辅学资源标注（具体见本书学习指南），即在教材中通过图标形象地告诉读者本处教学内容所配备的资源类型、内容和用途，从而将教材内容和教学资源有机整合起来，使之浑然一体。如果说资源库数以千计的教学资源是一颗颗散落的明珠，那么本系列教材就是将它们有序串接的珠链。

我们有理由相信，这套嵌合着数以千计的优质资源、凝结着数以百计的优秀教师心血的教材将会成为高职电子商务专业教学上第一套真正意义的理实一体的数字化、自主学习型创新教材。衷心地希望高等职业教育电子商务专业教学资源库项目成果，能够为高等职业教育电子商务专业建设和人才培养起到积极重要的推动和引导作用。

高等职业教育电子商务专业
教学资源库建设项目课程建设委员会
2013年3月
songwg@vip.163.com

前 言

中国互联网络信息中心（CNNIC）发布的互联网统计报告数据显示，截至2013年6月，中国网民已经接近6亿，互联网正不断渗透影响着人们的生活。据艾瑞咨询集团2013年第二季度数据，我国电子商务交易额达到2.5万亿元，B2B业务占比达80.3%，特别是中小企业B2B业务占比达53.1%，在电子商务中占据举足轻重的地位，还有大量传统企业亟待转型升级，需要借助互联网开展电子商务，用以进一步提升企业竞争力。

开展网络贸易的潜在用户包括传统贸易公司、生产企业以及电子商务C2C的中小卖家等。传统贸易公司通过获得产品国内代理权，建立分销渠道进行销售，获得订单的渠道有限；传统生产企业往往缺乏创新意识，管理效率低下，对市场敏感度不高，发展遇到瓶颈；电子商务C2C的中小卖家，也需要继续寻求电子商务领域新的发展，可选择的无非是品牌B2C或者大额批发B2B业务。网络贸易的普及，使得商家需要学会利用互联网渠道开发客户、维护客户，宣传推广自己的品牌与商品，以获得更多的订单。

本书是高等职业教育电子商务专业教学资源库建设项目成果之一，具有以下几个主要特点：

1. 结构清晰。以网络贸易业务流程为主线，对各个业务环节进行分解论述，以提升学生对网络贸易流程的理论认知与理解。

2. 注重实战。结合网络贸易实战平台，进行实战操作与分析，提升学生服务中小企业开展B2B业务的实战能力。

3. 重点突出。网络贸易涉及内容较广，本书重点讲解电子商务领域份额占比最高的中小企业B2B业务，并以服务前端B为核心教学目标，培养B2B电子商务人才。

4. 资源丰富。本书配套有图片、案例、视频、动画、多媒体课件、交互式实训动画等教学资源，帮助学生掌握知识点。

5. 内容完整。本书涵盖了开展网络贸易的所有业务流程，学生通过本书的学习以及相关资源的应用与练习，可以掌握网络贸易基本实战技能，具备为企业开展B2B的业务能力。

本书总共分6章。第一章网络贸易概述，主要内容为贸易与网络贸易的介绍，网络贸易平台的选择以及如何搭建，网络贸易业务流程梳理。第二章目标客户，主要内容为目标客户概述，目标客户定位分析，以及如何进行目标客户信息采集与评价。第三章询盘与洽谈，主要内容有询盘概述，询盘洽谈的一般流程，询盘处理与洽谈技巧。第四章交易管理，主要内容有订单管理，库存管理，支付平台与支付方法及资金的管理，评价管理。第五章客户管理，主要内容有认识客户管理，客户分析及其价值分析，客户关系维护。第六章网络采购，主要内容有网络采购概述，网络采购的模式分析，供应商分析以及如何管理供应商等。

本书参考课时为64课时，理论与实践课按1∶1比例安排。各模块具体课时安排见表0-1。

表0-1　各模块课时安排

序号	模块	实训项目	参考课时
1	网络贸易概述	项目一：网络贸易平台选择与搭建	12
2	目标客户	项目二：目标客户寻找	8
3	询盘与洽谈	项目三：模拟询盘处理及洽谈	10
4	交易管理	项目四：模拟交易管理流程	10
5	客户管理	项目五：客户价值分析及客户关系管理方案设计实训	8
6	网络采购	项目六：供应商对比分析	12
	机动+期末考核		4
	合计		64

本书在编写过程中，得到了高等职业教育电子商务专业教学资源库建设项目课程建设委员会宋文官主任、陈丽能主任以及高等教育出版社高等职业教育出版事业部经管分社赵洁社长的大力支持与指导，高等教育出版社杨世杰编辑对书稿进行了细致的审读，在此谨表示衷心的感谢。

本书由贾少华教授统筹策划，金文进（第一章）、金航飞（第二章）、季晓伟（第三、四章）、庞海松（第四章）、邱阳（第五章）、董彦龙（第六章）等教师参与了编写工作，全书最终由金文进、季晓伟、金航飞负责统稿，李统亮、范生万、李玉清、林雯、李建军、罗晓东、乔寿阁、罗红兰、王华等老师给予了教学内容设计的建议，浙江零创网络科技有限公司杨志昂董事长、义乌万客商城何洪伟总经理为相关素材收集提供了支持。

电子商务正飞速发展，网络贸易流程与技术日新月异，由于时间仓促，加之作者水平有限，书中不足之处在所难免，敬请各位专家、读者批评指正，意见反馈邮箱：jinwenjin@163.com。

编者

2013年10月

学习指南 <<<<<<<<<<<<

一、资源标注说明

高等职业教育电子商务专业教学资源库系列教材共有6种辅助资源标注形式,分别是图片、案例、表格、音频、视频、动画。当教材中出现相应图标时,表示此处配有对应类型的资源。学习者可到相关网站查看或获取。

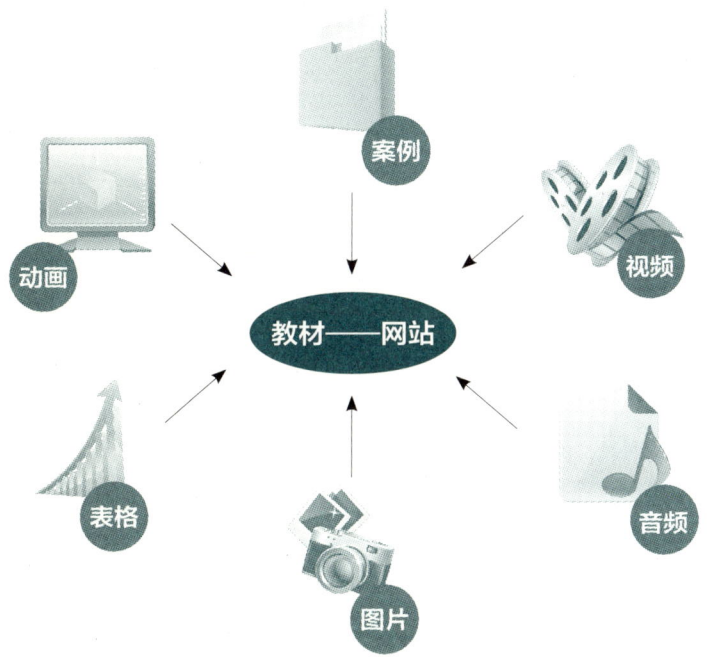

二、资源获取方式

1. 高等职业教育教学资源中心,网址:www.cchve.com.cn。学习者可自行注册,浏览课程大纲、职业活动教学设计等相关课程资源。

2. 高等职业教育学习资源网,网址:hve.hep.com.cn。学习者可自行注册,然后用书后防伪码进行充值,即可浏览、获取上述6种教材辅助资源及试题库等其他资源。

目 录

第1章 网络贸易概述 /001
1.1 贸易与网络贸易 /003
1.2 网络贸易平台选择 /015
1.3 网络贸易业务流程 /037

第2章 目标客户 /049
2.1 目标客户概述 /051
2.2 目标客户定位分析 /059
2.3 目标客户信息采集 /070

第3章 询盘与洽谈 /093
3.1 询盘概述 /096
3.2 询盘处理与洽谈流程 /103
3.3 询盘处理及洽谈技巧 /113

第4章 交易管理 /131
4.1 订单管理 /133
4.2 库存管理 /145
4.3 支付平台与支付方法 /148
4.4 评价管理 /150

第5章 客户管理 /159
5.1 认识客户管理 /162
5.2 客户类型分析 /165
5.3 客户价值分析 /188
5.4 客户关系的维护 /198

第6章 网络采购 /215

6.1 网络采购概述 /217
6.2 网络采购的模式 /228
6.3 供应商分析 /252
6.4 供应商管理 /261

参考文献 /271

第1章 网络贸易概述

一、知识目标

1. 了解贸易的基本知识；
2. 了解网络贸易的基本知识；
3. 了解网络贸易的分类和特点；
4. 了解网络贸易的基本业务流程；
5. 掌握网络贸易平台的选择和搭建方法。

二、技能目标

1. 能够准确区分网络贸易的模式；
2. 能够根据企业实际，进行网络贸易平台的选择和搭建；
3. 能够进行网络贸易业务流程设计。

三、内容结构

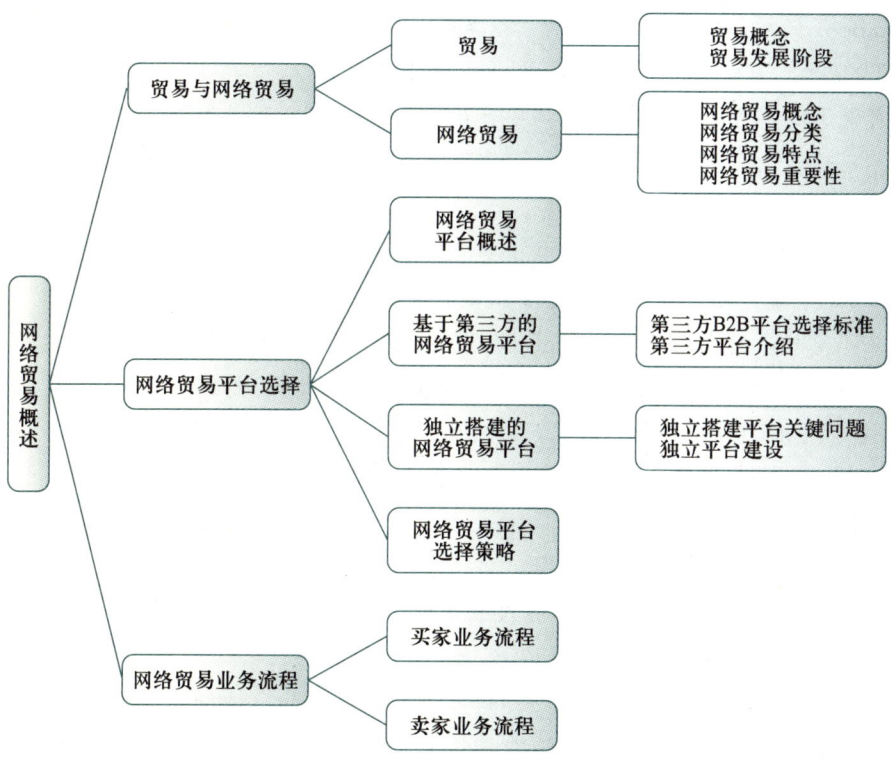

引例：中华老字号的电子商务之路

生存危机

有着352年历史的北京"王麻子"剪刀在2003年破产，至今仍让人唏嘘不已。"王麻子"只是过去几年消失的众多中华老字号之一。中国品牌研究院的最新调查数据显示，新中国成立初期，全国中华老字号企业约有16000家。但据商务部统计，截至2006年，全国尚存2000家。其中，勉强维持现状的占70%；长期亏损，面临倒闭、破产的占20%；效益好的只有约10%。

电商机遇

与老字号的生存危机形成鲜明对比的是，电子商务产业连续几年以40%的年均增长率发展。来自中国电子商务研究中心的数据显示，截至2011年年底，我国中小企业电子商务利用率突破60%，当年电子商务交易总额5.88万亿元，同比增长29.2%。各类电子商务供应商15万家，年产值1200亿元。有盈利能力的行业B2B网站达1700多家。

随着电子商务的崛起，不少老字号开始上网求生存。"五芳斋"、"张小泉"、"三珍斋"、"稻香村"、"回力"、"百雀羚"、"方回春堂"等老字号纷纷进军电子商务，扩大销售渠道。

浙江五芳斋实业股份有限公司电子商务部相关负责人表示，端午节前一周，"五芳斋"在天猫商城的粽子销量每天都在1万单以上。"这样的情况并不意外。过去两年的端午节，我们在天猫上的销售都不逊于这个数字。"该负责人介绍，五芳斋官方网站旗舰店于2009年3月创立，短短3年，年销售额就从最初的200多万元增加到了现在的2000多万元。

"我们从2010年开始涉足电子商务，当时是在天猫上开了官方旗舰店，主要销售中药饮片和中药成品。"杭州同德堂国药有限公司相关负责人介绍，该公司主要负责杭州老字号"方回春堂"在网上的销售。在此之前，"方回春堂"独有的茶方、膏方仅限于杭州地区销售。通过两年多的网上经营，其旗下多款产品已经行销全国。

在"方回春堂"的网店可以看到，龟苓膏、西洋参片、枸杞等产品的近期销量都在1万单以上。很多消费者认为，虽然市面上有不少中医药馆，但老字号毕竟更信得过。

> **引例分析**
>
> 老字号为什么会面临生存危机？需要如何应对？
>
> 老字号破产的原因很多，除经营体制、产品与技术落后等因素外，品牌意识淡漠、营销推广乏力，常常是老字号不能在新经济环境下保持发展的重要原因。不少老字号过分依赖历史积淀的口碑和品牌影响力，忽视了新商业环境下的营销与推广。21世纪，要么电子商务，要么无商可务，电子商务及网络贸易飞速发展，传统企业必须要转型升级，积极开展电子商务的实践与应用，发挥老字号信誉佳、口碑好的优势，研发新品，拓展销售渠道，并能适应电子商务的特点，积极研发适合网络销售的产品，要避免线上产品对线下产品形成冲击，进行产品差异化开发。

1.1 贸易与网络贸易

1.1.1 贸易

1. 贸易的概念

远古时期，处在不同自然环境下的农业部落，有的在山区，有的在平原，有的分布在沿海地区，有的分布在内地。他们种植的作物和采集品也各不相同，即使同样在山区，由于山地植物垂直分布的特点，山顶和山脚下的人们生产的产品也因地而异。由于同样的原因，他们的采集品和狩猎产品也不尽相同，取材于不同自然环境下的人们生产的手工业品也各具特色。所有这一切，都吸引着人们相互交换其不同的产品。直到近现代，我国西南少数民族地区集市上的交换品，主要还是农产品和采集品。

丝绸之路，简称丝路，是指西汉（公元前202年—公元8年）时，由张骞出使西域开辟的以长安（今西安）为起点，经甘肃、新疆，到中亚、西亚，并联结地中海各国的陆上通道（这条道路也被称为"西北丝绸之路"以区别日后另外两条冠以"丝绸之路"名称的交通路线）。中国出口的商品主要是漆器、铁器、玉器和丝绸制品等，因为由这条路西运的货物中以丝绸制品的影响最大，故得此名。其基本走向定于两汉时期，包括南道、中道、北道三条路线。

贸易，是自愿的货品或服务交换。贸易也被称为商业。商业与贸易是人类在长期生产、生活过程中产生的一种社会活动形式，它是指通过买卖方式，使货物得以流通的一类经济活动。中国人很早就学会经商，商朝人善于经商，周武王灭商后，商朝遗民为了维持生计，东奔西跑地做买卖，日子一长，便形成了一个固定职业，周人就称他们为"商人"，称他们的职业为"商业"。这种叫法一直延续到今天。

贸易示意图

贸易从区域范围上，可以分为国内贸易与对外贸易。在对外贸易中，两个贸易者之间的贸易称为双边贸易，多于两个贸易者的贸易则称为多边贸易。贸易出现的原因众多，其中主要原因是劳动力分工的专业化，个体只会从事一个小范畴的工作，所以他们必须以贸易来获取生活的日用品。两个地区之间的贸易往往是因为一地在生产某产品上有相对优势，如有较佳的技术、较易获取原材料等。

晋商即山西商人，他们是和徽商齐名的明清时期我国的一大商帮。他们的兴起和发展与徽商如出一辙。晋商的兴起也是经营盐业。晋商在明初利用地接北部边防之便，为官府运送军粮，获取贩盐的权利，经营盐业致富，成为富有的大盐商。他们积累起巨额商业资本之后，逐渐扩大经营范围，贩卖丝绸、铁器、茶叶、棉花、木材等。到清代乾隆年间，晋商开始兴办金融机构——票号，经营存款、放贷、汇兑等。经过长期的经营和积累，晋商的财力不断壮大，到清代时，资产达百十万两者不可胜数，晋商首富的资产多达数千万两。晋商的活动范围极为广泛，许多人甚至走出国门，到日本、东南亚、俄罗斯等地去做生意。图1-1所示为乔家大院，乔家是晋商代表之一。

乔家大院

图1-1 乔家大院

随着社会的发展和科技的进步，贸易标的从实物延伸到虚拟物品，市场从有形拓展到无形，不断丰富和进步。万变不离其宗，贸易的核心是交换。交换，是交货与付款两对立流程的统一。在自由平等的正常主体之间，交换遵循的原则是等价和同步。同步交换，就是交货与付款互为条件，是等价交换的保证。交换过程分为交换协议阶段和标的转移阶段。标的包含商品、服务、劳务、技术、信息等。交换协议是双方对立主体对标的达成一个彼此能够接受和认同的所谓等价的值。标的所有权的转移是以对价的同步互动为条件，所以交换是在动态过程中实现的。

案例

全球最大的小商品批发市场——义乌小商品批发市场

义乌小商品批发市场

第一代小商品市场
第二代小商品市场
第三代小商品市场
第四代小商品市场篁园市场
第五代小商品市场国际商贸城

义乌小商品批发市场，又名中国小商品城，坐落于浙江省义乌市，创建于1982年，现拥有营业面积400余万平方米，商位近7万个，从业人员超过20万，日客流量21万多人次，经营16大类、4202个种类、33217个细类、170万个单品，是国际性的小商品流通、信息展示、交易中心，被联合国、世界银行与摩根士丹利等权威机构称为"全球最大的小商品批发市场"。2011年中国小商品城市场成交额达515.12亿元，连续21年居全国各大专业市场榜首。

中国小商品城是我国最大的小商品出口基地之一，商品已出口到215个国家和地区，年出口50多万个标准集装箱，外贸出口占65%强，有89个国家和地区的2730多家境外企业设立代表处，占浙江总数的1/2强，常驻外商超1.3万名，联合国难民署、中国外交部等机构在义乌建立采购信息中心，有55个国家和地区在五区市场设立进口商品馆，"买全球货，卖全球货"的格局初步形成。新开业的篁园服装市场如图1-2所示。

图1-2 新开业的篁园服装市场

2. 贸易的发展阶段

概括起来，贸易主要包括以物易物和一般等价物交换两个阶段。最原始的贸易形式是以物易物，即直接交换货品或服务。现代的贸易则普遍以一种媒介作讨价还价，如贝壳、金钱等。金钱及非实体金钱大大简化和促进了贸易。

（1）以物易物阶段的贸易

以物易物或以物换物，顾名思义，就是指用自己已有的物品、服务与别人交换，以换取别人的物品、服务，是一种现有贸易模式出现之前已有的交易方式。在使用货币做买卖之前，人类已经懂得以物易物。以物易物不同于买卖，并没有使用任何金钱做交易的工具，所以以物易物不一定是一场等价交换。

以物易物

以物易物是远古时代最原始也是最普遍的贸易方式，通过面对面的交易来获取商品或者食物，各取所需，互蒙其利。现代的物物交换以需求决定价值为原则，重在实现物尽其用。与原始的满足生活需要的物物交换不同，现代的以物易物并不追求等值交换，而是提倡需求决定价值，重在提高物品的利用效率，利用网络技术将闲置物品的使用价值进行有效整合。以环保为主要卖点的物物交换网站曾盛行一时，但随后并未有过人的表现，陷入了低潮。然而，金融海啸以来，大批中产阶级腰包缩水，既不需要支出真金白银又能够实现物尽其用的交换网站开始备受垂青，而其性质也从最初的非盈利向商业化发展，成为互联网行业中受益于金融危机的一个细分增长点。

别针换别墅

从2005年7月起，26岁的美国外卖员凯尔·麦克唐纳利用互联网，用一枚红色曲别针开始与人交换，最终没花一分钱，换回一套漂亮的双层公寓！当时，麦克唐纳有一枚特大号的红色曲别针，是一件难得的艺术品。两名妇女用一支鱼形钢笔换走了曲别针。他用钢笔换到一个绘有笑脸的陶瓷门把手，陶瓷门把手又变成了烤炉。一个月后，美国加州的一名军官要了这个烤炉，并给了麦克唐纳一个发电机。他用这个发电机换了一个具有多年历史的百威啤酒桶。加拿大一名电台播音员相中了这个古典酒桶，用一辆旧的雪地汽车交换了酒桶。几经交换,雪地车变成了敞篷车。麦克唐纳随即转手给一位音乐家,得到了工作室录制唱片的一份合同。后来,麦克唐纳把这个机会给了一名落魄的歌手,歌手感激涕零,给了他一栋双层别墅一年的居住权!

麦克唐纳(图1-3)很享受自己这份经历,他说他从中学到了很多,"倘若你决定了做什么,而且这件事被大家所接受、所喜欢,那么你坚持自己,走下去,一定会得到认可,人们也会帮助你的。"

图1-3 别针换别墅

以物易物贸易示意图如图1-4所示。

图1-4 远古时期以物易物示意图

（2）等价交换物阶段的贸易

一般等价物，是从商品中分离出来的充当其他一切商品的统一价值表现材料的商品。它的出现，是商品生产和交换发展的必然结果。历史上，一般等价物曾由一些特殊的商品承担，随着社会的进步，黄金和白银成了最适合执行一般等价物职能的货币。货币是从商品中分离出来固定充当一般等价物的特殊商品。

一般等价物的出现，是因为扩大价值形式缺乏统一的等价物，而不能适应日益增长的交换的需要，于是等价物的职能就逐渐自发地固定在某一种商品上，从而出现了一般等价物。一般等价物是社会公认的等价形态。它的自然形态，成为一切商品的共同的价值形态。它可以与其他一切商品直接相交换，其他一切商品把它当做抽象人类劳动的化身而同它发生关系。其他一切商品只有首先转化为一般等价物，耗费在它们身上的私人劳动，才能得到社会的承认，成为直接的社会劳动，从而才实际上具有交换价值，才可以随时换取别的商品。在古希腊，公牛和谷物都曾是交易的中介和财富的代表，曾起过一般等价物的作用。在中国古代，羊、布、海贝、铜器、玉璧等都曾充当过一般等价物。

一般等价物在商品交换中有着两种基本的作用：一是反映和衡量其他一切商品的价值，发挥着价值尺度的作用；二是通过它来实现各种商品的交换，发挥着交易中介的作用。它的出现推动了商品交换的发展，促进了以交换为目的的商品生产的出现和发展。

等价交换物贸易示意图如图1-5所示。

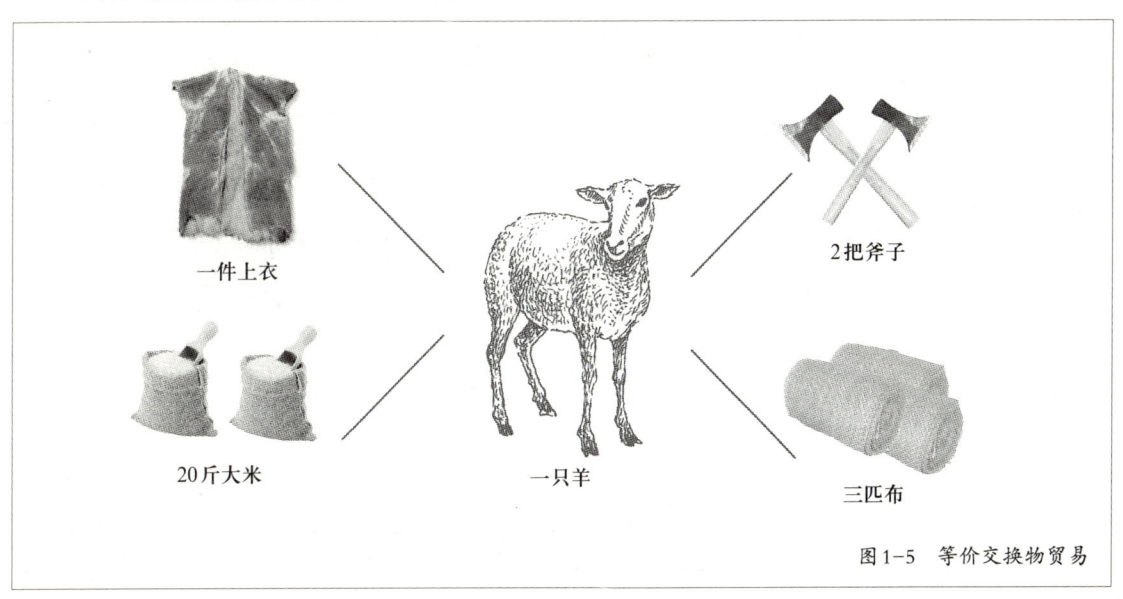

图1-5　等价交换物贸易

1.1.2 网络贸易

非典,成就了京东商城

京东商城(见图1-6)自2004年初登陆电子商务领域以来,专注于该领域的长足发展,凭借在3C领域的深厚积淀,秉承"先人后企"的发展理念,奉行"合作、诚信、交友"的经营理念,先后组建了上海及广州全资子公司,富有战略远见地将华北、华东和华南三点连成一线,使全国大部分地区都覆盖在京东商城的物流配送网络之下;同时不断加强和充实公司的技术实力,改进并完善售后服务、物流配送及市场推广等各方面的软、硬件设施和服务条件。根据战略规划,京东商城将组建以北京、上海、广州和成都为中心的四大物流平台,以期能为全国用户提供更加快捷的配送服务,进一步深化和拓展公司的业务空间。

图1-6 京东商城

1. 网络贸易概念

1995年,Internet第一银行(First Bank of Internet, FBOI)开业,标志着商业交易处理网上服务的开始。当时的服务是以visa智能卡为基础的，可以在83个国家的200 000台visa/plus自动取款机上向卡中存入现金，使用个人身份证编号（Personal Identification Number，PIN）对智能卡进行保护。到了1997年，全球网上销售额大约为500亿美元，其中美国网上的销售额已经达到60亿~70亿美元。

各国和各区域贸易组织纷纷利用政府或者贸易组织的力量维护和开发网络贸易这一新领域。1997年7月1日，美国政府发布了"全球电子商务框架"（a Framework for Global Electronic Commerce），旨在推动网络贸易的发展；日本成立了"电子商务促进委员会"（ECOM），开发和指导本国企业的网络实践；欧盟更是不遗余力地开展网络贸易，1997年7月，波恩部长级会议讨论了网络贸易的规范化问题，与会代表一致同意在国际网络贸易活动中遵循自由贸易原则，不设立关税壁垒，保障网络贸易的畅通无阻、交易成本最低化。1998年5月下旬在日内瓦召开的网络贸易会议，各国代表达成了一年暂时免征网络贸易关税的协议，为网络贸易的深度发展建立了一座历史丰碑。

网络贸易（Internet Trade），就是通过网络进行的贸易活动。网络贸易是电子商务的重要组成部分，它是指通过互联网所进行的贸易活动，或者是指以Internet为载体，利用数字化进行的在线交易。在网络贸易中，贸易活动的各方通过不同的网络服务平台，发布浏览贸易信息、进行贸易洽谈、签订贸易合同、支付货款、处理订单等。

2. 网络贸易分类

网络贸易是基于互联网的一种新型的贸易方式，是当今发展最为迅速和最有前景的贸易方式。按照交易对象的不同，网络贸易主要可以分为企业对企业的贸易（Business to Business，B2B）、企业对消费者的贸易（Business to Consumer，B2C）、消费者对消费者的贸易（Consumer to Consumer，C2C）等。

网络贸易

网络贸易的覆盖范围广泛，无法一一论述，这里仅对B2B贸易模式作一个简单介绍。B2B（Business to Business），是企业之间的一种营销关系，是市场领域中的一种。电子商务是现代B2B的一种主要的表现形式。它将企业内部网，通过B2B网站与客户紧密结合起来，通过网络的快速反应，为客户提供更好的服务，从而促进企业的业务发展。关于网络贸易，通俗的说法是指进行电子商务交易的供需双方都是商家（或企业、公司），它们使用了Internet技术或各种商务网络平台，完成商务交易的过程。这些过程包括：发布供求信息，订货及确认订货，支付过程及票据的签发、传送和接收，确

网络贸易分类

定配送方案并监控配送过程等。

根据交易对象的不同，B2B可分为中小企业B2B和大型企业B2B；根据交易范围不同，可分为内贸B2B和外贸B2B；根据经营模式不同，可分为行业垂直型B2B平台、综合性B2B平台和企业自建B2B平台。

随着互联网规模的不断扩大，应用的不断普及与深化，传统企业必须转型升级，适应新型贸易方式。本书主要基于内贸B2B业务知识，以服务中小企业开展网络贸易为写作主线，梳理企业开展网络贸易的业务流程，实现知识技能的良好训练。

中国B2B网络贸易发展历程如图1-7所示。

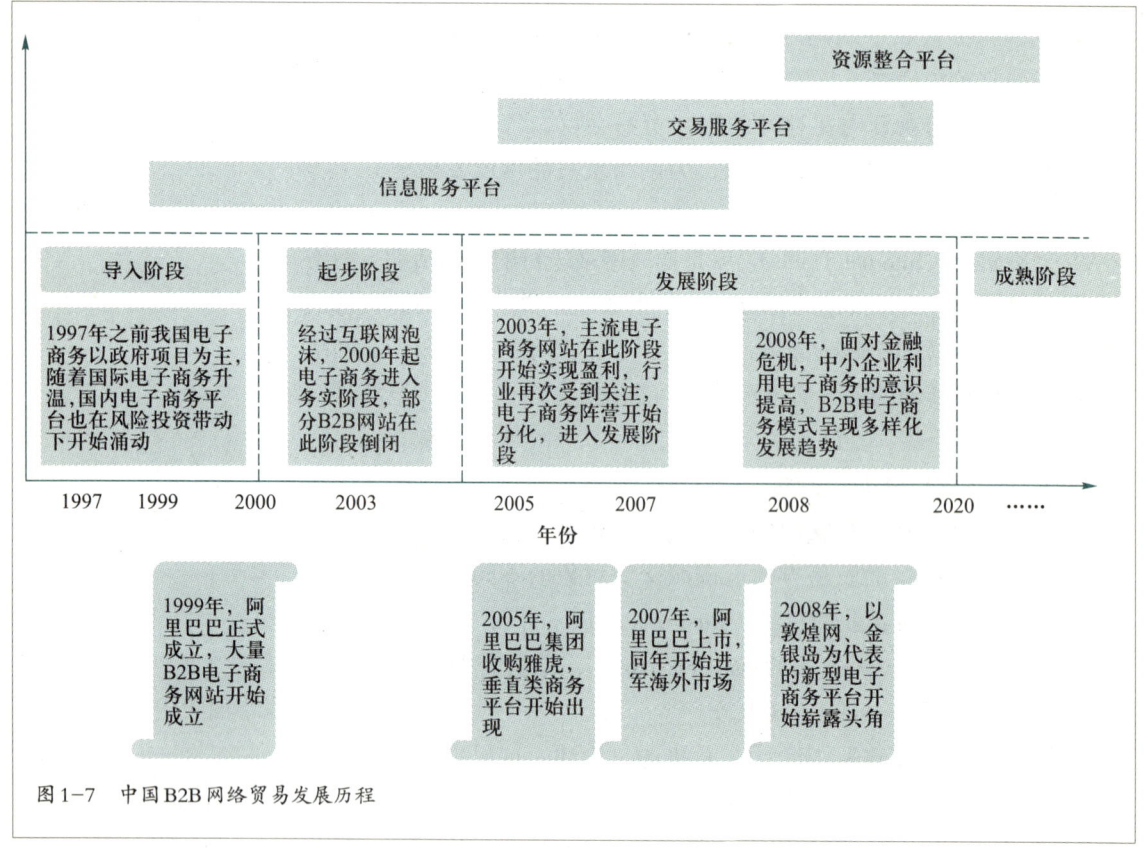

图1-7 中国B2B网络贸易发展历程

3. 网络贸易特点

相比于传统贸易，网络贸易具有显著的特点及优势。

（1）克服了地域上的限制和时间上的差异，创造了更多的贸易机会

网络贸易为商家提供了从事全球贸易的可能，获得了更广阔的发展空间。打破了地域空间的限制，不同区域的商家可以足不出户，

看到全球贸易信息；通过网络订单处理系统，网络商家可以24小时不间断地受理各种订单，并能得到及时响应与处理。

（2）大大降低了交易成本

买卖双方通过网络直接接触，不需要贸易中介的参与，减少了交易中介环节，参与交易的各方只需支付较少的网络通信费用和管理费用就可获取、处理信息，节省了资金，降低了成本。互联网为交易双方获取信息提供了最佳手段，降低了信息搜寻成本，减少了交易的不确定性。此外，网络贸易缩短了交易时间，加快了资金周转，节省了利息开支。

（3）提高了工作效率

现有网络技术实现了商业用户间标准格式文件的及时传输，买卖双方可以在网上直接办理订购、谈判、签约、支付结算等业务，使整个交易快捷方便。

4. 企业开展网络贸易的意义

（1）巨大市场孕育无限商机

艾瑞咨询分析认为，电子商务市场规模的高速增长主要源于以下几个方面的发展：一是，在国际、国内经济形势的共同影响下，2011年中国的内贸额和外贸额较2010年相比都有增幅；二是，电子商务在企业间渗透率逐年提升，企业间的电子商务交易需求得以迅速增加，促进B2B电子商务交易规模的增长；三是，互联网用户群体不断扩大及应用不断普及，网络购物等电子商务零售市场继续保持快速增长。2011年电子商务市场细分行业结构中，B2B电子商务交易额占比86.6%（见图1-8）。

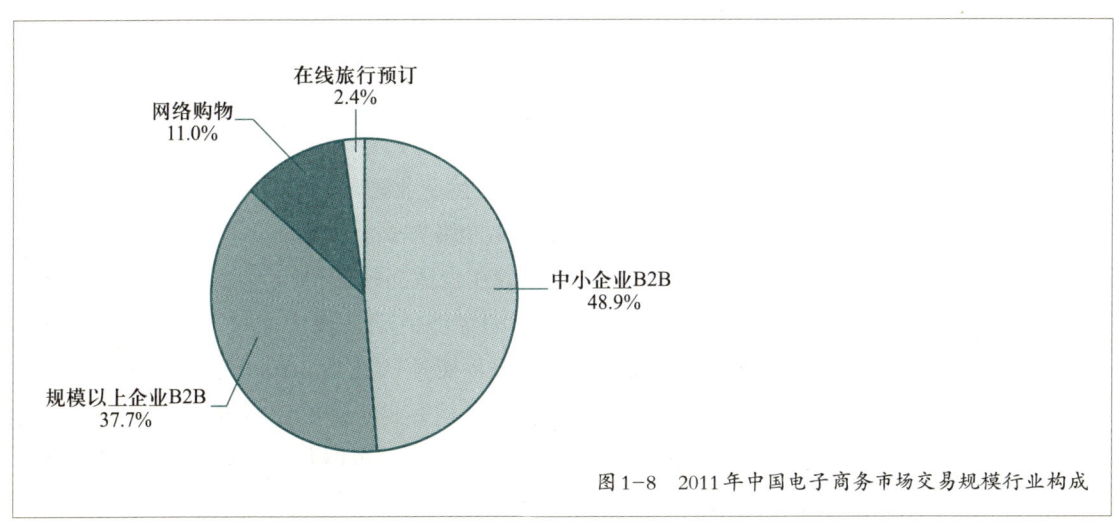

图1-8　2011年中国电子商务市场交易规模行业构成

（2）借助全新手段获得全球性竞争优势

信息已经成为信息时代最重要的战略性资源，电子商务则是最好的信息获取手段。利用电子商务方式，企业可以构筑覆盖全球的商业营销体系，实施全球性经营战略，加强全球范围内行业间的合作，从而增强全球性竞争能力。特别是对于小企业或小行业，可以通过电子商务了解世界范围的市场需求，促进与世界各地企业的合作。

（3）将有力促进企业生产组织与经营方式发生改变

网络、通信和信息技术的发展，使得现代商业凸显出不断增长的供货能力、客户需求与全球性竞争的特征，因而每个商业组织都必须调整其组织结构与经营方式来适应这种变化。事实上，许多企业或商家已经在调整其生产组织与经营方式，采取更加依赖于信息资源的运作方式。比如，1992年全球网址（Website）仅有25个，1998年达到3 000万个，2002年超过30亿个，70%以上的大公司都通过网络销售。

企业是经济领域中最小也是最重要的组织，信息化对经济活动的影响，最终还是反映在企业的经营管理上。在这一方面，电子商务改变了企业的竞争方式、竞争基础和竞争形象。

与传统的商业结构相比，现代信息技术使企业的竞争方式发生了变化。信息技术与管理相结合发展的本质是实现高效率、自动化的流程管理，以信息流动代替物质和能量的流动，也就是透过技术的实现，帮助人们实现业务流程的优化，降低内耗，提高经营效率。有人将爱因斯坦的智能方程应用到信息技术管理上来：

$$管理效率 = 全面质量管理 \times 商务信息利用^2$$

从以上公式可以看出，管理效率的提高依赖于对产品和服务的全面质量管理和对商务信息资源的充分利用。商务信息利用的影响大大超出了其他因素的影响。这使企业的竞争方式也必须进行重新定位，以扩大竞争优势。

（4）采用新型商务模式，使企业经营效率和生产率获得巨大提高

电子商务以一种最大化网络方式将顾客、销售商、供应商和雇员联系在一起，使供需双方在最适当的时机得到最适用的市场信息，从而极大地促进供需双方的经济活动，减少交易费用和经营成本，提高企业经济效益和参与世界竞争的能力。2002年后，电子商务每年可为商界节约12 500亿美元。工业经济的市场模式有许多的中间环节，企业的生产、流通都需要一个很漫长的过程，而且中间有很多的中间环节，因此被称为迂回经济。信息经济的市场模式取消了

工业经济市场模式的中间环节，从间接的中间渠道销售到直接的网络销售，从有生产办公室到虚拟办公室，从纸币到电子货币，从中间管理制度到知识管理，从依靠硬件到依赖知识，从普通服务到网络增值服务。由于更加直接，所以有人称这种经济市场模式为直接经济。

（5）电子商务大大缩短了生产厂家与消费者之间供应链的距离，改变了传统市场的结构

从电子商务的交易方式可以看出，电子商务缩短了厂商与客户的距离，企业可以跳过传统的经销商而与客户直接联系，客户的需求直接转换为企业生产的指令。它大大地加强了企业与消费者的联系，并且由于减少了中间环节而大大降低了企业的经营管理成本。这种从厂家到消费者的市场模式，是一种间接经济到直接经济的变革，是工业经济向信息经济的一种转变。

（6）电子商务正在成为未来国家经济新的增长点和核心竞争力

电子商务的主导技术是信息技术，它的发展将有力地带动一批信息产业和信息服务业的发展，促进经济结构的调整，从而对经济发展产生推动作用。可以预见，未来各国将为吸引资本，通过构筑信息基础设施而展开激烈竞争。

基于以上作用，近年来各国都将发展电子商务作为角逐国家竞争力的大计。认识这一大势对中国传统企业转型与网络公司及产业的发展具有重要意义。

1.2 网络贸易平台选择

1.2.1 网络贸易平台概述

互联网作为唯一一种全天候24小时不间断的媒体平台是传统媒体可望而不可即的。作为一个企业，在互联网上建立自己的网站，最显而易见的就是可以向世界展示自己的企业风采，让更多人了解自己的企业，使企业能够在公众知名度上有一定的提升。

随着全球化进程的推进，企业越来越多地要和外界发生行业内外的信息沟通，在时机成熟时，这种信息沟通就会成为潜在的交易，因此行业内经常举办一些交易会、展览会。而在互联网上，信息的沟通非常方便，非常廉价，甚至比传统方式（如电话，传真）更加丰富。我们再也用不着将大量的产品介绍、产品信息邮寄给远方那

些仅仅对此有意向的客户,而是可以将产品陈列在互联网上供人们浏览选择。总而言之,建立了自己的网站就等于找到了自己企业的一个永久的广告发布平台。

企业要开展网络贸易,必须建立网络贸易平台,进行企业信息及商品信息的发布。网络贸易平台,即企业为开展网络贸易业务,依托互联网及基础通信设施而建设的集公司信息发布、产品信息发布、订单处理等功能于一体的综合管理系统。随着互联网应用规模的不断扩大与应用技术的深化,企业特别是面临危机的中小企业,选择搭建网络贸易平台的工作迫在眉睫。网络平台根据依托主体的不同,可以分为基于第三方的网络贸易平台和独立搭建的网络贸易平台;从网络贸易平台的交易模式上,可以分为卖方控制型、买方控制型、中介(第三方)控制型三种,三者对比见表1-1。

表1-1　网络平台交易模式

分类	商业模式
卖方控制型	只提供信息的卖主平台
	可通过网络订货的卖主平台
买方控制型	通过网络发布采购信息,反向拍卖
	采购代理人,易货交易
	采购信息搜集者,加入团体购买计划
中介(第三方)控制型	特定产业或产品的搜索工具
	信息超市(获取卖主和产品信息的通道)
	企业广场(包括众多卖主的店面)
	拍卖场

1. 卖方控制型交易模式

指由单一卖方建立,以期寻求众多的买者,旨在建立或维持其在交易中的市场势力的交易模式。以网络销售为主要功能的浪莎袜业商城如图1-9所示。

2. 买方控制型交易模式

指由一个或多个购买者建立,旨在把市场势力和价值转移到买方的交易模式。买方控制型交易模式除了由一个购买者直接建立的电子市场之外,还包括买方代理型和买方合作型两种买方控制型交易模式。吉利集团电子招标采购平台如图1-10所示。

3. 中介控制型交易模式

中介控制型交易模式是由买卖双方之外的第三者建立，以便匹配买卖双方的需求与价格的交易模式。中介控制型平台如中国机械网，见图1-11。

图1-9 浪莎网上商城

图1-10 吉利集团电子招标采购平台

图1-11 中国机械网

网络贸易平台基本功能

网络贸易平台由信息发布与展示、咨询洽谈、网上交易、意见征询、交易管理等基本功能组成，见图1-12。

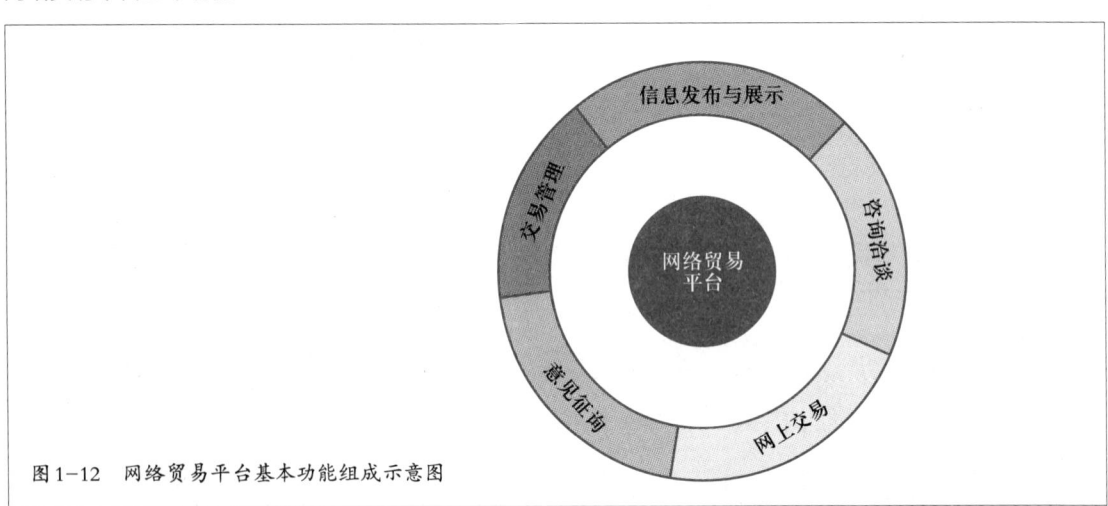

图1-12 网络贸易平台基本功能组成示意图

（1）信息发布与展示

信息发布与展示包括公司信息发布、企业形象展示、商品信息发布与展示等内容。可凭借企业的Web服务器在Internet上发布各类商业信息。客户可借助网上的检索工具迅速地找到所需商品信息，而商家可利用网上主页（Homepage）和电子邮件（E-mail）在全球范围内做广告宣传。网上的信息发布费用及广告成本低廉，并能给客户提供准确庞大的信息量。

（2）咨询洽谈

网络贸易平台可借助非实时的电子邮件（E-mail）、新闻组（Newsgroup）和实时的即时通信软件来了解市场和商品信息、洽谈交易事务，如有进一步的需求，还可用网上的白板会议（Whiteboard Conference）来交流即时的图形信息。网上的咨询和洽谈能超越人们面对面洽谈的限制，提供多种方便的异地交谈形式。

（3）网上交易

网上交易包括网上订购与网上支付等功能模块。网上订购通常都是在产品介绍的页面上提供十分友好的订购提示信息和订购交互格式框。当客户填完订购单后，通常系统会回复确认信息单来保证订购信息的收悉。订购信息也可采用加密的方式使客户和商家的商业信息不会泄漏。网上交易要成为一个完整的过程，网上支付是重要的环节，客户和商家之间可采用信用卡账号进行支付，在网上直接采用电子支付手段将可省去交易中很多人员的开销。网上支付将需要更为可靠的信息传输安全性控制以防止欺骗、窃听、冒用等非法行为。

（4）意见征询

电子商务能十分方便地采用网页上的"选择"、"填空"等格式文件来收集用户对销售服务的反馈意见，这样使企业的市场运营能形成一个封闭的回路。客户的反馈意见不仅能提高售后服务的水平，更使企业获得改进产品、发现市场的商业机会。

（5）交易管理

整个交易的管理将涉及人、财、物多个方面，涉及企业和企业、企业和客户及企业内部等各方面的协调和管理。因此，交易管理是涉及商务活动全过程的管理。

1.2.2　基于第三方的网络贸易平台

第三方是指独立于买方与卖方，并能为买卖双方提供信息中介、交易服务等的中立方，在基于第三方的网络贸易平台中，网络贸易主体中的卖家，借助第三方交易平台，进行公司信息发布、产品信息发布与展示，甚至是建立公司店铺，买家在第三方交易平台上获得卖家的产品信息，并开展洽谈协商，最终实现成功交易。企业可以通过第三方交易平台提供的产品及服务，建立适合企业发展的企业店铺，并能发布公司信息、产品信息，完成交易与结算以及客户售后、进销存管理等多种业务。目前多数中小企业都是通过第三方平台建立网络贸易平台，开展网络贸易。

第三方B2B平台选择标准

1. 第三方B2B平台选择标准

（1）平台知名度

利用第三方平台搭建企业网络贸易平台，通常较为适合对网络贸易较为生疏的企业，当然，为能产生较好的经济效益，一般需要选择影响力及自然流量较大的第三方平台，通过借力第三方平台，更容易开拓市场，扩展业务。图1-13所示为主要第三方平台在2011年的市场份额情况。

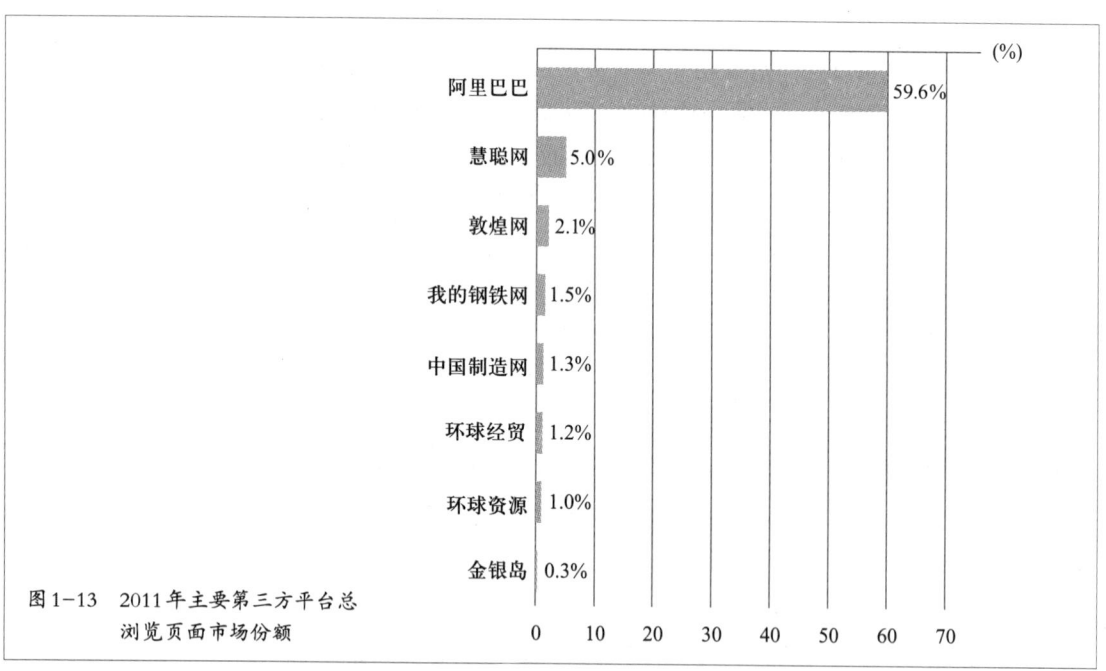

图1-13　2011年主要第三方平台总浏览页面市场份额

（2）平台成熟度

随着电子商务的飞速发展，第三方网络贸易平台层出不穷。对于企业而言，需要考虑选择较为成熟稳定的第三方平台，特别是要求能提供稳定的服务，确保买家、卖家的交易安全。

（3）平台功能完善度

第三方网络贸易平台通常具备标准化的功能模块，需要综合、比较、考虑系统操作的便捷性以及有效性，包括信息发布流程、交易流程要合理、易操作，商户交流平台等辅助功能要健全；同时，平台需要提供便捷的软件接口，实现与第三方物流、仓储、数据分析系统等的无缝对接。

（4）平台的针对性

专业的行业性垂直B2B平台或是一些在某方面有特定优势的综

合B2B平台，也许在访问总量及询盘总量上来说相对少一些，但平均下来的询盘质量和数量都是很可观的。流量只是一个基础，如欧美的所有平台大多没有发询盘的配置，所以流量低是很正常的，因此选择适合自身产品询盘和企业发展的优势性B2B平台是明智之举。

综合性第三方网络贸易平台，虽然涉及行业领域较多，但不同平台之间也会有行业、区域影响力的差异。

（5）平台的性价比

第三方平台通常都是提供有偿服务，作为企业开展网络贸易，必须注重单笔订单的营销成本，因此应针对企业现状的不同，合理选择适合企业现阶段发展的B2B平台。有些处于成长期、又有一定规模的B2B平台，往往会给更多的免费权限，询盘质量和数量也会非常可观。

（6）平台的效果

因行业不同、竞争水平不同、产品不同，不同企业应用第三方平台的效果往往会有所不同，这是由产品的信息、竞争情况、行业背景等综合因素的差异性导致的。因此，选择第三方B2B平台时还应考虑平台适用性。

2. 第三方平台介绍

（1）阿里巴巴中国站

阿里巴巴B2B公司成立于1999年，目前主要分为两大业务，以集中服务全球进出口商的国际交易市场阿里巴巴国际站和集中服务国内贸易的中国交易市场阿里巴巴中国站两部分。本书对网络贸易范围有限定，因此以论述阿里巴巴中国站为主。

阿里巴巴中国站

阿里巴巴中国站以服务中小企业为主，主要的业务就是阿里巴巴诚信通。阿里巴巴中国站是国内最大的B2B批发贸易平台，阿里巴巴诚信通是建立在阿里巴巴上的一个摊位，通过这个摊位可以在阿里巴巴这个全球最大的贸易市场宣传企业和产品，并直接销售企业的产品。

诚信通是阿里巴巴于2002年3月10日推出的内贸会员制产品，诚信通网站主要包括首页、供应产品、公司介绍、公司相册、公司动态、资质证书、联系方式等7大板块，板块内容布局可以随意更换，其主要的优势有：

① 建立网上商铺。诚信通帮卖家开展网络营销的网上商铺，可以发布产品图片和买卖信息，充分利用网络营销工具，并在阿里巴巴大市场享有各项优先权，如信息排名靠前，查看买家信息，免费

使用在线联系和客户管理工具等。

② 资质认证。企业身份通过第三方独立机构确认，企业交易信用被长期记载和积累，故在竞争中享有优势，成为买家的首选。企业身份认证是指企业身份认证机构对"被企业身份认证公司是否合法存在"以及"企业身份认证申请人是否属于被身份认证公司"的查证。企业身份认证的信息包括公司注册名称、公司注册地址、申请人姓名、申请人所在部门、申请人职位等信息。

③ 安全交易。诚信通会员可以使用支付宝安全支付，交易中货和款都能保证安全。诚信通会员同时享受支付宝全额赔付服务承诺。

阿里巴巴网上注册流程：

第一步，账号注册。

登录www.1688.com，即阿里巴巴中国站，点击免费注册，注册过程如图1-14~图1-16所示。

图1-14 注册界面

图1-15 注册信息填写页面

图1-16 详细资料页面

第二步，绑定支付宝。

阿里巴巴中国站支持支付宝担保交易，这样能确保交易中资金的安全，提高客户的信任度。绑定支付宝的详细流程如图1-17~图1-20所示。

第三步，企业产品发布，流程如图1-21 ~图1-23所示。

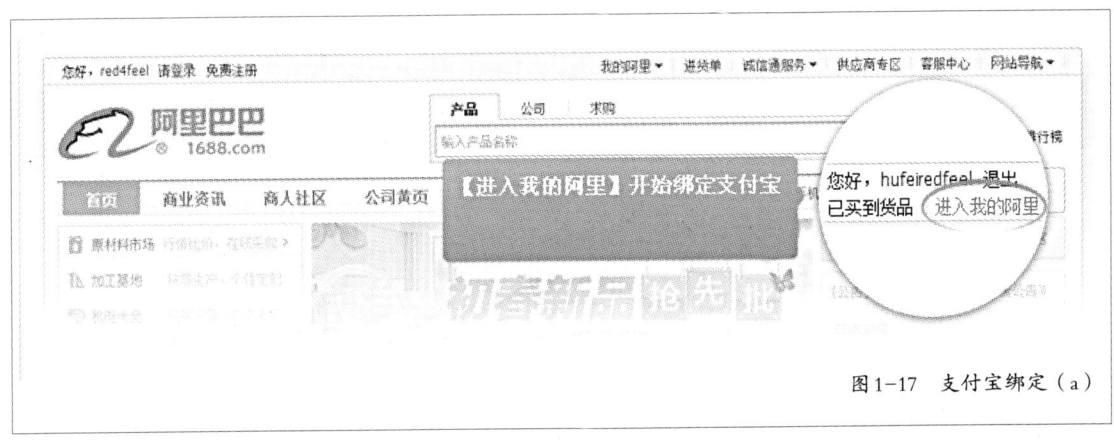

图1-17 支付宝绑定（a）

图1-18　支付宝绑定（b）

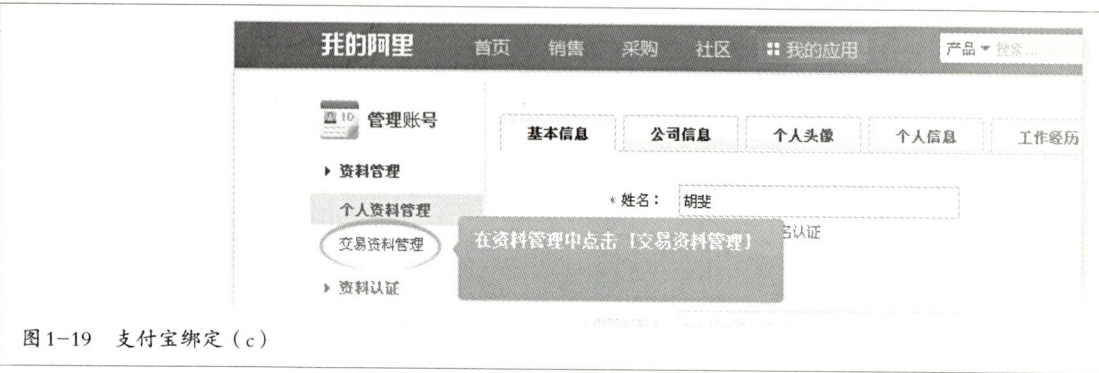

图1-19　支付宝绑定（c）

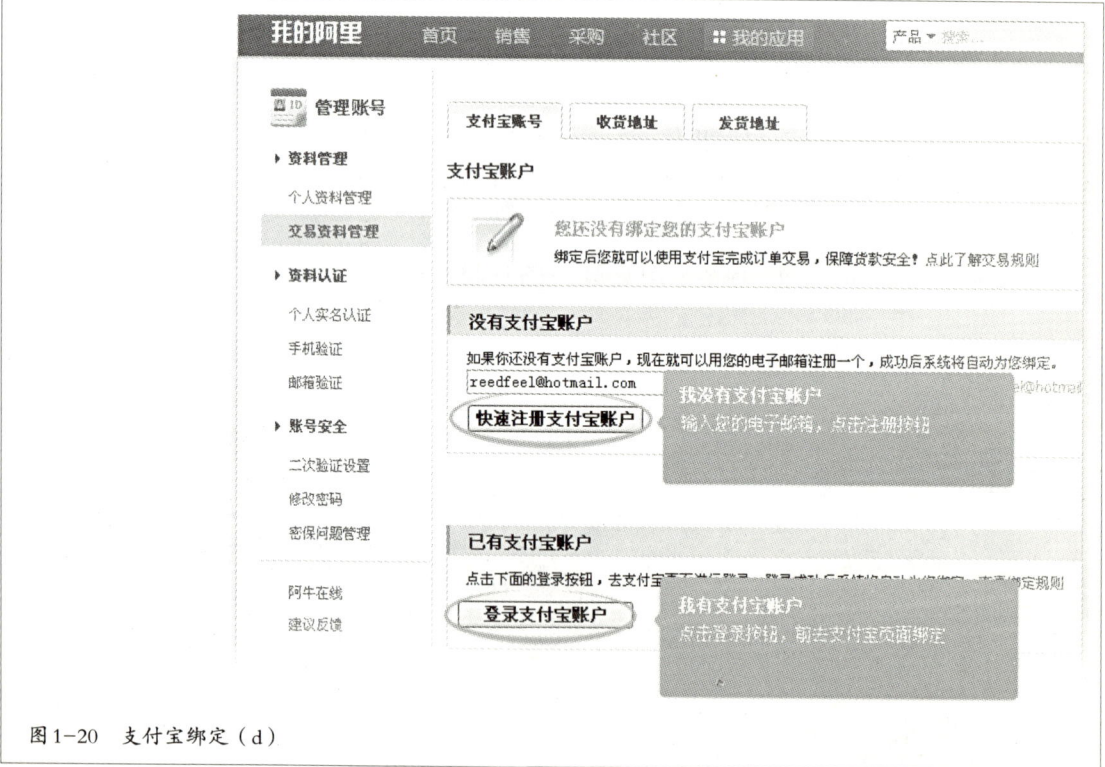

图1-20　支付宝绑定（d）

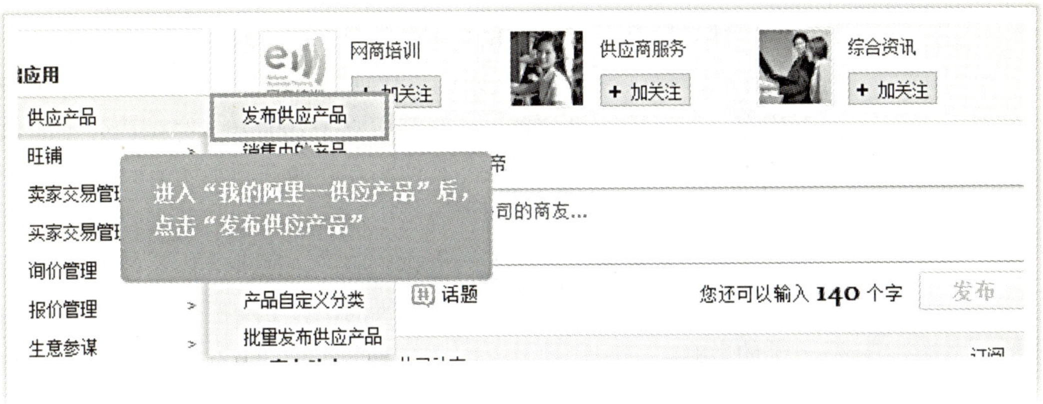

第1章 网络贸易概述

图1-21 发布产品

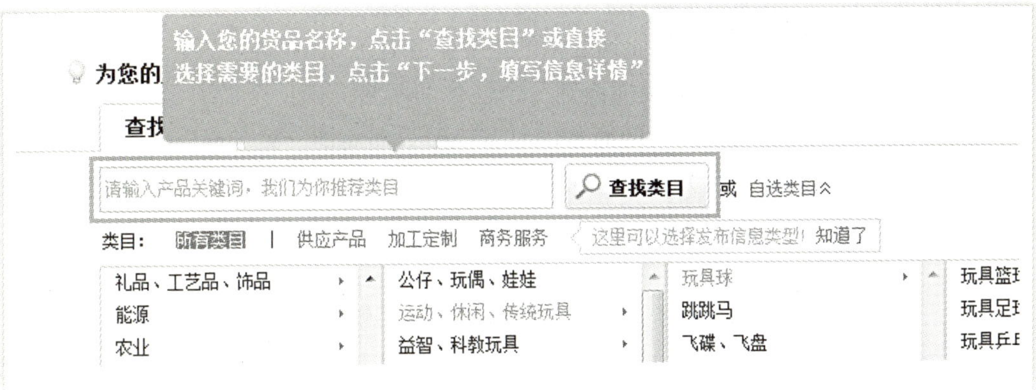

图1-22 类目选择

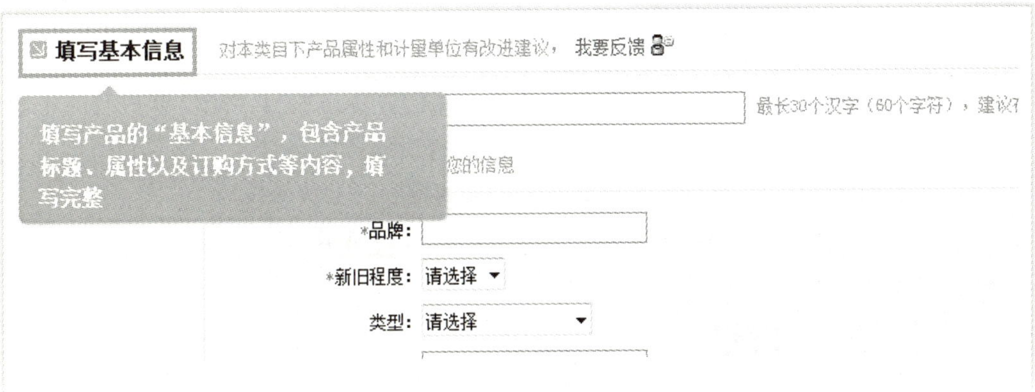

图1-23 产品信息填写

025

（2）慧聪网

慧聪网是一家提供B2B电子商务服务的网站，是企业网上交易的平台。提供最新供应、求购、代理、合作、二手商品交易、招标、库存、租赁等商机信息。慧聪网成立于1992年，是国内领先的B2B电子商务服务提供商。依托其核心互联网产品买卖通以及雄厚的传统营销渠道——慧聪商情广告与中国资讯大全、研究院行业分析报告为客户提供线上、线下的全方位服务，这种优势互补、纵横立体的架构，已成为中国B2B行业的典范，对电子商务的发展具有革命性的影响。

慧聪网的买卖通服务经过多次的改版提升，至2009年3月，买卖通会员不仅可以通过自己的商务中心来查询符合自己需要的采购信息，自己亲自订阅采购商机，还可以通过专门的在线洽谈会，即时通信工具等来获得一手采购信息。

慧聪买卖通提供的主要服务有：

① 买卖通商铺。个性化的网络商铺，全面展示产品服务信息。有功能强大的商务中心，轻松管理商铺。买卖通即时通信工具使商友沟通更充分。商铺可优先参与慧聪网供需见面会，成交可能大大提高。慧脱网还为买卖通商铺提供专用邮箱空间。

② 排名优先。通过商机搜索寻找卖家时，排名靠前。

③ 独享商机。每天30万条采购信息，新增20000条精选商机，买卖通会员独享，第一时间接触大买家，精确匹配、挑选最新求购信息，买家采购时优先推荐供应信息。

④ 信誉认证。网上交易信誉第一，买卖双方会优先考虑与认证过的企业做生意。慧聪网与国际权威认证机构合作，让客户更放心。合作方的真实身份、档案及信用资料公开，方便查询、验证。提供买卖通诚信指数，帮助用户判断供应商资质。

⑤ 专业服务。62个资深行业资讯栏目，能使客户及时了解行业动态、产业发展。专业的售后服务队伍让客户感受超值服务。24小时热线服务解答店铺管理问题和网上贸易技巧。

慧聪买卖通申请流程如图1-24所示。

图1-24　买卖通申请流程

（3）行业平台

除了以上介绍的比较大型的综合类B2B网络贸易平台之外，在国内，还有一些垂直类行业贸易平台，如中国化工网、中国机械网、中国钢铁网、中国饰品网等行业平台，在相应行业都有较大影响力。本节以中国化工网为例论述专业垂直类网络贸易平台的建设。

中国化工网是由网盛科技创建并运营的。中国化工网是国内第一家专业化工网站，也是目前国内客户量最大、数据最丰富、访问量最高的化工网站。中国化工网可以为国内外化工企业提供网站建设、信息发布、竞价排名、中国优秀供应商、国际化工展会刊等服务，其商务流程如图1-25所示。

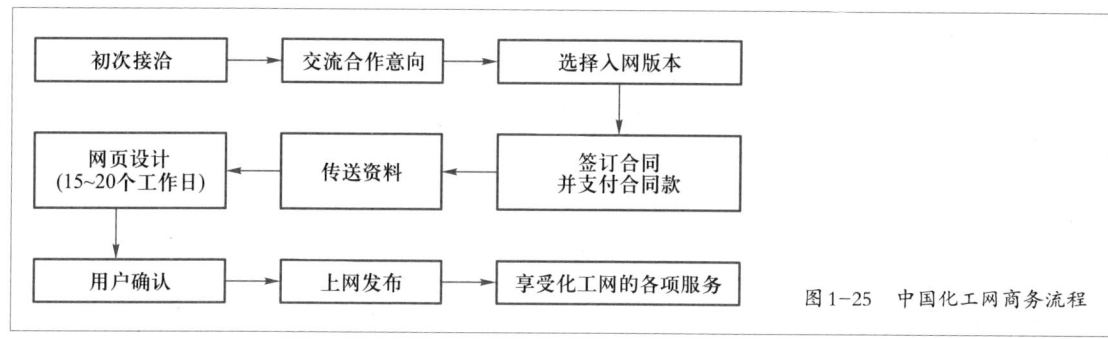

图1-25　中国化工网商务流程

① 网站建设。提供域名注册、硬盘空间、企业邮局、网页设计制作、系统维护、可动态管理的标准化数据库企业网站建设。

② 信息发布。将企业产品及公司信息加入化工网产品大全、企业大全，所需原料加入化工网原料大全，网站信息加入化工网化工站点（地区、行业），可提供产品供求信息发布查询，智能邮件服务，《网上化工资源》收录推广（光盘），会员商务室服务，系统维护及技术支持等，以及化工网基础会员统一享受的其他增值服务。

③ 竞价排名。ChemNet竞价排名是建立在化工搜索的基础上推出的企业"按天付费"网络推广服务平台，用少量的投入就可以给企业带来大量潜在客户，有效提升企业销售额，每天有超过100万与化工相关的人次在查找信息，企业在ChemNet注册与产品相关的关键词后，就会被查找这些产品的潜在客户找到。

④ 中国优秀供应商。中国优秀供应商是建立在八年专业网站基础上的国际推广服务品牌，是中国化工网和全球化工网为同时满足国际买家采购需求和推动中国优秀化工企业开辟国际市场而鼎力打造的专业推广品牌。

⑤ 国际化工展会刊。面向全球化工传统展览会发行的化工刊

物，每年发行量达10万册，分别在国内外50多次展览会上免费发行，是化工专业人士耳熟能详、人手一份的贸易杂志，是企业进行有效宣传的良好途径。

1.2.3 独立搭建的网络贸易平台

网络贸易平台的搭建，除了上节提到的基于第三方平台的模式之外，还有一种较为普遍的模式就是独立建设网站商城系统。中小企业的网络贸易平台建设也是经历了几个不同的阶段，从企业网站展示系统，到现在流行的企业独立商城系统以及带分销功能的商城系统。

1. 独立平台建设关键问题

（1）网站需求分析及前期规划

网站建设包括网站策划、网页设计、网站功能、网站优化技术、网站内容整理、网站推广、网站评估、网站运营、网站整体优化、网站改版等。网站建设的前期准备包括了前期网站定位、内容差异化、页面沟通等战略性调研，这些确立后，再去注册域名、租用空间、设计网站风格、制作网站代码，这个过程需要网站策划人员、美术设计人员、Web程序员共同完成。网站是企业展示自身形象、发布产品信息、联系网上客户的新平台、新天地，并且可以通过电子商务开拓新的市场，以极少的投入获得极大的收益和利润。

前期应根据调研，确定栏目设置、风格、网页框架与布局、网站配色等问题。

（2）网站建设的基本原则

① 以客为尊，学会换位思考。企业千辛万苦建立的网络营销平台能否吸引并留住客户，培育客户忠诚度、获得较高的客户转换率，取得预期的营销效益，很大程度上取决于平台的设计者是否真正地站在客户的角度想问题，网站的内容和架构是否关注并服务了客户的需求。这要求企业在网站建设规划的第一个环节要以客户为中心，注重客户体验，符合客户查询、阅读、搜索引擎的习惯，尽可能地给出大家关注的焦点问题的答案，提供解决疑难问题的快捷方式，切切实实地贯彻以人为本、以客户为尊的现代经营理念。

只有将企业网站打造成企业用户价值最大化的重要窗口，才能确保企业的根本利益和长远利益。

② 拥抱变化，专注才能专业。在信息资讯高度发达的网络时代，市场风云变幻，环境日新月异。从理论上来讲，用不了多久，我们生活在地球上的所有人，在任意时间、任意地点，都可以方便

地利用互联网这个共同平台发布信息、整合资源、变革创新、创造奇迹。现今时代，唯一不变的就是变化，任何人都不能逆转这一大潮流趋势。只有拥抱变化，全心投入，才能跟上时代的步伐。

要做好企业网络营销工作，不能凭一时的激情与三分钟的热度，只有专注才能专业。只有专业，才能日益深刻地领悟网络营销的真谛，才能抓住事物的本质规律，才能让营销变得精彩，让事业获得成功。

③ 严谨务实，开拓创新，量力而行。对大多数中小企业而言，开拓网络市场都是一个崭新的命题，任何创新与开拓无不充满艰辛和挑战。互联网给每个人、每个企业组织带来的诱惑太多，带来的竞争更激烈。企业在开拓网络市场、打造网络营销平台时，必须严谨务实，切忌人云亦云。只有从信息化优劣、技术力量强弱等因素出发统筹考虑，选择适合自己的网络营销平台，才能做到创新兼顾稳妥、开拓而不盲目，从而确保企业每一笔网络上的投入均能带来可靠的效益。

④ 冷静理智、扬长避短、取长补短。要打造一个聚集人气、展示特色、高效务实的企业网站，企业必须冷静理智地分析自身以及竞争对手的优势与劣势。企业在开拓网络市场过程中，第一，必须清醒地认识到自身的不足和面临的困难，同时还必须挖掘出企业的特长和优势，并且很好地把握企业发展的大方向和大趋势；第二，还必须客观公正地评价竞争对手，既要吸取他们的经验教训，更要善于学习、巧于借鉴。

在企业网站建站中，合理的扬长避短，善于取长补短，是提高网络营销效益的重要手段。

（3）服务器的稳定与安全

对于一个网站而言，最基本的就是要保证站点可以正常地打开，切勿出现速度过慢或者服务器间歇性无法连接的状况。因为这样会导致搜索引擎工具误认为我们的网站处于关闭状态，并且如果经常出现此情况的话，搜索引擎工具会将该网站视为不信任站点，那么你的网站快照、收录自然会不好。

互联网网站遭受竞争对手或黑客的非法攻击事件不断增多，网络安全威胁不断上升，必须注重采用防火墙、入侵检测与防御系统、防病毒软件等构筑网络与信息安全系统，确保服务的稳定与安全。

2. 独立平台建设

（1）独立网络贸易平台建设相关技术

① 图片处理技术。图片处理，即对图片进行处理、修改。通常

是通过图片处理软件，对图片进行调色、抠图、合成、明暗修改、彩度和色度的修改、添加特殊效果、编辑、修复等。

通常用软件来进行图片处理。常用的图片处理软件是Photoshop或者美图秀秀等。Photoshop是Adobe公司旗下最为出名的图像处理软件之一，集图像扫描、编辑修改、图像制作、广告创意、图像输入与输出于一体，深受广大平面设计人员和计算机美术爱好者的喜爱，是知名度以及使用率最高的图像处理软件。美图秀秀是国内最多人使用的免费图片处理软件，可以轻松美化数码照片，独有一键修图、神奇美容、边框场景、超炫闪图等强大功能，还有每日更新的海量素材，广泛应用于个人照片处理、QQ表情制作、QQ头像制作、空间图片美化、非主流图片处理、淘宝网店装饰、宝宝日历制作等。

Photoshop

② 排版及页面设计工具Dreamweaver。Dreamweaver是唯一提供Roundtrip HTML、视觉化编辑与原始码编辑同步的设计工具。它包含HomeSite和BBEdit等主流文字编辑器。帧（frames）和表格的制作速度快得令您无法想象。进阶表格编辑功能使您可简单地选择单格、行、栏或作未连续之选取。甚至可以排序或格式化表格群组，Dreamweaver支持精准定位，利用可轻易转换成表格的图层以拖拉置放的方式进行版面配置。Dreamweaver成功整合动态式出版视觉编辑及电子商务功能，提供超强的支持能力给第三方厂商，包含ASP、Apache、BroadVision、Cold Fusion、iCAT、Tango等。当您使用Dreamweaver设计动态网页时，所见即所得的功能，让您不需要通过浏览器就能预览网页。梦幻样版和XML Dreamweaver将内容与设计分开，可应用于快速网页更新和团队合作编辑网页。利用Dreamweaver设计的网页，可以全方位地呈现在任何平台的热门浏览器上。

Dreamweaver

③ 数据库技术。数据库（Database）是按照数据结构来组织、存储和管理数据的仓库，它产生于距今约50年前，随着信息技术和市场的发展，特别是20世纪90年代以后，数据管理不再仅仅是存储和管理数据，而是转变成用户所需要的各种数据管理的方式。数据库有很多种类型，从最简单的存储有各种数据的表格到能够进行海量数据存储的大型数据库系统都在各个方面得到了广泛的应用。

MySQL

常用的数据库系统有IBM的DB2、Oracle、Informix、Sybase、SQL Server、PostgreSQL、MySQL等。

④ 动态编程语言。网页的主体语言是html，它是非常简单的格式化语言，而要实现动态、交互、实时的网页是加入java、jsp、asp、 php等编程语言的html,或者通过这些编程语言生成的html。网站后台编程有很多种语言,小型和中型的网站差不多都采用asp、php语言制作,大型的网站一般都是用java、jsp、.net语言制作。

php

（2）建设步骤

网站建设通常需要专业技术人员的协助才能完成,通常包括以下几步:申请域名（域名备案）、申请空间、定位网站、分析网站功能和需求（网站策划）、网站风格设计、网站代码制作、测试网站、FTP上传网站、完善资料、网站维护、网站推广等。

独立平台建设步骤

某典型电子商务网站如图1-26所示。

图1-26 中国汽车礼品网

3. 标准化商城系统

标准化商城系统是一个功能完善的在线购物系统,主要为在线销售和在线购物服务。其功能主要包含商品管理、会员管理、订单管理、库存管理、优惠管理、财务管理、在线支付等,如图1-27所示。国内开发标准化商城系统的公司很多,本节以商派系统为例。

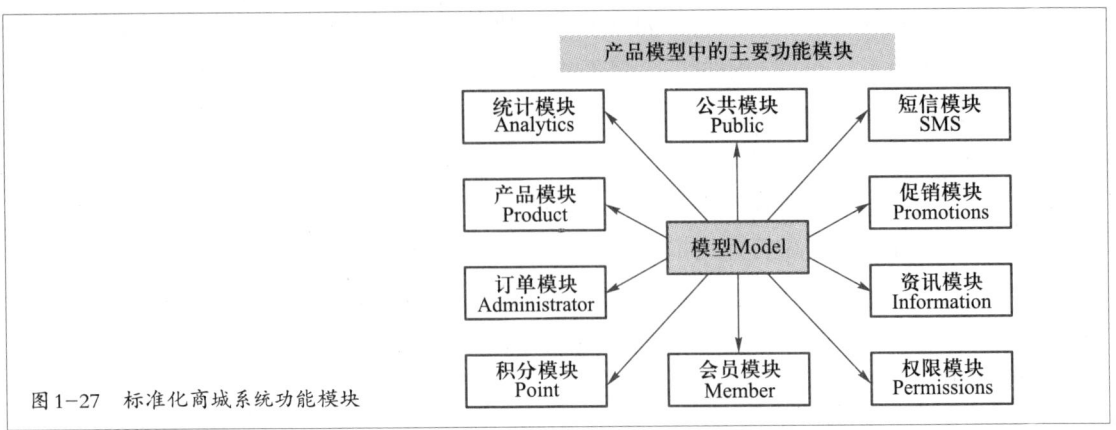

图1-27　标准化商城系统功能模块

SHopEx

上海商派网络科技有限公司（简称ShopEx，下同）成立于2002年，是中国最大的电子商务软件及服务提供商。ShopEx长期专注于电子商务软件的研发及相关解决方案与服务的提供，潜心钻研具有自主核心技术和知识产权的电子商务软件及贴合用户需求、独具行业特色的服务产品。ShopEx在为大型传统企业和高端品牌企业提供AMS（Application Management Services）企业级电子商务应用平台及咨询与管理服务的同时，也可以为中高端企业提供ECP（Enterprise Commerce Platform）跨平台多渠道企业级电子商务平台的全程解决方案，还可以为中小企业客户提供易开店一站式快速建店解决方案，此外，还有专门针对淘宝商家的TaoEx淘易、针对网络分销的分销王、针对中小企业商家的店掌柜和针对外贸商家的外销宝，旗下的ShopEx、Ecshop、Ecstore、Ecmall、淘打、淘管、淘喜欢、淘绩效、旺旺精灵和非常发货等软件产品（包括网店系统、管理系统和网商工具）是当前国内最受用户青睐的电子商务软件。近年，ShopEx开展了社会化商业及移动电子商务的创新研究，在业内率先推出系统级的社会化商业解决方案，全面帮助企业构建和提升在社会化浪潮下的竞争优势。

ShopEx通过与阿里巴巴、淘宝、支付宝、腾讯、拍拍、财付通、百度、乐酷天、京东商城、亚马逊中国、当当网、1号店、中国移动、中国电信、中国银联、Google、ebay、Paypal、用友、金蝶、新浪等多家重量级合作伙伴结成战略同盟，凸显了ShopEx在电子商务领域强大的品牌影响力与商业价值。

商派提供两种合作模式，一种是其自主开发的标准化商城系统，如易开店、分销王等产品，另一种是基于标准化系统的个性化定制开发。

(1)标准化系统安装步骤

在购买合适的php空间与MySQL空间后,会从空间商处获得空间FTP信息与数据库信息,认真记录这些信息。

① 下载ShopEx安装程序。进入www.shopex.cn页面,依次点击[下载]—[网上商店系统]—[网上商城系统]—[服务器安装包下载],如图1-28所示。

图1-28 商派网店系统下载

根据页面中提示进入下载页面:http://www.shopex.cn/48release/,点击下载,下载后,保存到本地,然后用解压工具解压后备用。

② 获得空间FTP信息及数据库信息。空间商一般通过邮件方式告之相关信息(如图1-29所示),然后需配置FTP上传工具,利用FTP上传工具上传安装文件。

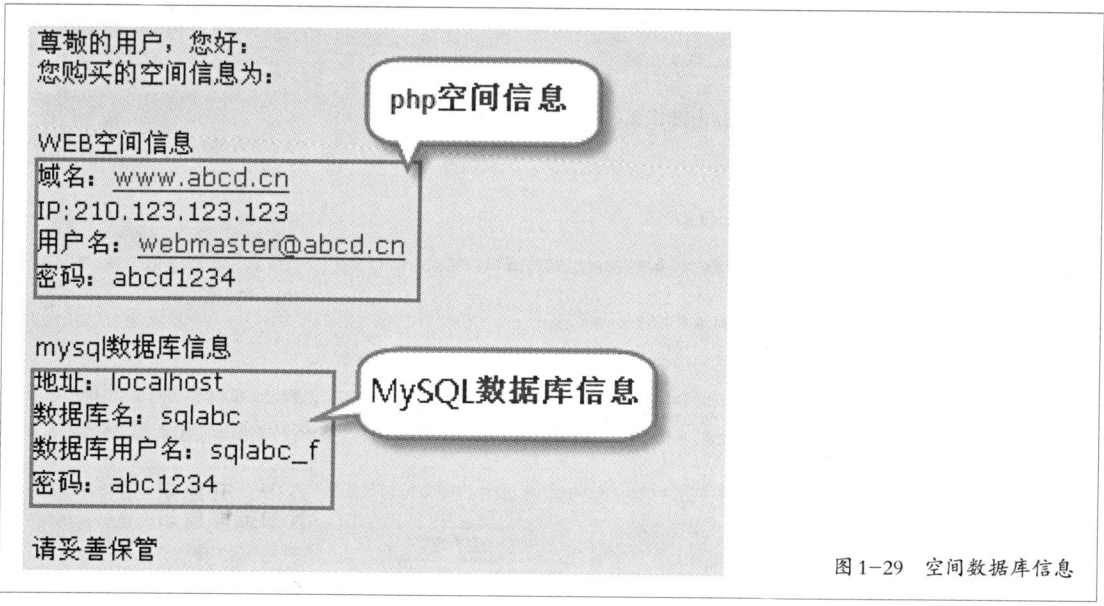

图1-29 空间数据库信息

以 FlashFXP 为例,依次点击[站点]—[站点管理器]—[添加站点]—[配置站点信息],根据空间商的邮件填写相关信息。保存后,依次点击 FlashFXP 菜单中[选项]—[参数设置],设置上传方式为二进制。如图 1-30、图 1-31 所示。

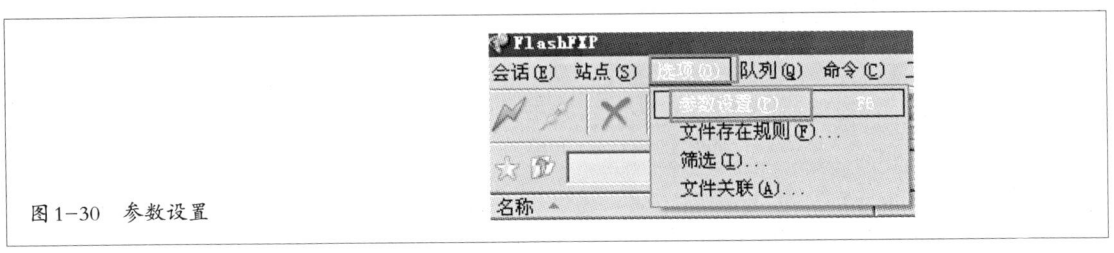

图 1-30 参数设置

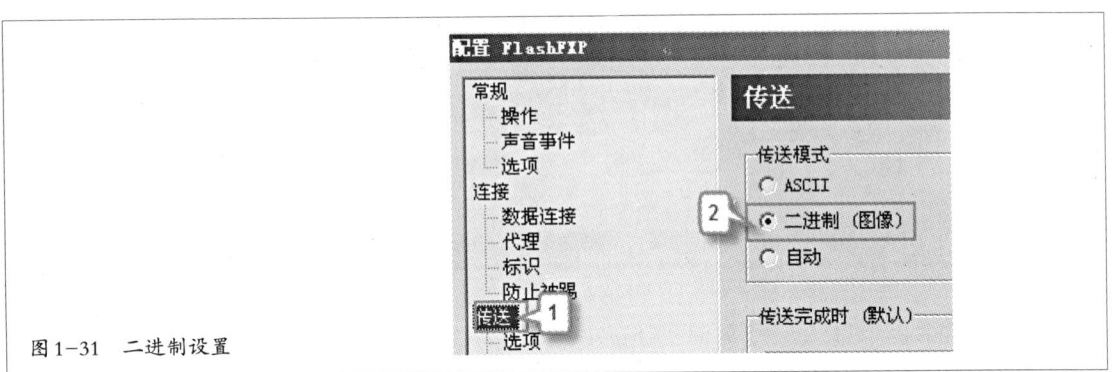

图 1-31 二进制设置

设置完成后,将刚才解压的安装程序上传到空间的默认目录下,请与空间商确认默认目录,一般为 www 文件夹。

③ 在浏览器中,输入绑定好的域名,开始在线安装(http://您的网店域名/install),如图 1-32 所示。

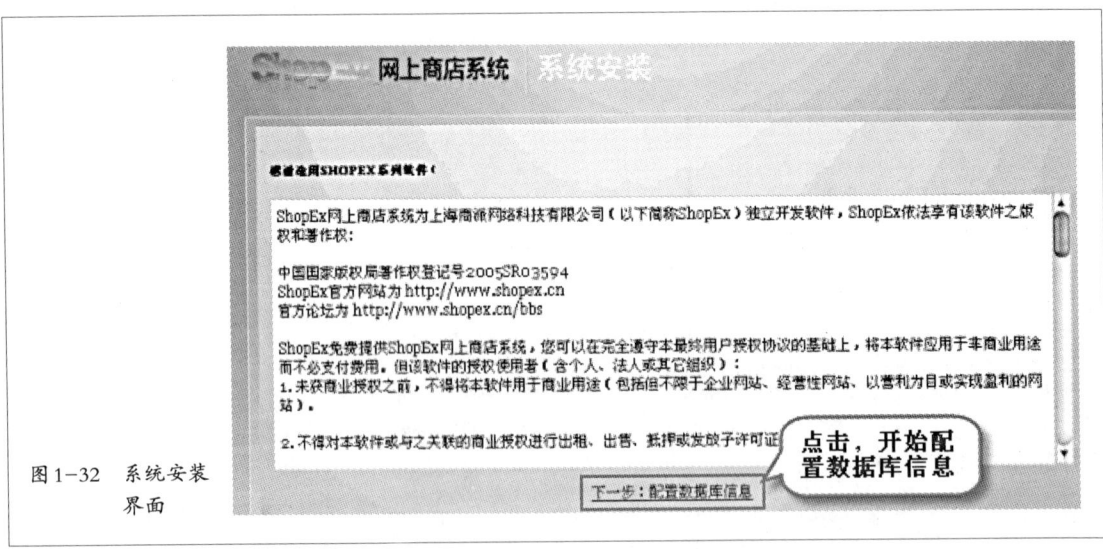

图 1-32 系统安装界面

④ 填写数据库信息，如图 1-33 所示。如果数据库信息不正确，此界面中不会出现数据库名，此时需要与空间商确认。

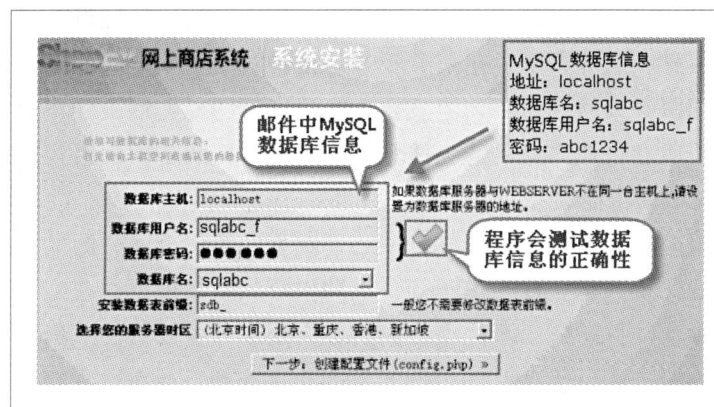

图 1-33　网店数据库信息设置

⑤ 输入登录后台要使用的管理员用户名、密码，如图 1-34 所示。注意此处设置的管理员拥有系统最高权限。最终安装完成界面如图 1-35 所示。

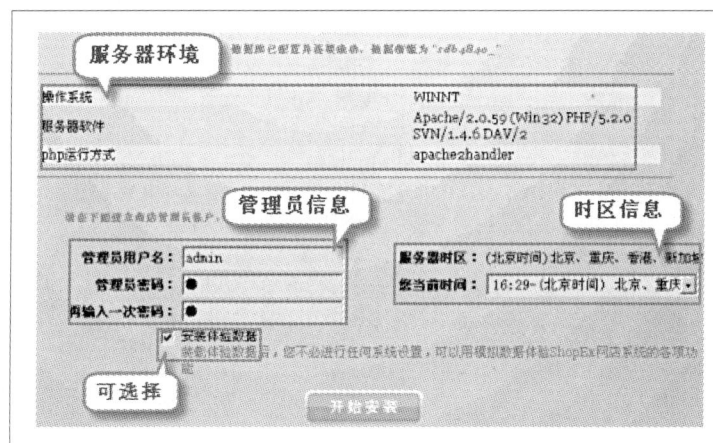

图 1-34　网店系统用户名密码设置

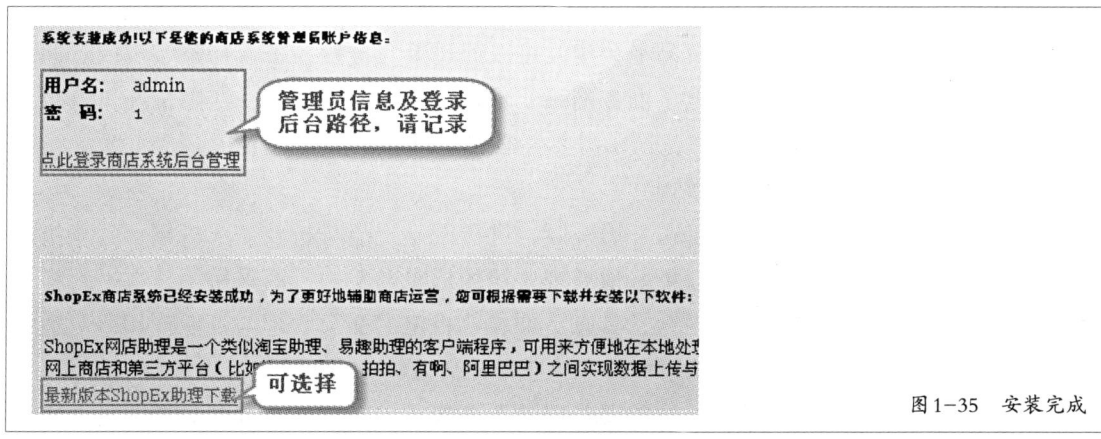

图 1-35　安装完成

（2）定制项目开发流程

个性化定制项目的实施，倡导"以用户为中心"，根据用户提出的明确要求，或通过对用户个性、习惯的分析主动向用户提供其可能需要的信息和服务。个性化信息服务是指针对不同用户的不同特点提供不同服务策略和服务内容。它让客户网站的专业性更强，充分挖掘客户所在行业产品的购物体验，以获得客户的二次购买为前提，提高商城销售业绩。

定制服务在标准化产品开发框架的基础上，提供全面广泛的技术服务来确保最大化企业在电子商务上的投资收益。根据企业实际需求，提供从硬件采购、系统安装调试、应用服务器部署、数据库优化等基础服务到基于产品的定制开发、托管服务、与企业现有应用集成等深度服务。商派系统的定制开发流程如图1-36所示。

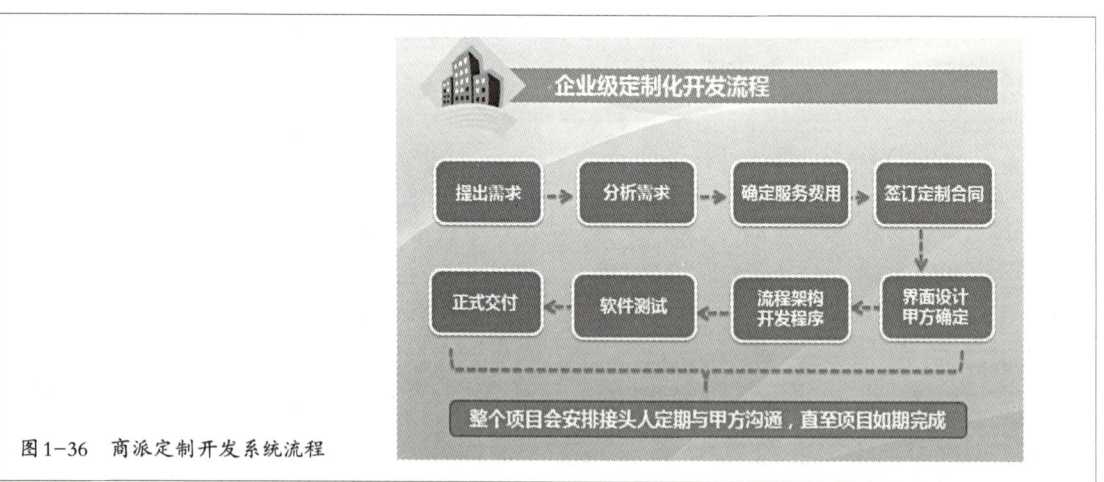

图1-36　商派定制开发系统流程

网络贸易平台选择策略

1.2.4　网络贸易平台选择策略

网络贸易平台建设可以通过第三方贸易平台搭建实现或者通过独立搭建电子商务网站实现，企业需要根据自身实际情况进行合理规划与选择，通常需要考虑如下因素。

1. 网站定位

根据公司发展实际，进行网站定位分析及需求规划。独立搭建网站，可以更好地展现公司的形象与实力，而采用第三方平台搭建网络贸易平台，具有更加成熟稳定的交易管理与商业应用，更适合企业开展网络贸易及快速提升交易量。

确定网站所要开展的业务模式，比如需要开展分销业务，则可以选择标准化商城系统中具有分销功能的系统。

2. 企业知名度

企业网络贸易平台是公司及产品信息发布的重要平台。互联网信息鱼龙混杂，缺乏必要的监管与约束，企业网络贸易平台也同样会遭遇消费者的信任危机。因此，对于美誉度较好的企业，可以建设独立平台，但对于中小规模的企业，则可以借助第三方网络贸易平台的权威性以及公正性，通过其建立的完善的信用监管体系来提升企业平台的可信度。

3. 网站功能多样性需求

网络贸易平台建设必须做好网站功能分析，满足公司发展需求。第三方网络贸易平台一般都提供标准化模块以实现一些基本功能，网站设计较为呆板，可扩展性不强；而通过独立建站，则可以进行公司详细的业务需求分析，建立完善的栏目满足特定的功能需求，具有较强的扩展性与自由度。

4. 投入预算

企业开展网络贸易，需要做好前期预算。而预算的多少，将会影响网络贸易平台的选择。独立搭建网络贸易平台，需要支付申请域名、申请空间、建设宽带、网站建设与维护、网站推广等诸多费用，投入一般较高；而利用第三方网络贸易平台，则具有较为完善及稳定的标准化模块，能提供一些主要的网络信息发布与交易功能，一般只收取会员费，投入成本较低。

5. 网络贸易业务熟悉度

网络贸易平台的搭建最终是为了提升企业经营业绩，这就要求平台搭建后能够开展有效运营。独立搭建的企业平台，需要有一定的网络贸易经验，能够明确企业网站的功能模块划分与建设，并且需要进行必要的企业网站搜索优化，提升企业网站在搜索引擎的收录数量与权重；而利用第三方平台开展网络贸易，对于常规网络贸易业务都有较为成熟的梳理与实现，通常只需利用平台提供的工具，就可有效开展网络贸易，企业更容易入门。

1.3 网络贸易业务流程

电子商务的不断发展，使得网络贸易的涵盖范围不断扩充，而基于中小企业的网络贸易流程具有明显的网络特征以及平台属性。

但因为参与主体的不同,又有其独特的一面,通过抽象及概括,网络贸易业务流程示意图如图1-37所示。

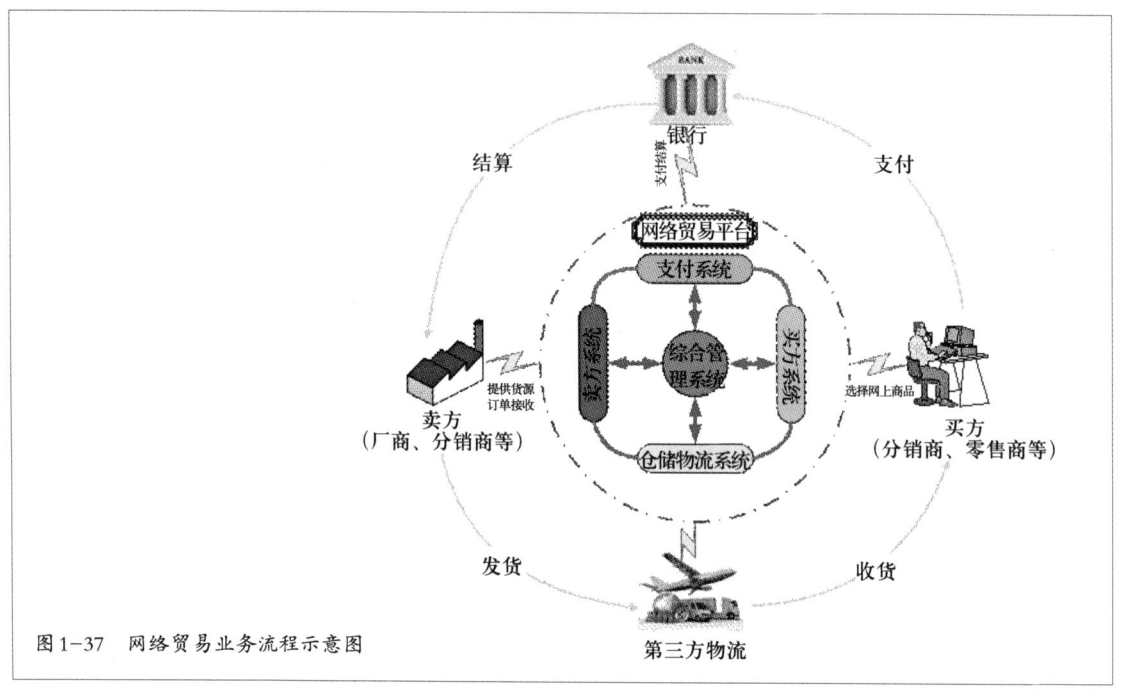

图1-37 网络贸易业务流程示意图

网络贸易主体要素:买方、卖方、支付方、仓储物流方。

买方:买方是网络贸易的采购需求方。本书所论述的网络贸易,买方的组成可以是分销商、零售商等。

卖方:卖方是网络贸易的货源供应方。卖方的组成可以是厂家、分销商等。

支付方:支付方一般是第三方支付公司或者银行,通过第三方权威机构提供支付结算业务,可以使买卖双方的交易更加安全可靠,使得交易可以顺利完成。

仓储物流方:仓储物流方是网络贸易的基础服务,买卖双方达成交易订单之后,卖方就需要通过物流方提供的物流服务,将货物配送给买方。目前,出现了专业的仓储物流服务商,卖方可以将货物暂存于仓储物流方,仓储物流方根据订单接受情况完成实时配送发货。

买家业务流程

1.3.1 买家业务流程

网络贸易平台的建设与实现,需要考虑买家的购物需求,买家通用业务流程如图1-38所示,基于买家的采购相关知识将会在本书

第6章进行详细介绍。

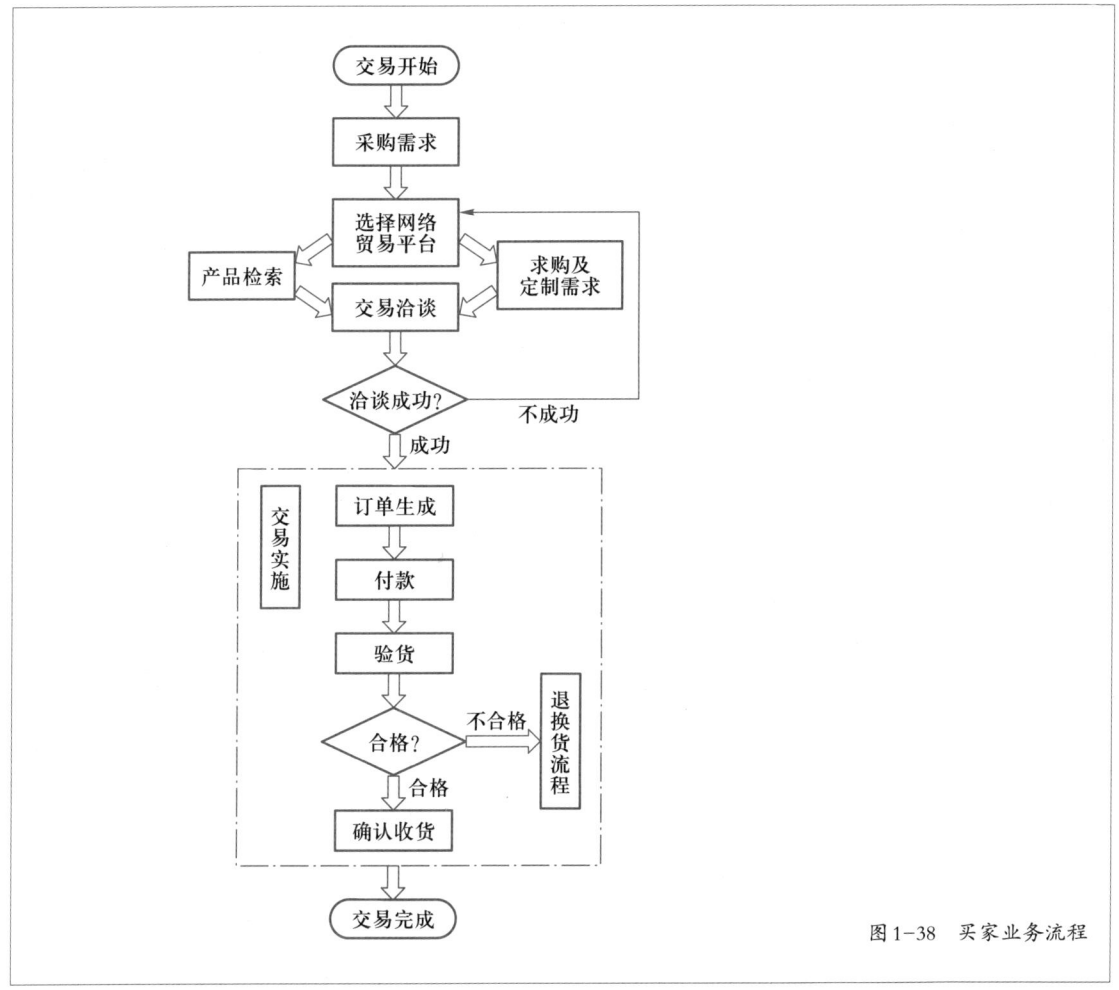

图1-38 买家业务流程

基于买家的网上电子采购平台系统功能模块包括采购申请的网上发布、采购订单的跟踪与维护、库存信息的查询、基础信息的查询、供应商的自我服务、供应商信息中心平台等。

例如，新飞采购平台 Bidlink e-Procurement solutions 是河南新飞电器有限公司独立运营的网上B2B电子商务平台，该平台为新飞电器有限公司每年几十亿元的生产性材料、备件采购，以及几亿元的非生产性材料采购提供了一种全新的网上交易模式。新飞采购平台提供了多种交易方式，能够充分地实现市场杠杆的效应、优化采购流程、提高采购的过程效率；能够设定逼真的虚拟交易环境，体现交易公平的原则；能够规范采购程序，降低采购过程成本。通常基于买家的采购流程如图1-39所示。

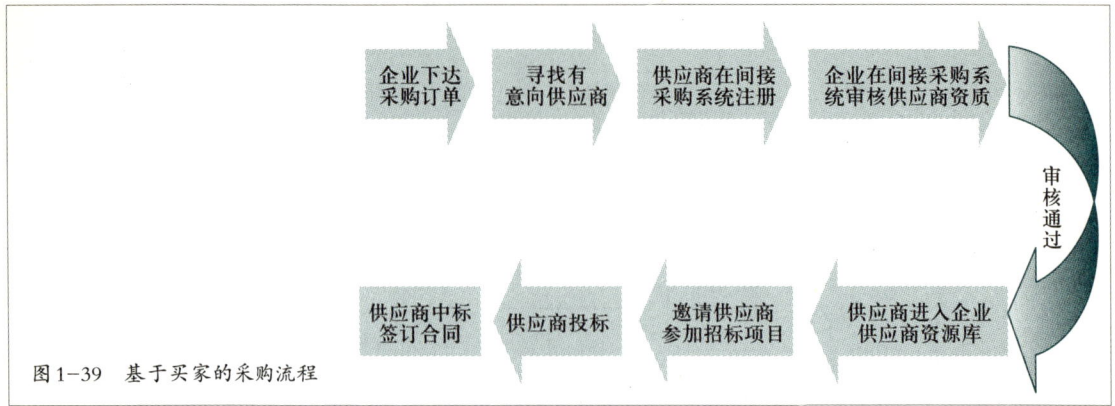

图1-39　基于买家的采购流程

1.3.2　卖家业务流程

网络贸易中,卖家是重要的参与主体,也是商品信息的提供者,是网络贸易产生的前提与基础。通过对卖家业务流的梳理,结合目前主流的网络贸易平台的操作案例,提炼出的卖家业务流程如图1-40所示。

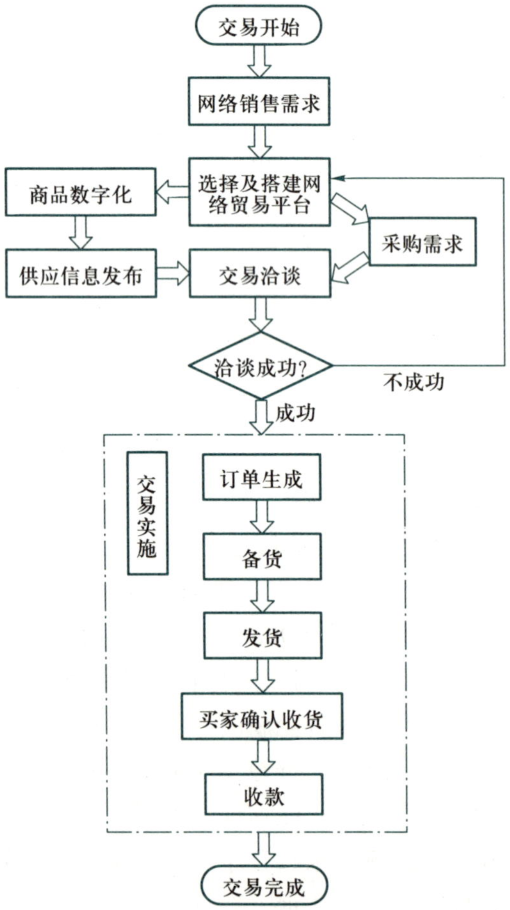

图1-40　卖家业务流程

作为网络贸易的卖家，核心的需求就是将所供应的产品销售出去，而最重要的就是要建设网络贸易平台，并通过网络营销，使得产品信息被买家获得，通过交易实施过程完成交易。

基于卖家的网络贸易业务流程开展主要涉及企业需求计划、网络贸易平台选择及建设、商品数字化及信息发布、采购需求搜集、网络营销、交易洽谈、交易实施等过程。

1. 企业需求计划

企业需求计划的关键是信息需求的确定，信息需求包括获取与利用信息的需求以及向外发布和传递信息的需求。在商务活动中，信息需求存在于各个环节、各个部门以及各种层面上，只是特点各不相同，有的在获取信息的同时又在向外发布信息。在电子商务的环境下，由于信息的电子化和网络化，信息传递速度快、数量大、准确率高，且无时空的限制，这时的信息需求又呈现出新特点，主要反映在产品生产、销售与服务的个性化及业务流程的重组、管理功能的拓展上。

企业需求计划需要考虑两个方面：公司现状及网络发展规划、电子商务发展现状。应根据公司的产品情况、发展规模、业务模式、对电子商务业务的发展规划与投入预算等因素综合考虑，确定企业开展网络贸易的主观需求计划；再考虑电子商务发展现状的客观实际，确定网络贸易平台的选择策略，积极实施平台搭建，结合企业主观需求计划，形成一个完善可实施的企业需求计划。

2. 网络贸易平台选择及建设

网络贸易平台的选择及建设是企业实施网络贸易的关键，也是企业实施电子商务战略的关键。网络贸易平台有自建网站、第三方贸易平台、内贸B2B平台、外贸B2B平台等多种选择，企业应根据需求分析与规划，选择合适的网络贸易途径与平台，制定适合企业实际的电子商务综合实施规划，组织网络贸易专业人员开展网络贸易。

3. 商品数字化以及信息发布

商品数字化是商品信息化及商品标准化的必然要求，也是企业开展网络贸易的前提。网络贸易中，商品数字化以及信息发布中主要包含以下元素：图片、商品类别、商品名称、材质、规格、重量、价格、用途、关键属性、商品详细描述等。

4. 采购需求搜集

采购需求搜集主要是指目标客户搜集，目标客户搜集可以分为以下几步：第一步分析市场，第二步研究竞争者，第三步目标市场分层，第四步分析准客户，建立资料库。

网络贸易中目标客户的开发途径有：网络贸易平台、搜索引擎、电子邮件、网络社交平台等。

5. 网络营销

网络营销就是以互联网为基础，利用数字化的信息和网络媒体的交互性来辅助营销目标实现的一种新型的市场营销方式。网络贸易中，网络营销就是基于互联网的应用以达到一定营销目的的营销活动。

主要的网络营销途径有：搜索引擎营销、电子邮件营销、网络广告、微博营销、论坛营销、SNS社交平台营销、第三方平台营销等。

6. 交易洽谈

交易洽谈主要是询盘的处理与洽谈。首先根据询盘的不同进行分类处理，然后进行询盘洽谈。询盘洽谈的处理流程为查看询盘、分析询盘、回复询盘、业务洽谈、询盘转化为订单等。

7. 交易实施

交易实施主要涉及订单的处理，包括订单状态、发货状态、资金结算状态、库存管理、客户关系管理等方面。

技能训练

根据实训背景描述，通过分析公司现状及网络贸易平台的各自特征，完成义乌诗琴针织有限公司的网络贸易平台选择以及搭建。

（一）实训目标

1. 能够分析网络贸易模式；
2. 能够选择网络贸易平台；
3. 能够利用第三方平台搭建企业网络贸易平台。

（二）环境要求

1. 软件和模拟动画实训时，需每人配备计算机一台，并安装Flash 8以上版本播放器；
2. 准备部分商品信息资料（可以是数字化处理后的商品资料，有条件的学校可以准备商品实物以及数码相机等）。

（三）背景资料

义乌诗琴针织有限公司创办于2001年，坐落于中国小商品发源地——廿三里工业区，公司厂房面积5万平方米，员工200多人，年产值超过 5 000 万元，月产棉袜超过 150 万双。公司以生产经营各式男女棉袜、童袜为主。公司本着"以市场为导向，以质量求生存，以管理求效益，以创新求发展"的经营方针，致力于袜子的开发和创新，现配有织袜、缝头、染色、定型、包装等各类生产流水线，形成开发、生产、销售、服务一体化的综合型生产企业。

公司现拥有各类进口专业织造设备 150 余台，始终坚持科学管理、争创品牌、顾客满意的质量方针，以"用心做好袜"为企业宗旨。公司自成立以来，经过几年的艰苦奋斗，已经成为袜子领域快速成长的品牌之一。

公司实体销售网络遍及全国各大中城市，实体销售渠道较为稳定，销售网络如图 1-41 所示。

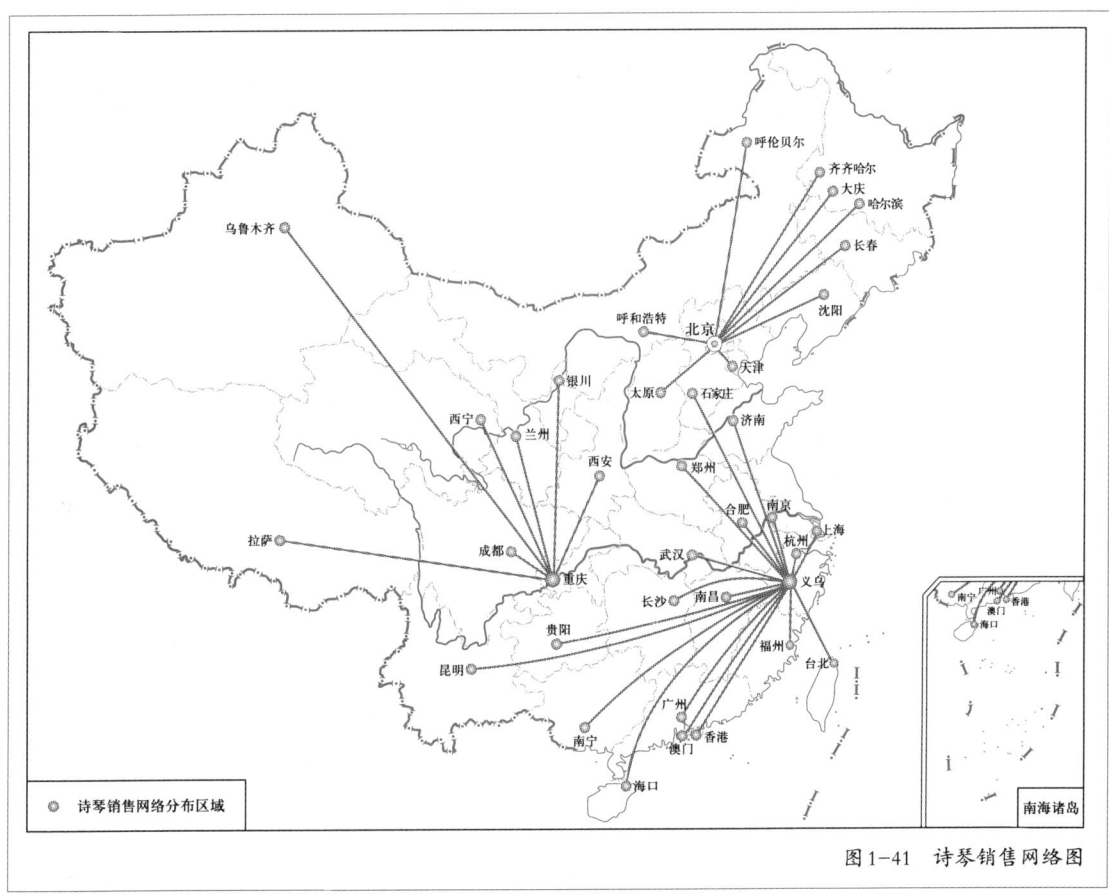

图 1-41 诗琴销售网络图

现在公司欲组建网络营销部门，进一步开拓网络市场，提升公司业绩。招聘了以王经理为网络销售总负责人的一个运营团队。由于公司业务规模以生产批发为主，不适合做直接零售，王经理遂决定先着手开拓内贸批发业务及分销业务，以进一步开拓二、三线城市市场，快速提升产品渗透力。后续积累相应的电子商务及网络贸易运营经验之后，再进一步开展外贸B2B业务。

（四）操作步骤

（1）进行实训背景分析，选择自主搭建网络贸易平台还是利用第三方平台

根据诗琴公司实际情况，以及公司网络营销业务投入情况、对网络销售熟悉程度等，选择是自主搭建网络贸易平台还是利用成熟的第三方平台。

（2）第三方网络贸易平台的对比分析与选择

第三方网络贸易平台有淘宝类C2C平台、阿里巴巴中国站、慧聪网、中国化工网等，考虑公司业务类型、主营行业、服务器稳定性、业务模式成熟度以及社会影响力等情况，进行合理的平台选择。

（3）基于第三方平台的企业网络贸易平台搭建

选取合适的网络贸易平台之后，进行企业网络贸易平台搭建，主要包括企业账号注册、支付信息认证与绑定、企业信息完善等内容。此步骤需要结合实训背景资料，在全真环境下完成实训内容。

（4）企业产品信息发布

网络贸易平台搭建完毕之后，需要进行产品信息发布，产品信息发布需要注重标题的准确性以及相关性，相关属性需要填写完整，图片的选择需要考虑产品相符程度以及美观性。本步骤会对发布的产品信息进行质量评分，评分越高，说明完成的产品发布质量越高，更有利于企业推广产品。

（五）注意事项

企业网络贸易平台选择及搭建是企业开展网络贸易的重要基础，在本实训任务中，学生需要对网络贸易平台选择标准有深刻的认识与了解，教师可以适当进行一些实例介绍。

产品信息的发布质量可以影响到企业产品在搜索中的排序，好的信息发布质量可以为企业带来更多的流量与询盘，学生应该认真完成模拟实训，并尝试在实践中提升产品信息发布的实战能力。

（六）实训报告

实训名称：	学　　时：
实训地点：	日　　期：
小组成员：	

续表

姓名：	班级：	学号：

一、实训描述

本次实训需要对背景资料进行分析，首先完成网络贸易平台的选择，这里主要考虑独立搭建平台与采用第三方平台的差异，根据诗琴公司的实际情况，进行选择；然后需要完成利用第三方平台搭建企业网络贸易平台，其中包括账号注册、企业信息完善等操作，并能根据背景资料及素材发布产品信息，实训中会对产品信息发布质量进行考核，在实践操作中要强化学生需要重点掌握的技能。

二、任务分配

三、任务实施

要求按照任务执行流程的要求分要点来描述任务的具体实施步骤。

四、任务小结

请写出在操作过程中遇到的问题及解决办法。

五、任务执行评价

根据任务完成的质量、及时度以及报告的编写质量给出成绩（100分制），作为本项目总成绩评定时的依据之一。

成绩：

日期： 年 月 日

六、任务拓展

1. 诗琴公司其他更多产品信息的发布；
2. 通过提升图片质量、标题质量、属性完善度等指标提升产品信息质量。

同步测试

（一）单选题

1. 下列不属于B2B网络贸易模式的电子商务平台是（　　）。

    A. 京东商城　　　　　　B. 阿里巴巴中国站
    C. 慧聪网　　　　　　　D. 中国钢铁网

2. 网络贸易模式分类包括（　　）。

    A. B2B　　B. B2C　　C. C2C　　D. 以上都是

3. 下列不属于B2B垂直行业平台的是（　　）。
   A. 中国机械网　　　　　　B. 中国钢铁网
   C. 淘宝网　　　　　　　　D. 中国化工网
4. 下列属于独立搭建的网络贸易平台的是（　　）。
   A. 阿里巴巴诚信通店铺
   B. 慧聪买卖通店铺
   C. 基于ShopEx产品搭建的供货平台
   D. 拍拍店铺
5. 以下平台属于基于内贸B2B平台的是（　　）。
   A. 敦煌网　　B. 1688　　C. 速卖通　　D. 亚马逊

（二）多选题

1. 从网络贸易平台的交易模式上，可以分为（　　）。
   A. 卖方控制型　　　　　　B. 买方控制型
   C. 中介（第三方）控制型　D. 交易控制型
2. 网络贸易平台的基本功能组成包括（　　）。
   A. 信息发布与展示　　　　B. 咨询洽谈
   C. 网上交易　　　　　　　D. 意见征询
   E. 交易管理
3. 网络贸易主体要素包括（　　）。
   A. 买方　　　　　　　　　B. 卖方
   C. 支付方　　　　　　　　D. 仓储物流方
4. 下列属于第三方网络贸易平台选择标准的是（　　）。
   A. 影响大　　　　　　　　B. 流量大
   C. 易操作　　　　　　　　D. 安全度高
5. 独立网络贸易平台建设可通过下列（　　）方法实现。
   A. 第三方网络贸易平台上开店
   B. 利用标准化商城系统
   C. 公司组建软件系统研发部
   D. 外包给专业软件公司

（三）简答题

1. 贸易与网络贸易的区别和联系是什么？
2. 中小企业开展网络贸易的特点和意义是什么？
3. 选择网络贸易平台的标准有哪些？

能力测试

专业能力自评

	能/否	任务名称
通过学习本模块，你		了解贸易的变迁
		掌握网络贸易的基本概念
		掌握网络贸易系统的核心功能组成
		掌握网络贸易平台的选择标准
		掌握基于第三方平台的企业网络贸易平台搭建
		了解自主搭建网络贸易平台的关键技术
		了解网络贸易一般业务流程
通过学习本模块，你还		

注："能/否"栏填"能"或"否"。

核心能力自评

	核心能力	是否提高
通过学习本模块，你的	信息获取能力	
	口头表达能力	
	与人沟通能力	
	动手操作能力	
	解决问题能力	
	书面表达能力	
	团队合作精神	
通过学习本模块，你的		

自评人（签名）： 　　　年　月　日	教师（签名）： 　　　年　月　日

注："是否提高"栏可填写"明显提高"、"有所提高"、"没有提高"。

第2章 目标客户

一、知识目标

1. 了解目标客户的概念；
2. 掌握目标客户的类型；
3. 掌握目标客户定位的分析方法；
4. 掌握信息采集的渠道；
5. 掌握信息采集评价的方法。

二、技能目标

1. 能够准确区分目标客户的不同类型；
2. 能够准确地描述目标客户，对目标客户进行定位；
4. 能够通过不同的渠道采集客户信息；
5. 能够准确评价采集的客户信息。

三、内容结构

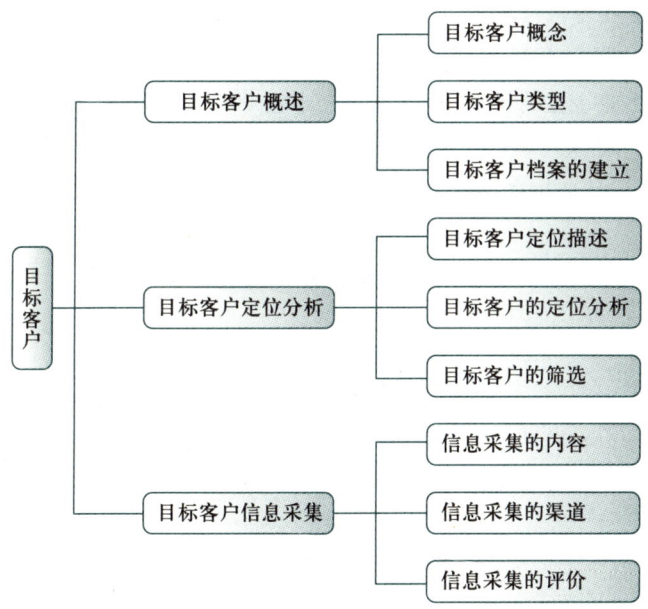

引例：阿里巴巴的目标客户定位

阿里巴巴（香港联合交易所股份代号：1688）为全球领先的小企业电子商务公司，也是阿里巴巴集团的旗舰业务。阿里巴巴在1999年成立于中国杭州市，通过旗下三个交易市场协助世界各地数以百万计的买家和供应商从事网上生意。三个网上交易市场包括：集中服务全球进出口商的国际交易市场、集中服务国内贸易的中国交易市场，以及透过一家联营公司经营、促进日本外销及内销的日本交易市场。此外，阿里巴巴也在国际交易市场上设有一个全球批发交易平台，为规模较小、需要小批量货物快速付运的买家提供服务。所有交易市场形成一个拥有来自240多个国家和地区，超过6100万名注册用户的网上社区。

2003年5月，阿里巴巴投资1亿元人民币建立淘宝网。2004年10月，阿里巴巴投资成立支付宝公司，面向中国电子商务市场推出基于中介的安全交易服务。2012年2月，阿里巴巴宣布，向旗下子公司上市公司提出私有化要约，回购价格为每股13.5港元。2012年5月21日阿里巴巴与雅虎就股权回购一事签署最终协议，阿里巴巴用71亿美元回购20%股权。2012年7月23日，阿里巴巴宣布调整淘宝、一淘、天猫、聚划算、阿里国际业务、阿里小企业业务和阿里云为七大事业群，组成集团CBBS大市场。2013年4月29日从阿里巴巴集团获悉，阿里巴巴通过其全资子公司阿里巴巴（中国），以5.86亿美元购入新浪微博公司发行的优先股和普通股。

阿里巴巴取得如此成功，它是如何定位和寻找目标客户的呢？

引例分析

成立伊始的阿里巴巴，灵感来自对外经贸部的网站建设，初衷正是为了向中国当时不断增长的中小型出口制造商和贸易商提供一个向全球展示自我的平台。

阿里巴巴定位于为中小型企业提供服务，只做信息流，不做资金流。1999年成立的时候战略目标很明确，迅速进入全球化，成为全球电子商务市场。这样的努力成功吸引了国际和国内贸易中最为活跃的顾客群，为中国优秀的出口型生产企业提供在全球市场的"中国供应商"专业推广服务。这种为商人与商人之间（B2B）实现电子商务的服务很快引起美国硅谷和互联网风险投资者的关注，被称为互联网第四模式。

> 阿里巴巴把企业及供应商、制造商和分销商紧密联系在一起，树立了客户永远是对的这一理念，首先是用户获利，其次是合作伙伴获利，然后才是自己获利。它的使命是让天下没有难做的生意。

2.1 目标客户概述

2.1.1 目标客户概念

随着市场竞争的不断加剧，企业单单拥有优质的产品和服务，而缺乏开发客户的渠道，不知道把自己的产品卖给谁，不知道自己的客户在哪里，是很难确保企业经营成功的。因此，企业的销售人员首先必须明确我们的客户在哪里？那么，到底什么是目标客户呢？

如何寻找目标客户

目标客户，通俗地说，就是企业或商家提供产品、服务的对象。目标客户是市场营销工作的前端，我们只有确立了消费群体中的某类目标客户，才能展开具有针对性的营销。销售的关键就是准确定位目标客户，即某个客户能否发展成为目标客户。

我们看一个客户能不能成为目标客户，需要关注以下几个方面的内容。

（1）目标客户必须是潜在客户

什么是潜在客户？潜在客户就是那些有购买意向并且有能力购买的客户。只有当客户具有购买意向，对产品有需求，并有能力去购买你的产品时，他们才能算作你的目标客户。如果没有购买意向或者没有能力购买你的产品，那么，无论你怎样费尽心机，也难以达到让其购买的目的。而对一些现在没有购买意向，但可能有需求又有购买力的客户，我们就应采取各种方式，使其成为潜在客户。

（2）目标客户最好是优质客户

当我们确定了潜在客户后，还需从中找出优质客户。衡量某一客户是否为优质客户，最重要的一个指标就是看该客户对利润率贡献的大小。简单地说，就是该客户可以帮你赚多少钱。但是我们必须要注意一点：在衡量某一客户是不是优质客户的时候，还应判断在销售过程中花费的隐形成本，比如时间、精力、体力等。这也就是为什么有些企业对一些斤斤计较的客户不感冒的原因，因为他们觉得花费了大量的隐形成本。

(3)目标客户具有较好的生命周期价值

在销售过程中,我们一定要密切关注和采集客户的采购信息。通过一段时间的观察就会发现,有些客户只消费一次,但是金额较大;有些客户消费频率较高,虽然每次金额不大,但是消费的总金额却要大得多。因此,销售员在销售时不但要看客户的消费金额,还要看客户的消费频率,判断目标客户的生命周期,达到持续销售产品的目的。

2.1.2 目标客户类型

随着电子商务的不断发展,网络贸易的范畴正变得越来越广泛,新的电子商务模式不断地涌现,归纳起来可以分为以下四种类型。

(1)企业与消费者之间的电子商务(Business to Customer,即B2C)

B2C就是企业通过网络销售产品或服务给个人消费者。企业厂商直接将产品或服务推上网络,并提供充足资讯与便利的接口吸引消费者选购,这是消费者利用互联网直接参与经济活动的形式,也是目前最常见的电子商务模式。其代表是亚马逊(http://www.amazon.com/),如图2-1所示;京东商城(http://www.360buy.com)如图2-2所示。

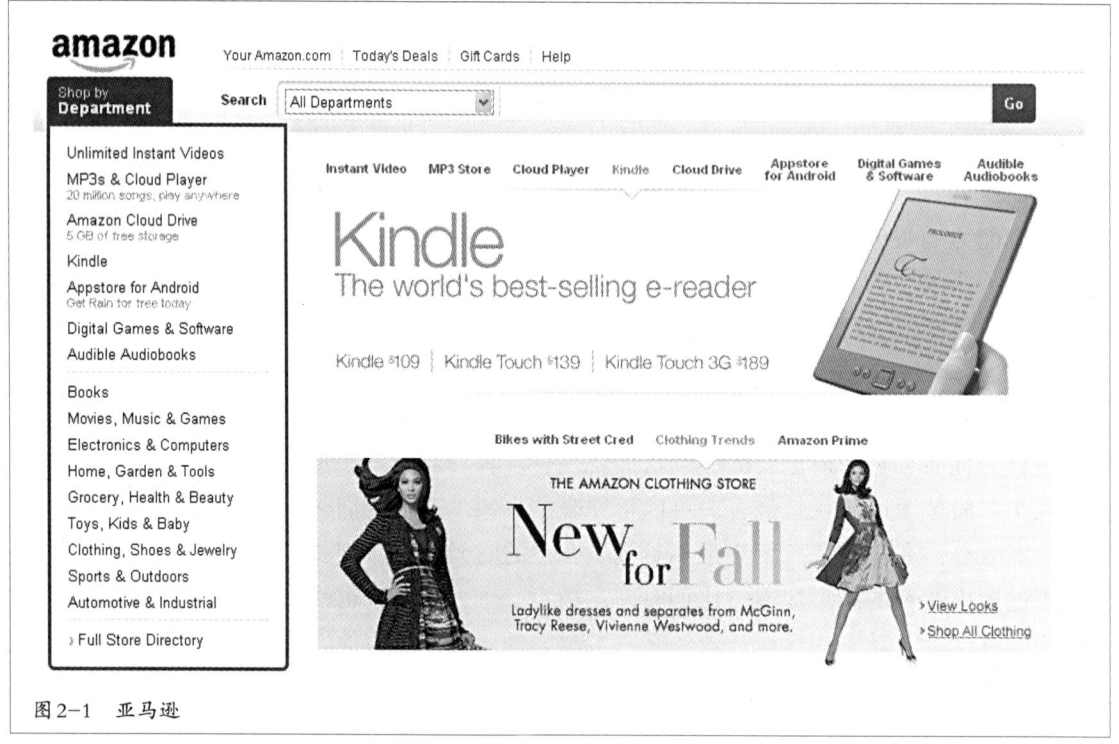

图2-1 亚马逊

图 2-2 京东商城

（2）企业与企业之间的电子商务（Business to Business，即 B2B）

B2B 电子商务是指以企业为主体，在企业之间进行的电子商务活动。B2B 电子商务是电子商务的主流，也是企业面临激烈的市场竞争改善竞争条件、建立竞争优势的主要方法之一。开展电子商务，将使企业拥有一个商机无限的发展空间，这也是企业谋生存、求发展的必由之路，它可以使企业在竞争中处于更加有利的地位。B2B 电子商务将会为企业带来更低的价格、更高的生产率、更低的劳动成本以及更多的商业机会。

B2B 主要是针对企业内部以及企业(B)与上下游厂商(B)之间的资源整合，并在互联网上进行的企业与企业间的交易。由企业内部网构建资讯流通的基础，由外部网络结合产业的上中下游厂商，达到供应链的整合。因此通过 B2B 的商业模式，不仅可以减少企业内部资讯流通的成本，而且可使企业与企业之间的交易流程更快速、成本耗损更低。

B2B 方式是电子商务应用最多和最受企业重视的形式，企业可以利用 Internet 或其他网络对每笔交易寻找最佳合作伙伴，完成从定购到结算的全部交易行为。其代表是阿里巴巴（http://www.alibaba.com/），如图 2-3 所示。

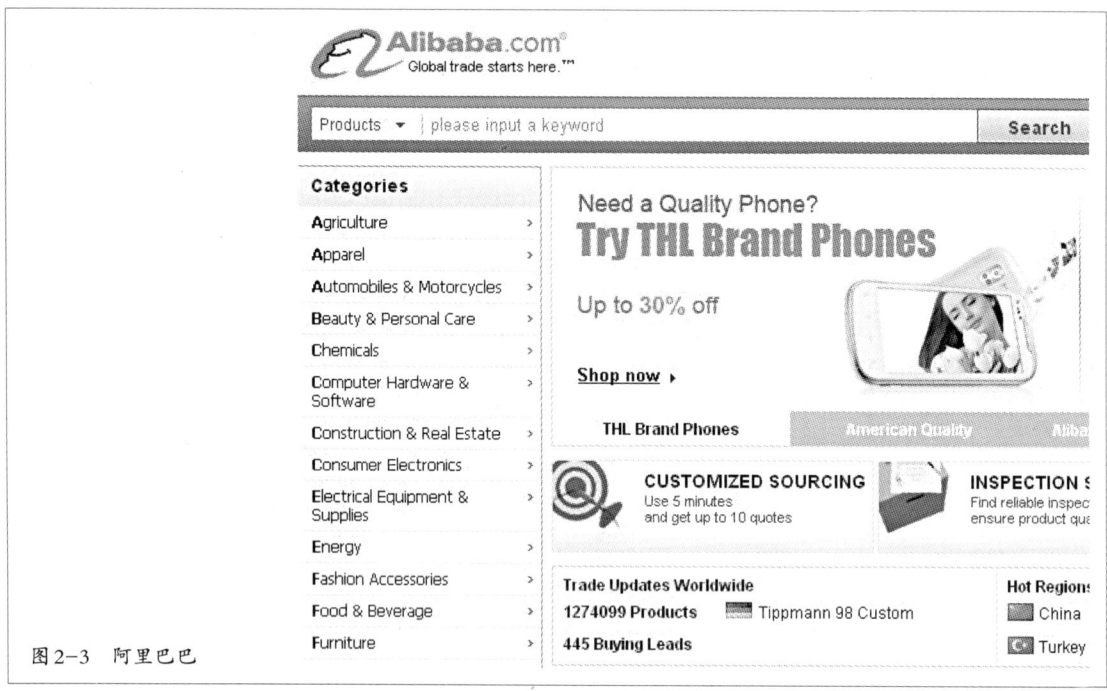

图2-3 阿里巴巴

（3）消费者与消费者之间的电子商务（Consumer to Consumer，即C2C）

C2C电子商务平台就是通过为买卖双方提供一个在线交易平台，使卖方可以主动提供商品上网拍卖销售，而买方可以自行选择商品进行竞价和购买。其代表是eBay（http://www.eBay.com/），如图2-4所示；淘宝网（http://www.taobao.com/）如图2-5所示。

（4）线下商务与互联网之间的电子商务（Online to Offline，即O2O）。

O2O电子商务平台就是把线下和线上相结合，这样线下服务就可以用线上来揽客，消费者可以用线上来筛选服务，也可线上成交和在线结算，这样可使企业的销售很快达到规模。该模式最重要的特点是：推广效果可查，每笔交易可跟踪。其代表是苏宁易购（http://www.suning.com/），如图2-6所示。

正是由于新的电子商务模式不断涌现，本书的内容必须做一个界定，主要界定于B2B的电子商务模式，而且我们分析的重点是对前面的这个B（也就是生产商）而言的，所以我们只对这种电子商务模式下的目标客户类型进行分类：

（1）实体批发零售市场

随着网络的不断普及，越来越多的实体店、便利店都倾向于在

目标客户的类型

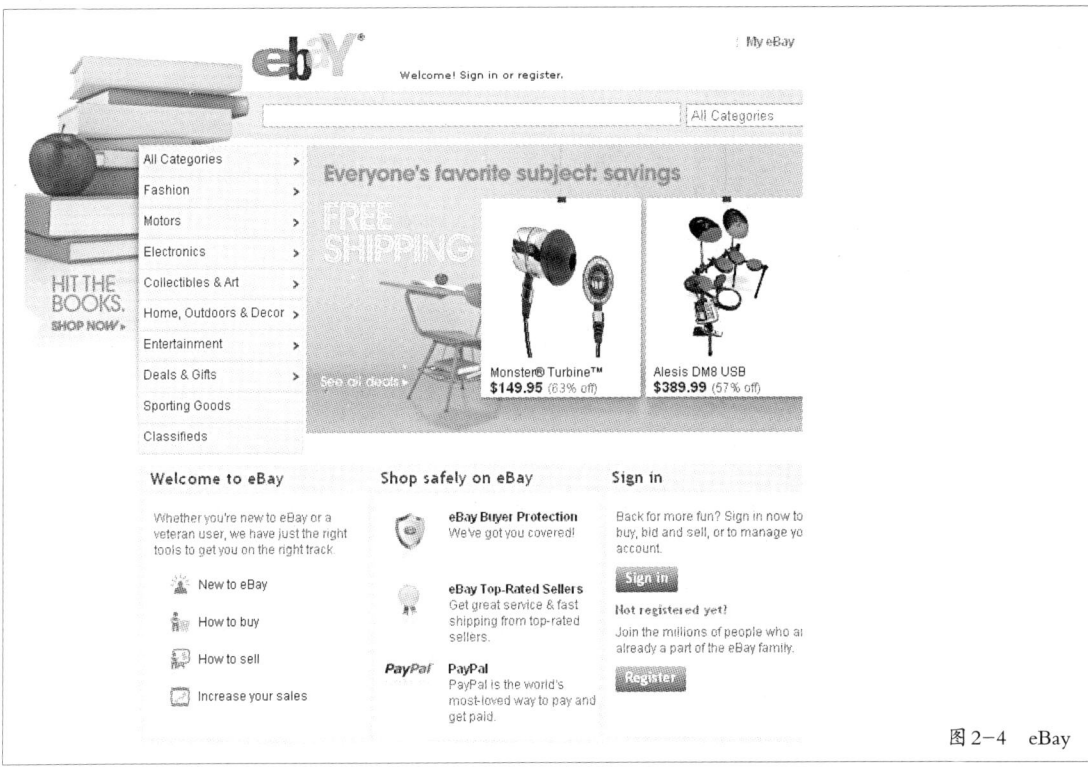

图 2-4　eBay

图 2-5　淘宝网

图 2-6　苏宁易购

图 2-7　实体批发零售市场

网络上货比三家，选择具有较高销量和信誉的生产厂家进货，很重要的一个进货渠道就是阿里巴巴平台。作为生产企业而言，把自己生产的产品搬到网络上是开拓实体批发零售市场的一个有效途径。实体批发零售市场如图2-7所示。

（2）网店店主

这里的网店店主包括以内销为主的阿里巴巴经销批发商、淘宝店铺、拍拍店铺和以外贸零售批发为主的敦煌网、速卖通、eBay店铺等。这些店主在寻找货源的时候都会倾向于批发平台、独立网站等，然后通过电话联系谋求合作意向，如图2-8、图2-9、图2-10所示。

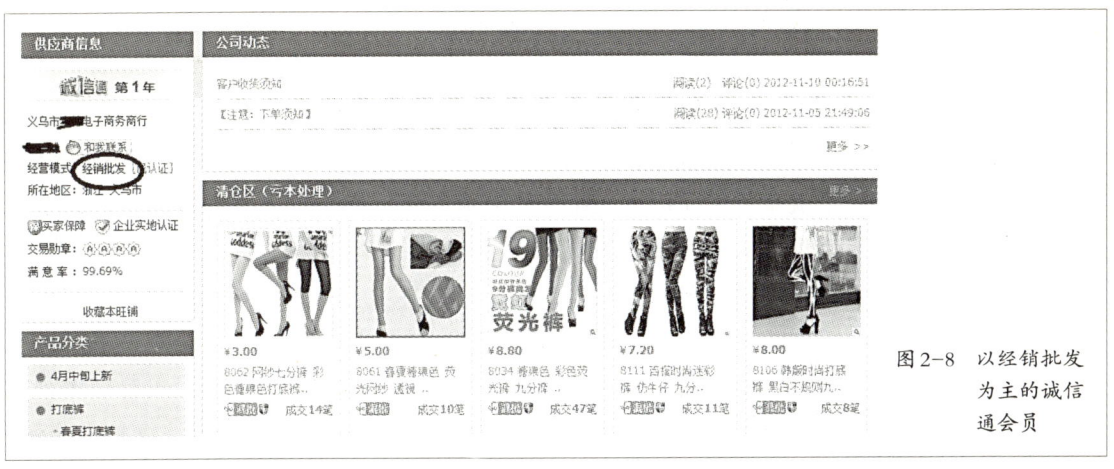

图 2-8 以经销批发为主的诚信通会员

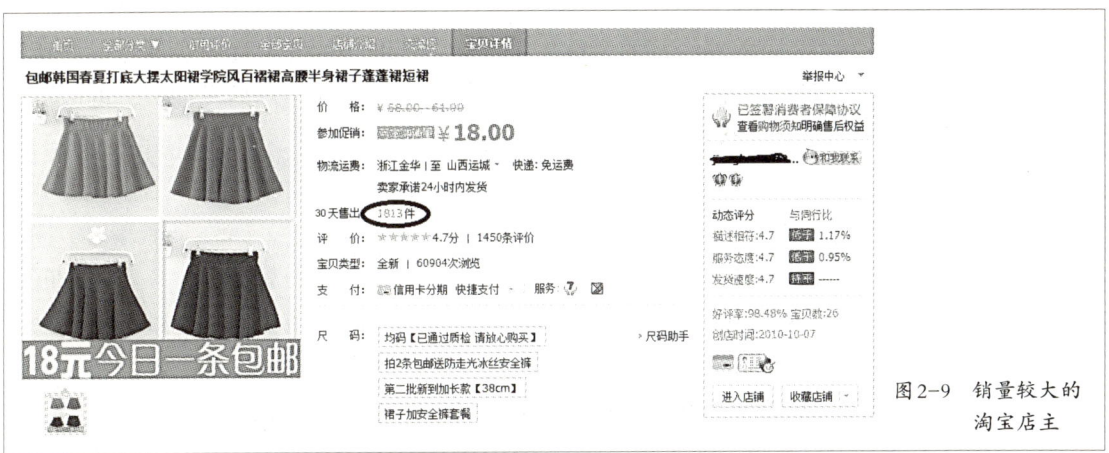

图 2-9 销量较大的淘宝店主

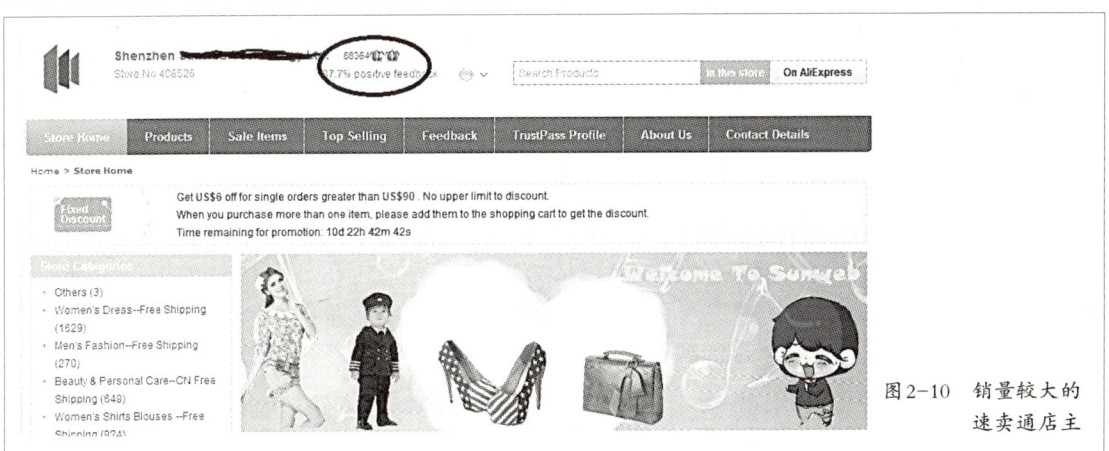

图 2-10 销量较大的速卖通店主

（3）定制化要求的客户

随着客户需求的多样化，订单的数量也呈现出了小批量多批次的趋势，很多客户为了更好地满足消费者的需求，都会向厂家定制个性化的产品；另一方面，很多厂家也开始倾向接受定制化的订单，这样可以更好地迎合市场的需求，同时也可以减少资金的压力和库存压力。

（4）团购客户

一般说来，团购客户大致可以分为以下几种：① 办公类团购，就是某单位向外大批采购基础设施、办公设备等物件的一种团购类型；② 福利性团购，即为了单位的福利发放向外采购物品，单位效益越好，采购的预算也就越多；③ 礼品类团购，一些单位向其他部门赠送礼品，一些公司搞促销向外采购赠品等；④ 第三方的团购平台，如美团网、满座网、淘宝聚划算等，在这里也聚集着很多企业客户。以上几种类型的团购客户都有其各自不同的关注点和需求点。

（5）外贸公司采购

随着经济的全球化发展，电子商务的优势逐渐显现，很多外贸公司都倾向于在批发平台寻找合适的产品，然后发询盘，再进行逐一的比较，选择出优秀的供应商。

2.1.3 目标客户档案的建立

建立客户档案是为了缩减销售周期和销售成本，有效规避市场风险，寻求扩展业务所需的新市场和新渠道，并且通过提高、改进客户价值、满意度、盈利能力以及客户的忠诚度来改善企业的经营有效性。那么应该如何建立客户档案呢？

目标客户档案建立

1. 收集客户档案资料

建立客户档案就要专门收集客户与公司联系的所有信息资料，以及客户本身的内外部环境信息资料。它主要包含以下几个方面：

① 客户最基本的原始资料，包括客户的公司名称、地址、电话、主营业务等，这些资料是客户管理的起点和基础，需要通过销售人员对客户的访问来收集、整理归档形成。

② 关于客户特征方面的资料，包括客户所处地区的文化、习俗、发展潜力等。其中对外向型客户，还要特别关注和收集客户市场区域的政府政策动态及信息。

③ 关于客户周边竞争对手的资料，如其他竞争者对该客户的关注程度等。了解竞争者对该客户销售的产品、价格、数量等信息。

④ 关于交易现状的资料，主要包括客户的销售活动现状、存在的问题、未来的发展潜力、财务状况、信用状况等。

2. 客户档案的分类整理

客户信息是不断变化的，客户档案资料也要不断地补充、增加，所以客户档案的整理必须具有管理的动态性。根据营销的运作程序，可以把客户档案资料进行如下分类：

（1）客户基础资料，比如客户背景资料、客户情况调查报告。

（2）客户购买产品的信誉、财务记录及付款方式等情况。

（3）与客户的交易状况，如客户产品进出货的情况登记表，实际进货、出货情况报告，每次购买产品的登记表，具体产品的型号、颜色、款式等。

（4）客户退赔、折价情况。如客户历次退赔折价情况登记表，退赔折价原因、责任鉴定表等。

3. 建档工作中的注意事项

（1）档案信息必须全面详细。客户档案所反映的客户信息，是我们对该客户确定一对一的具体销售政策的重要依据。因此，档案的建立，除了客户名称、地址、联系人、电话这些最基本的信息之外，还应包括它的经营特色、行业地位和影响力、分销能力、资金实力、商业信誉、与本公司的合作意向等这些更为深层次的信息。

（2）档案内容必须真实。这就要求业务人员的调查工作必须深入实际，那些为了应付检查而胡编乱造客户档案的做法是最要不得的。

（3）对已建立的档案要进行动态管理。

2.2 目标客户定位分析

2.2.1 目标客户定位描述

目标客户定位是产品(或服务)定位的一个重要组成部分，用以明确产品(或服务)的目标客户。目标客户的主要特征包括自然特征、经济特征、生活(生产)特征等诸多方面，精准的客户定位是企业开展营销及销售员找对人、做对事的前提条件，也就是说，首先要定位好什么样的客户是企业及销售员要找的。可是，企业的思想及视线所及往往与潜在客户存在一定的距离。

正因如此，才出现了三种脱离市场实际的客户定位，让企业及其销售人员变得无所适从：① 客户定位模糊。对目标客户定位全而广，或者说想把产品(或服务)卖给更多的人甚至所有的人。然而，这只能是一个美丽的肥皂泡，终将会破裂。② 客户定位偏差。在这种情况下，目标客户定位出现缺失，即没有把客户群体考虑全面，部分潜在客户群体没有被企业锁定。另外，客户定位还容易出现次重点颠倒的情况，即把核心客户当成次要客户，把次要客户当成核心客户。③ 客户定位错误。在定位上，以此为彼，以彼为此，其错误在于把产品(或服务)卖错对象甚至想卖给根本就不需要的人。

因此，我们必须精确地定位我们的目标客户，必须清晰地描述我们的目标客户。只有这样，我们的销售员才能够准确地知道我们的目标客户是谁，应该去哪里寻找。

目标客户群的定位

本书所讨论的是基于B2B市场的营销。即我们的企业所面对的是组织间的市场。这个市场是庞大的，其交易量远远超过了消费者市场。在这种情况下，企业的客户就称为商业客户。商业客户购买产品或接受服务，主要是用于工业或商业再生产，包括生产、经营等用途。

在过去，很多企业对商业客户进行定位时，仅仅把目光停留在组织类型上，如企业在营销计划中，把潜在客户很粗放地锁定企业、政府机构、社团组织等政治经济组织。在商用软件行业，有些商用软件企业在定位目标客户时，把客户定位为大企业或中小企业。如此粗放的客户定位，为销售员开展销售工作带来了困难，也为针对潜在客户量身开发、量身施政带来了困难。我们认为，对于商业客户的定位，企业有必要明确六个方面的内容，见表2-1。

表2-1 商业客户定位及具体描述

序号	定位特征	具体描述
1	组织性质	要对潜在客户所在的行业及组织性质做出明确界定
2	组织规模	要明确企业级别(大、中、小)或组织层级(如行政层级)
3	组织能力	要从盈利能力、资金能力、回款能力等方面加以界定
4	需求规模	从单次采购量、采购频次、采购周期等方面综合界定客户需求潜力
5	地理区位	明确界定潜在客户开发的特定地理区域与市场区域，即目的地市场
6	购买用途	界定潜在客户购买用途，有利确保产品或服务流向，维护市场秩序

2.2.2 目标客户的定位分析

要分析目标客户的定位问题，首先必须做好以下四个方面的内容：① 关于公司的产品信息；② 关于行业的市场调查；③ 竞争者分析；④ 关于企业的SWOT分析。通过前面四个方面的分析，我们才能对自己公司及产品所处的市场有一个比较准确的认识，然后再对目标客户进行定位分析。

1. 关于公司的产品信息

也许很多读者都会有这样的想法，难道我们会不知道自己生产和出售的产品的信息吗？事实的确如此吗？如果您这么自信，不妨做如下测试：

① 贵公司产品的常用名称是：_____，别名有：_____、_____；

② 贵公司产品属于哪种行业：_____，（请回答得具体一点，不要笼统地说纺织、服装、化工这样大的分类，请具体到大行业中的小类别）；

③ 贵公司产品的型号包括：_____、_____、_____；常用的技术参数包括：_____、_____、_____。

④ 贵公司产品的包装款式：_____；

⑤ 您熟悉贵公司产品的生产流程吗？能描述出流程的各个环节吗？

⑥ 您能列举出几种您不生产、但您的大客户可能正在购买的产品吗？

⑦ 请列举出贵公司产品的几种用途及应用贵公司产品的行业：_____、_____、_____；

⑧ 如果贵公司是制造商，贵公司产品有哪些上游产品，即贵公司大宗采购的原材料或者零部件：_____、_____、_____；

如果您能够比较从容地回答这些问题，那说明您已经很好地掌握了企业的产品知识；但是如果您对上面的问题还不是很清楚的话，那您必须先从产品信息入手，打好寻找目标客户的坚实基础。

想要寻找客户、想要订单、想要提高产品的利润，就必须了解自己的产品信息，中国有句老话"磨刀不误砍柴工"。对自己的产品了解得越清楚、越深刻、越全面，就越能准确定位我们的目标客户，所以大家不要忽视了这些问题，后面讲述的很多客户信息采集都会大量使用这里提到的产品知识。所以把这些问题回答得越清楚、越具体和越完整，那么最后所能取得的营销成果将越大，越可能在竞争中取得优势。

在这里，特别要强调的一点是产品的别名搜集最好是能够全面一些，因为只有掌握了目标市场中的客户是如何使用产品名称来搜索产品信息的，我们才能够更好地去搜集目标市场的市场信息，不然你写出的产品名称在目标市场都很陌生，自然就很难搜集到正确、丰富的信息了。

2. 关于行业的市场调查

通过对产品信息的分析和描述，我们掌握了产品的一些基本知识，现在让我们利用这些基本的产品知识做一些简单的市场调查研究。这里所说的通常意义上的市场调查研究主要有以下几个方面的内容：

① 整体市场环境与发展趋势；

② 主要市场(区域市场与应用行业市场)报告；

③ 行业主要经销商信息；

④ 行业营销(产品、渠道、价格、促销)现状及其研究；

⑤ 行业主要供应商(竞争对手)研究；

⑥ 本企业SWOT分析；

⑦ 行业未来关键成功因素分析。

如果要完全搞清楚某产品的市场行业状况，就需要把上面的这些问题研究透彻，但是显然这并非在短时间之内能够完成的。所以为了能够在较短的时间内对产品的市场现状有一些了解，我们建议还是利用互联网来做一个简单的市场调查，特别是希望这个市场调查：

① 在很短的时间内就可以完成；

② 不需要组织很多的人力、物力、财力来进行，比如一个人利用互联网资源就可以搞定；

③ 调查所取得的数据至少能回答上面的部分问题，这样对于下一步的市场调查和制定营销策略有很大的参考价值。

在这样的思想指导下，我们根据掌握的资源和经验，基本可以采取如下步骤进行简单的市场调查：

① 寻找现成的市场报告。也就是说看看是否有专门的市场调查公司正在出售我们想要的市场报告，如果价格合适，我们很快就可以拥有一个比较全面而专业的市场报告。

关于现成的市场报告，采用的方法是浏览市场报告提供商网站，比如中国行业报告研究中心（http://www.reportrc.com），打开http://www.reportrc.com网站。如图2-11所示。这是一个专业的市场报告的销售网站。它的优点是有很多行业的市场报告，我们可以通过这个网站查询到你的行业里面有些什么样的市场报告。比如要找"五指袜"这个产品的市场报告，可以在"查找报告"这个栏里面输入"五指袜"，按"回车"键，如图2-12所示。通过这种方法就可以搜索出"五指袜"这个行业的市场报告，总共有两份，如图2-13所示。我们当然很想看到内容，但是价格也不菲，这时我们可以在互联网上搜索市场报告的名称，找出尽可能多的报告供应商，然后比较同一份报告的价格。

图 2-11　中国行业报告研究中心

图 2-12　搜索五指袜行业市场报告

图 2-13　搜索出的五指袜市场报告

② 如果没有找到现成的市场报告，那么就先从整体市场入手，在全国的市场容量、各个省市的市场容量、主要市场等方面做一些调查。

③ 了解主要的行业用户、主要的经销商和主要的供应商等信息。

如果以上的调查比较顺利，那么基本上我们就能够对某项产品的市场有一个整体的认识。

3. 竞争者分析

一般来说，任何企业都面临着竞争问题。因此，只有充分地做好竞争者分析，才能够避实就虚，扬长避短。那么应该如何做竞争者分析呢？我们认为应主要从以下几个方面来进行简单的竞争者分析：

（1）谁是我们的竞争者

要回答这个问题，首先就是要对自己公司有个定位，如果我们是比较有实力的制造商，那些非制造商基本上不算是我们的竞争对手，行业里面比较著名的、有实力的制造商才是我们的竞争对手。这里要注意，竞争对手一定是同种性质的，比如同为贸易商或者同为制造商。

那么我们如何知道哪些是行业里比较著名的、有实力的制造商呢？在这里我们主要通过搜索引擎进行搜索，找到国内较大的一些生产商，然后从搜索的结果中进行相互验证、整理，一般都能整理出几个最大的生产商名单。有时互联网上正好有类似于"排行榜"的这种资料，那么只要搜索到这份资料就可以了。

（2）简单的竞争者分析

① 通过关系良好的客户询问一些竞争对手的情况。如果能通过客户拿到竞争对手公司的手册和产品样品则更好，这样能从手册和竞争对手的产品中了解到很多竞争对手的信息，甚至包括竞争对手的价格信息。

② 通过互联网查询。用产品最常用的关键词进行搜索，目标主要是生产厂家的网站，代理商或者经销商的网站。找到这些网站之后在上面能查到竞争产品的各项信息，并了解竞争对手是如何做市场宣传的。把这些网址收藏起来，并经常访问这些网站，以了解竞争对手的动态。如果在搜索时只使用产品关键词，可能会搜索出几百万，甚至几千万个网页链接，我们不可能，也没必要打开所有的这些网页，一般来说打开前100个网页链接就足够了，这里肯定有很多我们需要的网站。

③ 评价竞争对手竞争力的强弱。在了解竞争对手的信息后，需

要明确竞争对手对我们威胁的大小。我们大致可以从以下几个方面来进行评价：

  a. 企业属地。竞争对手的属地是非常重要的一个衡量指标，主要是考虑经营思维的不同。比如沿海经济发达地区，明显具有较强的竞争力。

  b. 市场份额。市场份额是指在全国同类产品的销售总额中，某企业的产品销售额占总销售额的比例。这个比例体现了某企业在国内市场上的地位。

  c. 企业是否获得行业内的国际权威认证。几乎每个行业都有一些行业内部使用的认证，比如电子产品、食品等行业都有一些行业国际权威认证。能通过这些认证是产品质量、安全性、环保性方面的最好证明，也是企业是否具有竞争力的体现。

  d. 企业是否拥有世界知名客户（比如世界500强或某行业的全球领先企业）。这个很容易理解。世界知名客户在确认企业为正式供应商前，一般都有比较严格的审查程序，比如填写很多认证表格、到工厂参观考察、在行业内调查、通过试订单考察等。所以最终能通过的供应商一般是比较优秀的供应商。而且世界知名客户的供应商认证往往比上面提到的很多标准更具有说服力，因为它是企业进行深入调查和考验后的结果。

  e. 企业是否拥有高质量的独立域名网站。这是在网络信息时代出现的新的衡量标准。事实上，公司网站往往是这个公司很多方面的缩影。比如该公司是否足够认真（网页上是否有错别字、是否有错误链接等）、是否足够注重质量(网站的美观、图片的质量)、公司是否足够大气(网站域名的恰当性，网站的信息丰富程度、更新频率，有无对整个行业的介绍，是否提供3种以上的语言版本)、产品是否很受欢迎(年销售额、有无客户列表或者成功案例介绍)、营销水平(产品信息的丰富程度、产品照片的专业程度、技术资料的正确性)、管理水平(管理好的公司往往介绍管理团队背景)、研发水平(技术资料、专利简介、研发团队介绍)、客户服务水平(客户服务机构的分布、详细的联络方式、是否有导航条、网上留言处理的速度)、信誉(各种认证证书的多少、权威性、客户证言)等。

  f. 企业知名度。在没有网络之前，很难评估企业的知名度。现在搜索引擎是用以评价企业知名度的一个非常有用的工具。用搜索引擎来判定企业的知名度，主要参考两个指标，一是通过搜索公司名称，看看该公司名称在互联网上出现的次数；二是搜索该公司网站被其他网站链接的次数，据此能够大致判断出该企业的知名度。

根据以上几个要素的分析，基本上可以判别出我们与竞争对手相比的差距和优势。

（3）如何制定竞争策略

竞争策略包含很多方面的内容，但是具体到拓展某个市场或者争取某个客户时，就需要进行重点考虑，因此，必须运用一些战略来提高资源的利用效率和竞争的有效性：

① 市场聚焦策略。我们可以把市场分为优势市场、重点待开发市场和观望市场，优势市场是指企业已经取得了一定的控制权或者企业有独特竞争优势的区域市场；重点开发市场是指企业下一步需要重点突破的市场，比如国内的主要市场、新兴市场等；观望市场是指竞争已经非常激烈、企业目前不具备优势也不紧急要做的市场。建议强化自己的优势市场，把有限的资源、人才分配到少数几个目前已经取得了一定优势的市场，把这个市场做深、做透、做专业。

② 差异化策略。比如改进包装、细化产品型号、提供更多的配套服务、推出其他供应商没有的特别产品或服务等。总之，在产品品质、产品门类、客户服务、及时和灵活地交货、客户沟通、增值市场信息、渠道政策、客户培训、企业形象等方面，在竞争对手没有做好或者没有做到的地方为客户提供一些新的价值，这一定能吸引部分客户过来。这是我们对待重点待开发市场的最主要战略。

③ 品牌化策略。在国内市场，产品品牌具有相当大的竞争优势，越来越多的消费者倾向于有品牌的产品，这样可以让消费者更放心地使用该产品。

④ 动态跟随策略。在开发新产品、确定优先市场时，跟踪竞争对手的动态非常重要。虽然企业开发新产品、新市场是建立在市场调研的基础上的，但不可忽略的现实是，市场调研的方法具有局限性，有些结论是错误的，而且市场本身就是动态变化的，因此耗时过长的调研报告往往失去时效性，这就要求我们除了密切注意自己产品的市场反应外，还要注意竞争对手和其他相关行业的优秀企业的动作，从中受到启发，指导自己的市场行为。

4. 关于企业的SWOT分析

SWOT分析（优势、劣势、机会、威胁）是现代市场营销学的一个基本概念。做好SWOT分析，可以帮助企业确定内部资源能力如何适应外部环境的决策，准确地找到自己在市场经济中、在行业中的坐标位置，明确下一步的计划和发展方向。

关于企业的SWOT分析

SWOT分析中的优势（S）就是指本公司比竞争对手做得更好的地方，或者拥有某种独占的有效资源。主要包括以下几个方面：成本、市场份额、品牌影响力、行业经验、商业模式、经营理念、管理机制、反应速度、技术实力、信息情报、专业人才、政府关系、金融资源、原产地优势等。

SWOT分析中的劣势（W）是和优势相对应的，如果在某个行业中，上面的某个因素很关键，而贵公司在这个关键因素上弱于竞争对手，那么这个方面就是你的劣势。

SWOT分析中的机会（O）是指出现对公司发展产生利好的市场机会。主要包括以下几个方面内容：新技术新材料的不断升级、新市场的不断开拓、新的国家政策、新的客户需求、新获得的垄断资源、新的战略合作伙伴等。

SWOT分析中的威胁（T）是那些可能给企业的销售扩张、利润提升带来消极影响，并威胁到既有市场地位和利润获取的外部变化。主要包括以下几个方面的内容：经济不景气、市场需求减少、新加入的竞争对手、恶性竞争、资源紧张、新技术新产品的挑战、重要的人才流失、更严厉的法律法规等。

SWOT分析可以使用下面的方块表格来进行，如表2-2所示。

表2-2　SWOT分析表格

优势：	劣势：
机会：	威胁：

分析优势和劣势在要进行决策的问题上的关键性和重要程度时，主要评估以下几个方面的内容：

① 是否有难以克服、也很容易被竞争对手利用的劣势？如果被竞争对手利用是否会对我方构成严重威胁？这样的劣势要加以重视，评估我方是否可以承受由劣势引发的威胁。

② 我方是否有某种优势让竞争对手难以克服，而且能够给竞争对手带来重大打击？如果有这样的优势，对决策是很好的正面支持。

③ 评估机会的重要性，比如重大机会、一般机会和局部机会等。

④ 评估威胁的严重等级：致命威胁、严重威胁、较大威胁和普遍威胁等。

最后根据评估的结果，做出决策。如果已经做好了决策，通过SWOT分析，也可以帮助检查前面的决策是否存在漏洞和重大错误，便于采取补救措施。

5. 关于目标客户的定位分析

通过前面的分析，我们大概知道自己企业处于一个怎么样的市场地位。然后分析什么样的客户能够成为你的目标客户，哪些客户应该成为你努力的重点，这就涉及目标客户的确定问题。并非所有的潜在顾客都是合格的，选择那些合格的潜在顾客作为销售行为的重点将会使你的工作事半功倍。目标客户的确定主要从以下几个方面进行考虑。

（1）对产品的需求度

客户对产品的购买取决于客户的需求，客户对产品是否真正有需求及需求的强烈程度在很大程度上决定你销售的难易程度甚至成功与否。销售人员应该通过询问等方式了解客户的生产情况，经营状况，是否有扩大现有规模的计划，市场占有率目标和现状，当前面临的主要问题、解决方法是否满意，改进的打算等，以判断产品是否为顾客所需或所需的程度。

（2）对产品的支付能力

调查顾客的支付能力非常有必要，它不仅影响你销售产品的难易程度，还决定你的销售成果——销售额实现的可能性，甚于还可让你避免陷入可能的经济欺诈。

顾客的支付能力一般可以通过公开财务信息了解，也可通过直接询问、参观访问、同行评论、市场反应等获得的信息进行综合分析得到。

某公司涉嫌诈骗被推上法庭，他们诈骗的手段非常巧妙，而且连连得手。原来，这家公司总是寻找一些规模不大、经营状况不佳、产品销售困难的小企业，抓住他们急于寻找客户、急需销售产品的心理，做出一副紧急需要大批货物的样子，与其签订大单，且货期要求

> 很紧，并且注明严格的违约惩罚条款。这些长年销售惨淡的小厂家突然见到这样的大客户，当然是不愿放弃的，因此对方提出的条件全都答应下来，心想着只要有订单就好办……但是，一开工才意识到，由于工厂技术设备落后、工人操作生疏、原材料组织困难，根本不能按期完成订单，无奈最后只好毁约赔偿一大笔违约金。而那家企业却靠这种吃违约金的办法大发横财，短短几年，就迅速"发展壮大"。
>
> 这的确是一个颇有启发意义的例子。不顾生产能力的盲目接手订单最终掉入别人精心策划的陷阱，另一方面，换个角度想想，对于这么大的订单，如果被骗的厂家仔细调查过对方的支付能力，很可能就会看出这里面是否"有诈"，从而就会"多个心眼"，避免上当受骗。

（3）对购买是否有决策权

决策权指在采购的过程中，谁是最后的拍板人。如果能准确地找到决策者，那么销售就成功了一半。因此，分析潜在客户有无决策权，也就成为确定目标客户不可缺少的环节。

在一个企业中，由于组成结构不同，决策权的分配存在很大的差异，有的决策权分散，管理结构民主，一线人员掌握着很大的决策权；有的决策权集中，大小决策权都掌握在"最高长官"手中。了解客户决策权的分配情况将有助于确定目标客户。其实，要分析客户购买的决策权究竟在谁手中并不容易，甚至会大大超出"常规"，因此，找出真正的决策者非常重要。这就要求我们平时用心观察，抓住一些有用的线索。

2.2.3 目标客户的筛选

对客户进行筛选的实际意义，就在于尽量避免客户开发时间的大量浪费，提高客户开发工作的效率。经过对客户资格的全面衡量和评价，可以更准确地确定客户范围，减少销售产品的盲目性，同时可以提高准客户的订货概率或订货量，从而提高销售业绩。在对客户进行筛选时，以下几个方面的内容是需要进行重点考虑的：

① 经营规模。大规模企业一般需求量大，并且一般有着较好的信誉。

② 发展周期。正处于迅速发展、迅速膨胀的上升期的客户对产品需求很旺盛，而且由于可能还未形成稳定的供货商，建立合作关

目标客户的筛选

系的机会也大。

③ 财务状况。客户良好的财务状况可以使你承担的风险大大降低，同时也可以反映出公司的经营水平和合作前景。

④ 员工人数及素质。人是决定性的因素，有着众多高素质员工的企业一般有着快速发展的实力和基础，从而有着巨大的发展潜力；一个有胆识、有魄力的领导者能够带领企业不断取得胜利。

⑤ 销售渠道。渠道对于产品的销售起着至关重要的作用，有着良好渠道的企业一般更容易取得更好的销售业绩，从而迅速发展壮大。

⑥ 内部管理及组织结构。内部管理高效而有序、组织结构科学的企业往往有着更好的经营业绩和发展潜力。

⑦ 市场空间和发展潜力。产品市场前景看好的企业或产品有发展潜力的企业，会有更快速的发展。

⑧ 经营状况和业绩。良好的经营状况和业绩最直接地反映企业的可靠性和资信状况。

⑨ 在行业的影响力。在行业有着较大影响力的企业有着某种程度的示范效应。这类企业选择了你的产品，这本身就是最有说服力的宣传。

⑩ 信誉状况：没有人愿意与经营不佳的企业来往，那将承担太大的风险，甚至可能被其拖垮，因此，应搞清楚对方的信誉状况，是否有过不佳的记录。反过来说，有良好信誉的企业应该成为你选择目标客户的优先考虑对象。

总之，在以上各方面表现良好的客户应该是你最重要的争取对象，他们有着很强的实力、良好的资信状况和巨大的发展前景，这种合作是稳定而可靠的，双方有在互利基础上结成长期战略同盟的可能性，与他们的合作将意味着更小的风险、更高的收益和更大的空间。

在某些方面表现并不那么良好的客户应该根据其情况将他们划分一定的等级，按照一定的优先级别实施销售行为，有区别地对待是降低成本、提高收益的一个关键。

目标客户的选择

2.3 目标客户信息采集

2.3.1 信息采集的内容

1. 客户信息分类

客户信息主要分为描述类信息、行为类信息和关联类信息三种

客户信息分类

类型。下面简单介绍这三种基本的客户信息类型。

（1）客户的描述类信息

客户描述类信息主要是用来理解客户的基本属性的信息，这类信息主要来自于客户的登记信息，以及通过企业的运营管理系统收集到的客户基本信息。

这类信息的内容属于基本属性信息，内容比较容易采集到，但是缺乏差异性。对于客户描述类信息最主要的评价要素就是数据采集的准确性。在实际情况中，经常有些企业知道为多少客户提供了服务，以及客户购买了什么，但是真正到了主动联络客户时，才发现缺乏能够描述客户特征的信息和与客户建立联系的方式，这都是因为企业没有很好的规划和有意识地采集和维护这些描述类信息。

（2）客户的行为类信息

客户行为类信息的主要目的是帮助企业的市场营销人员和客户服务人员在客户分析中掌握和理解客户的行为。客户的行为信息反映了客户的消费选择或决策过程。客户的行为类信息一般包括：客户购买服务或产品的记录、客户的服务或产品的消费记录、客户与企业的联络记录，以及客户的消费行为等相关的信息。

行为类数据一般都来源于企业内部交易系统的交易记录、企业呼叫中心的客户服务和客户接触记录，营销活动中采集到的客户响应数据，以及与客户接触的其他销售人员与服务人员收集到的数据信息。

企业往往记录了大量的客户交易数据，如电子商务网站不仅记录了网上客户购物的交易数据，如客户购买的商品、交易的时间、购物的频率等。还记录了客户在不同页面间的浏览和点击数据，这些数据能够很好地反应客户的浏览行为。

与客户描述类信息不同，客户的行为类信息主要是客户在消费和接受服务过程中的动态交易数据和交易过程中的辅助信息，需要实时地记录和采集。

（3）客户的关联类信息

客户的关联类信息是指与客户行为相关的、反映和影响客户行为和心理等因素的相关信息。客户关联类信息经常包括客户满意度、客户忠诚度、客户对产品与服务的偏好或态度、竞争对手行为等。

这些关联类信息有时可以通过专门的数据调研和采集获得，如通过市场营销调研、客户研究等获得客户的满意度、客户对产品或服务的偏好等；有时也需要应用复杂的客户关联分析来产生，如客户忠诚度、客户流失倾向、客户终身价值等。客户关联类信息经常是客户分析的核心目标。

2. 客户资料整理

客户信息是不断变化的，那么客户的档案资料就需要不断地补充、增加，所以客户档案的整理必须具有管理的动态性。基本要做到"知己知彼"，随时了解顾客的经营动态、市场变化、负责人的变动、体制转变等，加强对顾客资料的收集、整理，以供企业管理人员决策时作辅助参考。

另外，应定期开展客户档案全面修订核查工作，对成长较快或丢失的客户进行分析，查找原因。根据修订后的客户档案，分门别类，对客户进行分档。这样周而复始形成一种档案管理的良性循环，就能及时了解客户的动态变化，为客户提供有效帮助。客户档案资料的管理表格如表2-3所示。

表2-3　客户档案资料管理表

企业名称			电话			传真		
所在地址			邮编			E-mail		
企业决策领导	姓名			年龄			地址	
	性别			籍贯			电话	
	职务			性格			嗜好	
主要管理人员	姓名	年龄	学历	部门	职务	嗜好	与领导关系	备注
经营范围								
主要竞争对手	公司名称		地址		性质	负责人	经营范围	
公司产品竞争对手	货源		地址		价格	进货量	所占比例	
销售情况	客户	行业	责任业务员		政策	销量	技术要求	竞争对手

续表

财务	开户行				财务状况			
	资产负债率				资产收益率			
与本公司合作情况	时间	提货量	价格	金额	任务进度	回款	合同价格浮动	
备注								

2.3.2 信息采集的渠道

1. 通过朋友采集客户信息

随着电子商务和网络的发展，越来越多的人热衷于通过网络来寻找目标客户，只要动动鼠标，就能搜索出一大堆目标客户的信息，但是，通过朋友寻找客户作为最原始的渠道之一，仍在客户寻找中发挥着不可小视的作用。通过朋友介绍这种方式可以很快达到正面拜访或直接洽谈业务阶段，从而避免把很多时间和精力浪费在盲目搜索、猜测和试探上。那么通过朋友找到客户的关键点在哪里呢？我们认为，关键点在于通过朋友达到对有价值信息的搜集并应用。

通过朋友找客户，在友谊之外，需要反复确认朋友介绍的客户的可信度、信用保障等方面，因为朋友可能有时候也只是片面了解对方。要考察该客户的专业背景，观察其对产品质量、生产能力、价格、付款条件、交货方式等要素的关注程度和具体要求，与其签订合同时一定要协商好，合同条款需明晰，然后严格按章办事，以顺利完成交易。通过朋友介绍客户的方式有很多种，其中比较常见的是通过身边朋友间接引荐和直接代理。

间接推荐

本人在经营毛绒玩具产品的公司上班，我的朋友Tony在一家制帽公司做业务，平时关系很要好，有时候还会带各自的朋友一起玩。Tony的朋友中有很大一部分是做外贸生意的，其中Nina在一家生产中高档出口瓷器的公司，关系如图2-14所示。

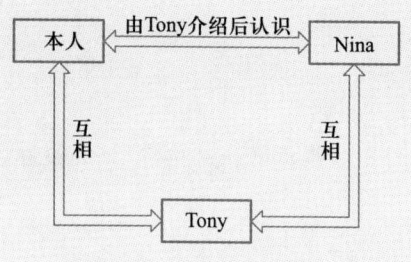

图2-14 朋友间的关系图

由于大家在一起时气氛很好,玩两次就成了好朋友,偶尔见面时,我还会特别给她带上一两件公司样品室淘汰下来的小玩具,诸如小熊钥匙挂件之类的,以示友好。过了一段时间,Tony就电话通知我说Nina的客户最近有一批数量可观的咖啡杯订单,其客户不经意提及将寻求毛绒小对熊的供应商,以便将小熊作为情人节期间咖啡杯的促销商品捆绑销售,最好包装好一起发货。Tony向Nina建议可以向客户推荐我们公司,很快我们就和这个客户取得了联系。公司这边迅速组织并发送了几种设计的样品和报价给他。一个星期后,该客户回复说Nina公司信誉和服务都很好,他信任她的推荐,同时我们的样品质量和设计都很不错,价格也在可接受的范围内,这样我们很快就接到了客户发过来的正式订单,并完成了交易。Tony开始也曾和经理商量过,他们也担心如果客户找的是完全陌生的供应商,一来在本来就紧张的交货期上可能会造成拖延等意外情况;二来在玩具方面并不专业的客户找到的供应商,做出来的产品可能存在外观或质量方面的问题而影响咖啡杯的销量和后续类似订单。由于通过和我的交往,对我们公司和产品有一定了解,感觉这样对双方都有保障。

直接代理

在这个案例中,我们成了中间客户,而且还和好友Tony有了第一次的合作机会。因为公司于2002年美国大片《蜘蛛人》在其本土尚未上映并热烈炒作之前,就拿到了某个拥有填充玩具类蜘蛛人授权经营许可的客户的第一批订单。而后,由于宣传的作用,各种设计和尺寸的蜘蛛人订单接踵而至。在共同努力下,客户对我们的质量和交货期等都非常满意,并授权给我们可以代理寻找并供应特别为蜘蛛人设计的刺绣纯棉帽给他们。我把Tony公司介绍给经理,可经理担心他们的价格过高。

通过和Tony的沟通,他非常高兴我们成了他的潜在客户,并很愿意努力在公司允许的价格浮动范围内作适当调整。毕竟做蜘蛛人这类的项目数量和前景很乐观,而且做得好在将来也会有潜在类似订单。我将Tony提供的样品和报价递交给经理,经理将几家的产品做了比较以后,终于接受了Tony公司的产品。这样我们公司在其相对较低的价格上加上我们的佣金,再报给客户也还是在非常合理的水平上,再加上Tony公司产品优良的品质,经过几次设计和样品的略微更改,客户就接受并下了订单。

2. 通过阿里旺旺采集客户信息

随着第三方网络平台的发展,越来越多的企业开始关注这个优质的目标客户群体。通过阿里旺旺采集客户信息主要从以下三个方面来进行。

淘宝旺旺采集客户信息

(1) 直接搜索求购信息

打开阿里巴巴中国站首页(www.china.alibaba.com),如图2-15所示。

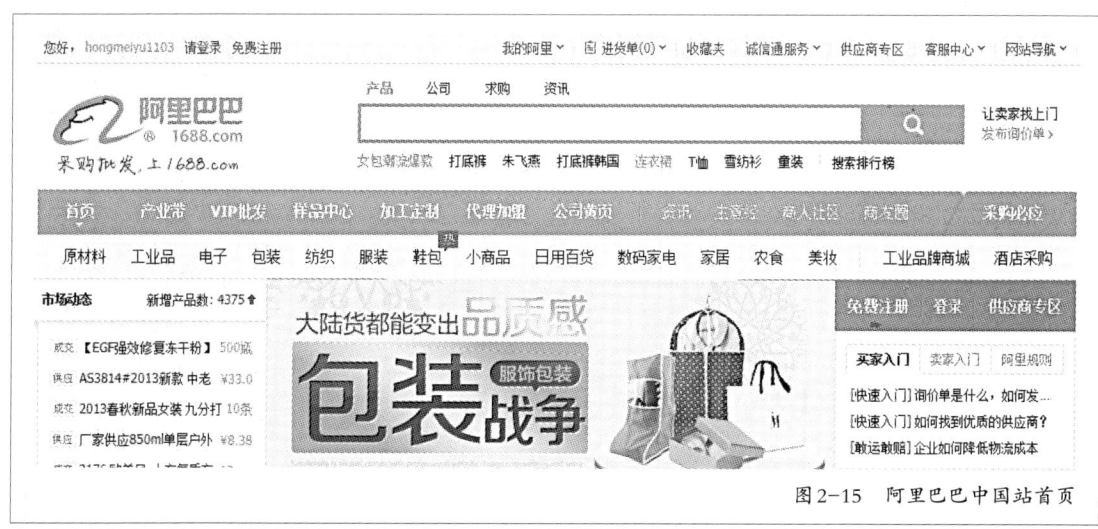

图2-15 阿里巴巴中国站首页

在阿里巴巴搜索框内输入所销售的产品名称,比如"五指袜",点击"求购"信息标签,点击搜索按钮,如图2-16所示。

图2-16 搜索五指袜的求购信息

注意在选择自己销售的产品的关键词的时候,应该尽量使用买家所习惯的词语,通过点击搜索后,就可以显示买家的求购信息,如图2-17所示。

图2-17 五指袜的求购信息

(2)直接搜索供应信息

打开阿里巴巴中国站首页(www.china.alibaba.com),在阿里巴巴搜索框内输入所销售的产品名称,比如"五指袜",点击"产品"信息标签,点击搜索按钮,如图2-18所示。

图2-18 搜索五指袜的产品信息

通过前面的操作,就可以搜索出来很多销售五指袜产品的企业,注意这里搜索出来的企业分为很多种,有生产厂家、有经销批发的贸易商、有招商代理商,还有个体销售商,如图2-19所示。

图2-19 搜索不同经营模式的企业

我们的目标主要就是那些经销批发的贸易商,因此,我们在搜索出来的页面中点击经营模式,选择经销批发,这样我们就能筛选出很多经销批发商,我们还可以对这些经销商按销量排序,寻找到比较优质的贸易商,如图2-20所示。如果感兴趣,就可以通过阿里旺旺和他取得联系,采集相应的客户信息。

同理,我们也可以在淘宝上进行这样的操作,打开淘宝网首页,在淘宝网搜索框内输入所销售的产品名称,比如"五指袜",点击搜索按钮,如图2-21所示。

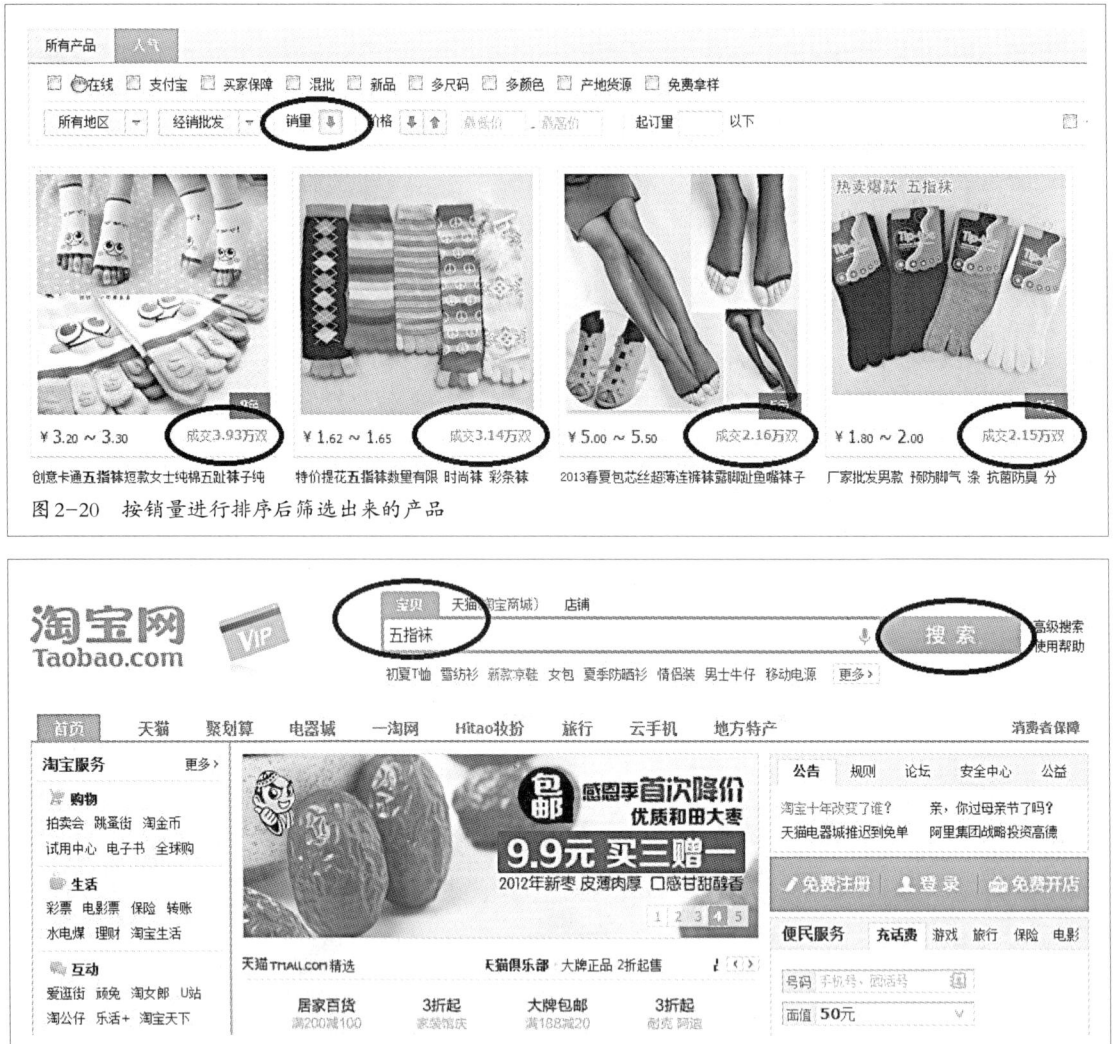

图 2-20 按销量进行排序后筛选出来的产品

图 2-21 淘宝网搜索五指袜信息

通过上面的搜索就会显示很多销售五指袜产品的店铺，我们选择按销量进行排序，这样就可以找到销量较好的优质的淘宝卖家，可以采集相应的客户信息，如图 2-22 所示。

（3）直接搜索旺旺群

打开阿里旺旺，点击标签"我的群"，并点击右下角"查找添加群"，如图 2-23 所示。选择"按分类查找"，输入关键字"星座"，点击"查找"，如图 2-24 所示。通过筛选，会出来一些对星座感兴趣的群，如果觉得合适，可以点击立即加入即可，如图 2-25 所示。注意：在"查找添加群"之前必须先明确客户群的定位，明确客户群后可以通过其"兴趣爱好"、"社会属性"、"年龄层"来选择关键词进行查找。

第2章 目标客户

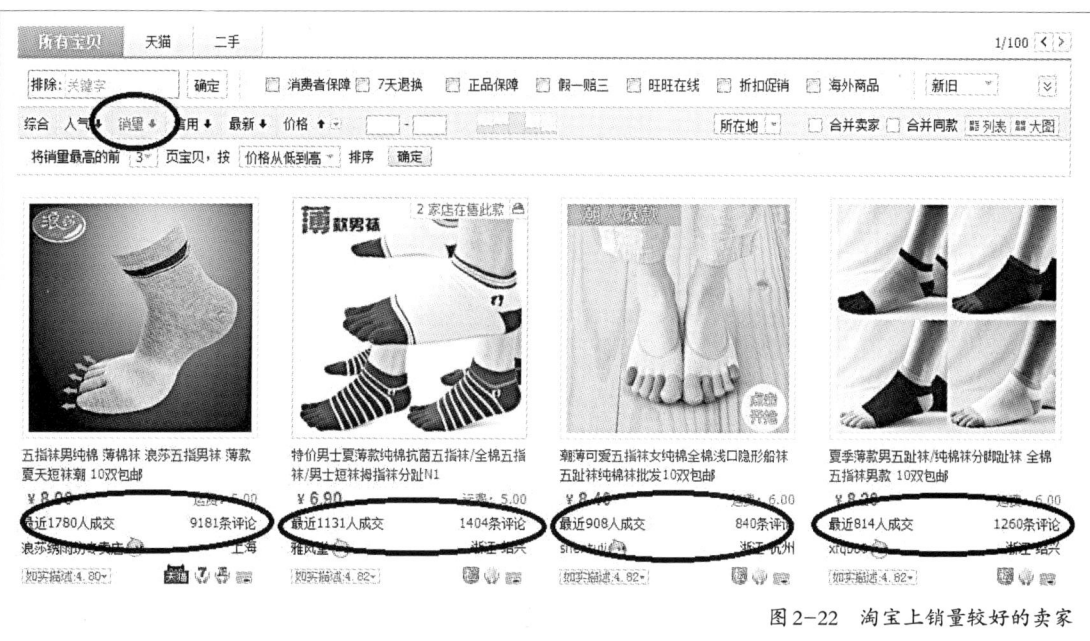

图2-22 淘宝上销量较好的卖家

图2-23 查找添加群

图2-24 按照星座信息进行查找客户群

图2-25 搜索出来对星座感兴趣的群

3. 通过行业协会网站采集客户信息

行业协会是"一些为达到共同目标而自愿组织起来的同业或商人团体"。在中国,行业协会在人们心目中是一个被弱化的概念,我国的行业协会在一定程度上有"半官半民"的性质。大多数的行业协会在职能定位上多偏重于为政府服务,因此也就不能真正反映行业的问题和要求。在国外,特别是发达国家,行业协会的作用是很大的。

每个正规的、大型的行业协会,都建立了自己的相关网站,比如中国纺织网,如图2-26所示。

行业协会网站所提供的信息在为会员单位提供了便利的同时,无形中也为我们寻找客户创造了更大的空间。

我们可以通过登录行业网站,发布公司信息,包括公司详细的联系方式、公司网站网址、详细的产品介绍、卖点阐述、专业的产品图片和包装图片等信息,如图2-27所示;同时我们还可以通过行业网站查询求购信息,如图2-28所示。

图 2-26　中国纺织网

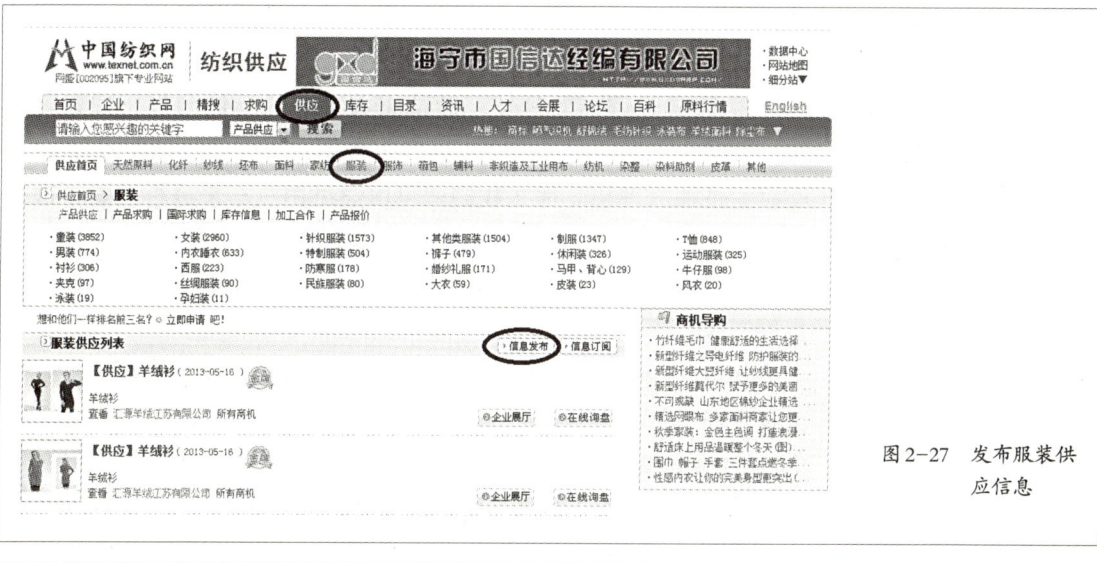

图 2-27　发布服装供应信息

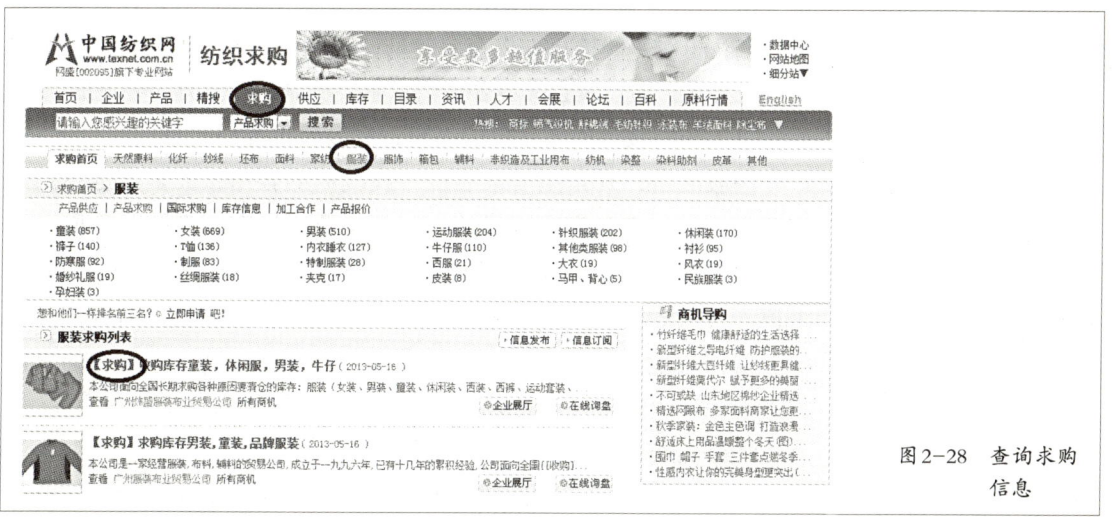

图 2-28　查询求购信息

通过搜索引擎采集客户信息

4. 通过搜索引擎采集客户信息

所谓搜索引擎，就是在Internet上执行信息搜索的专门站点，它们可以对主页进行分类与搜索，将所有与搜索词相匹配的内容找出来，并显示一个指向存放这些信息的链接清单。

随着搜索引擎能力的不断提高，好的搜索引擎几乎能收录任何上网的目标客户的网站信息，那么，我们应该怎样使用搜索引擎来采集客户的信息呢？应注意以下几方面的内容：

① 搜索关键词的选择。搜索关键词选用不对，会导致在原地打圈，找不到目标客户的信息。选择搜索关键词首先应确定要达到的目标，对于这个要有一个比较清晰的概念，即要找的到底是什么？是资料性的文档？还是某种产品或服务？要找的目标客户究竟是谁？是批发商？贸易商？代理商？零售商？不同的目标客户需要采用不同的关键词。

② 搜索关键词的延伸。尝试用关键词的延伸词进行搜索。比如，推销汽车配件的，很多人愿意直接用汽车配件进行搜索，结果反而不是那么理想。那么我们就可以尝试用汽车来进行搜索，这是因为，作为最终成品的企业，如果是生产商，那他就有购买零部件的需要；如果是贸易商，那他就有售后服务的需要，而这些，正好是你所需要的。

③ 值得推荐的搜索引擎包括Google和Baidu，通过搜索引擎可以寻找到比较有价值的客户。

5. 通过展会采集客户信息

通过展会找客户是最为常用以及最普遍使用的方法，参加展会不仅可以了解到同行业产品的结构、规模和未来发展趋势，搜集到现有及潜在竞争对手的信息；更重要的是，参展是企业接触到合格买家的最有效方式。通过展会采集客户信息主要从以下几个方面来完成。

（1）热情接待前来展位的客户，有效搜集客户信息

一般而言，凡是主动来展位寻找我们的客户，大多数是我们的潜在客户。我们和客户沟通的内容，主要应该有以下几个方面：了解客户是直接用户还是分销商、购买产品的规格、客户原来的分销渠道、客户的需求量、技术要求等。对于和客户沟通的内容，一定要非常详细地记录。同时将客户希望我们在展会回去后处理的事情详细地做好记录，并及时进行总结。

（2）同老客户进行沟通，采集客户信息

同老客户沟通，主要从以下两个方面进行：①客户对我们前期

的产品、服务有什么反馈？是否需要改进？②了解客户新的需求，拓展合作的领域。

正如大家所知，开发新客户的成本是维护老客户的6倍，从老客户身上寻找新的需求，不仅是经济的，而且还会给我们带来新的商机，并可以加深彼此的合作，同时加强合作的长期性。

（3）通过参展商来采集客户信息

在同一展会上，一部分参展商本身也可能是我们的潜在客户。这一般适用于成品生产商或者部分专业的分销商，他们往往既是供方同时也是需方。对于这类客户，我们要采取主动拜访的方式。首先，要通过展会上发放的参展商名录及介绍找到他们，简单地了解他们的产品系列。然后，要主动对他们进行拜访，了解他们的详细要求，并索要一些资料及样品，这有助于我们进一步了解其需求。

（4）对采集的客户信息及时整理

在展会上，搜集到的信息和资料可能非常繁杂，重要程度也各不相同。因此，我们需要分门别类地进行整理。一方面便于将来查找，另一方面也有利于提高使用效率。

通过展会获得的信息是第一手资料，其重要性不容置疑。但是在记录的过程中，难免由于客户的语速较快或者沟通方面的原因，所记录的信息不全。如果我们及时地整理会见的报告，就可以及时地将缺漏补足，提高信息的有效性。同时，如果参展人员不是最终的业务联系人，也可以让其他的同事对业务的会谈情况有比较清楚的了解。

6. 通过竞争对手采集客户信息

直接从竞争对手那儿获取客户资料，从而抢走客户，其难度在于竞争对手的严密防范。如何突破竞争对手设置的层层防线，从而获取有价值的客户资料？主要可以从以下三个方面进行努力：

①到竞争对手那里挖墙脚。竞争对手的业务员一般来说都有自己的客户，如果能够把竞争对手原销售人员雇佣过来，则可以在瞬间获得渠道和客户信息方面的优势。

②注意收集研究竞争对手的信息和资料，从中挖掘有效客户线索。明确了主要竞争对手后，我们应该好好地去研究它，收集一切关于它的报道信息、样本、样品，经常光顾它们的网站，寻找一切可能的机会搜集客户信息。

③近距离接触竞争对手的客户。针对比较强大的竞争对手，我们应该采取跟随策略，比如在对手经常做广告的地方，也可以根据

通过竞争对手采集客户信息

自己的财力，选择做几个；比如对手加入了某个协会，我们也要考虑参加；比如对手参加了某个展会，我们可以在他们旁边申请一个展位。总的来说，竞争对手比较有影响力，他去的地方，应该客户密集，推广效果也不错。这样他的一些外围的、非核心层的客户，就有被你挖走的机会。

7. 通过黄页采集客户信息

"黄页"起源于北美洲，1880年世界上第一本黄页电话号码簿在美国问世，至今已有100多年的历史。黄页是国际通用按企业性质和产品类别编排的工商电话号码簿，相当于一个城市或地区的工商企业的户口本，国际惯例用黄色纸张印制，故称黄页。目前我们常说的黄页就是指电话号码簿，几乎世界上每一个国家都有以这种纸张为载体所印制的电话号码本（黄页）。现在流行的企业名录、工商指南、消费指南等，也可以算是黄页的各种表现形式。

从宾馆拿黄页应该是黄页收集的一个主要方法。一般宾馆里每个房间都提供黄页，大都是免费拿取。而且往往是宾馆的档次越高则房间里的黄页种类越多，黄页的品质也越好，版次也越新。另外，每个宾馆提供的黄页的版本往往是不一样的，因此，也建议经常更换宾馆。

网上寻找客户技巧

从黄页中找黄页是收集黄页的有效渠道。其实黄页的出版商也是在孜孜不倦地寻找着买家，因此，他们也在想办法推广自己。其中的一个办法，就是在其他的黄页中做广告。

去商业协会找协会自己出版的黄页，只要说明来意是寻找合作伙伴，了解信息，在大多数情况下，可以免费得到你所需要的黄页，而且，运气好的话，还有好几个版本。

在展会上可以得到特定行业的黄页。在展会上，有可能有专门的黄页销售点，你可以一下子有很多选择，满载而归。

2.3.3 信息采集的评价

1. 评估客户的好处

① 了解客户的基本信息，可以帮我们决定采用什么样的联系方式去开拓客户。

② 评估客户是大客户、中小型客户、小客户或者是最终的消费者，可以按照不同的客户等级进行报价。

③ 考察客户的实力，看有没有发展成为大客户的潜力。

④ 了解客户信息越深入，能提供增值服务的机会就越多，越能够抓住客户的实际需求。

⑤ 了解客户的市场行为，进而可以推测客户的业务状况、采购状况等。

2. 评估客户的方法

① 利用搜索引擎，输入公司名称，查找公司网站，看看网站的结构是否齐全、信息是否丰富、画面是否精美、资料是否经常更新等。从而确定该公司是不是比较正规的公司。

② 通过域名查询系统，查询域名的注册信息。看客户网站建立时间的长短，一般来说，建站时间越长，客户从业越久，越可能是比较专业的公司。

③ 通过查看公司网站，可以了解客户的规模、业务结构、主要市场和历史。一般来说，公司都会把自己获得的荣誉、认证等信息放在网络上，来得到它的客户的信任。如果是阿里巴巴客户，可以查看阿里巴巴产品的销售情况。如果是淘宝客户，可以查看淘宝上最近30天的销售数量和笔数，从而确定客户的大小和专业性。

④ 利用搜索引擎Google、百度等搜索该客户的公司信息，看看客户在互联网上的传播度，一般来说，查询的结果越多，公司的实力越强大。看看公司有没有被新闻媒体等的正面报道等。

⑤ 通过电话和客户取得联系，获取客户的一些信息，大概也能了解客户的大小、业务范围等，提问和沟通是了解客户准确信息的最佳方法。

⑥ 针对客户主动上门的查询，我们应该具有辨别客户真假的能力。专业买家对需要的产品一般描绘得比较具体、会留下完整的联系方式、会使用行业内人士的常用称谓、不会提出超越平常的需求等。

在这里需要注意在初期通过网络了解客户的一些基本信息以及和客户建立联系后，不要忘记继续调查客户资料。

最后，无论怎么调查，我们还是建议在和客户进行深入的生意洽谈之前，要求客户填写一份客户信息表，这是获取客户信息的最有效的方法，也便于我们继续使用其他的方式进一步获取客户的资信等信息。

3. 评估客户是否适合自己

在了解客户的一些基本信息和需求后，我们还需要看看我们的服务能力是否能够和客户的需求相匹配。下面是市场选择中的双向评估模型，如图2-29所示。

	强　　　　　　　　　　弱 客户吸引力	
强	列入重点客户名单，调集优秀销售员组织攻克	正常的接触，挖掘客户可能的潜力
弱	列入大客户名单，建立关系，同时评估是否要针对该客户改善企业的满足能力	暂时列入潜在客户名单，观察客户的发展，等待时机

图2-29　双向评估模型

根据不同的组合，可以得出四种不同情况，针对以上这四种情形，可采取上述客户评估表格中的对策。总之，正确认识企业在不同时期的资源和能力，恰当定位与本阶段能力相适应的目标客户以及与下一阶段能力相适应的潜在客户是确保企业健康发展的重要一环。千万不要急于求成，制造彼此不合适的"婚姻"，造成对彼此的伤害。

根据实训背景描述，通过分析产品的行业现状和发展趋势，寻找适合自己公司的目标客户并能够对目标客户的信息进行采集。

（一）实训目标

1. 能够分析产品的行业现状和发展趋势；
2. 能够分析竞争对手的策略；
3. 能够寻找目标客户并采集目标客户的信息。

（二）环境要求

软件和模拟动画实训时，需配备计算机，每人一台，并且需要连接网络。

（三）背景资料

义乌诗琴针织有限公司创办于2001年，坐落于中国小商品发源地——廿三里工业区，公司厂房面积5万平方米，员工200多人，年产值超过5 000万,月产棉袜超过150万双。公司以生产经营各式男女棉袜、童袜为主。公司本着"以市场为导向,以质量求生存,以管理求效益,以创新求发展"的经营方针,致力于袜子的开发和创新,现配有织袜、缝头、染色、定型、包装等各类生产流水线,形成开发、生产、销售、服务一体化的综合型生产企业。

公司现拥有各类进口专业织造设备150余台,始终坚持科学管理、争创品牌、顾客满意的质量方针,以"用心做好袜"为企业宗旨。公司自成立以来,经过几年的艰苦奋斗,已经成为袜子领域快速成长的品牌之一。

公司实体销售网络遍及全国各大中城市,实体销售渠道较为稳定,销售网络情况如图2-30。

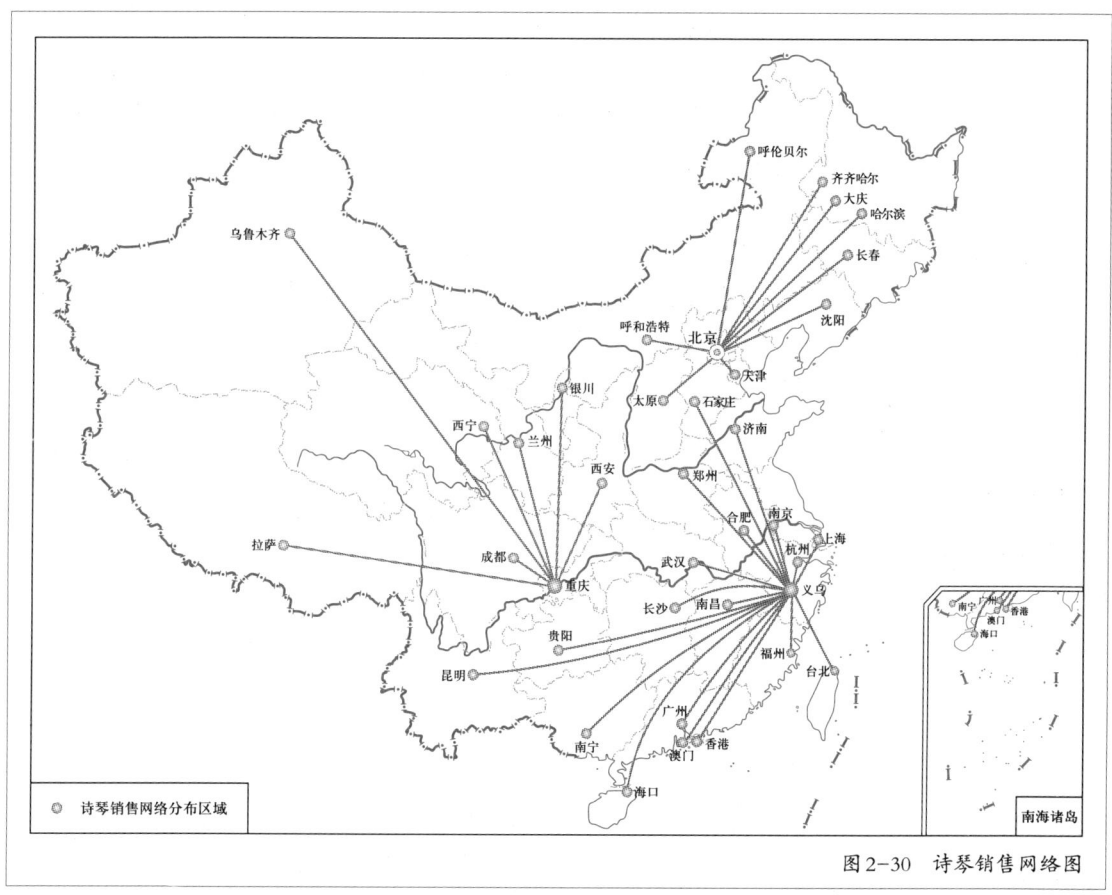

图2-30 诗琴销售网络图

随着国际经济危机的不断持续,很多从事外贸业务的袜企纷纷转战国内市场,导致一批重要客户随着市场竞争的加剧流失了,为了应对日益加剧的市场竞争,公司一方面不断加大对新产品的研发力度;另一方面公司要求电子商务部门不断开发新的客户来应对客户的流失。目前公司新开发了竹炭纤维的五指袜系列产品,希望电子商务部门能够开发出一些优质的客户,并对开发出来的客户进行信息的采集和整理。

(四)操作步骤

(1)进行实训背景分析,了解五指袜产品的行业现状和发展趋势

根据诗琴公司的实际,了解五指袜系列产品的特征、优缺点,分析五指袜系列产品的行业现状和发展趋势。

(2)竞争对手的策略分析

根据诗琴公司目前的发展现状,选择出市场上和自己实力相当的公司,分析竞争对手的发展策略,决定自身企业应该采取的发展策略。

(3)寻找目标客户并采集目标客户信息

通过对自身企业的分析,了解自身企业所处的行业位置,企业可以通过不同的客户信息采集渠道去寻找目标客户,并对采集到的目标客户信息进行整理。

(五)注意事项

目标客户信息采集是企业进行销售的前提条件,在这里,需要学生对客户信息的采集渠道有比较深刻的理解,并能够不断地运用到实践当中,才能比较准确地采集一些客户信息,对销售产品起到良好的导向作用。

(六)实训报告

实训名称:		学 时:	
实训地点:		日 期:	
小组成员:			
姓名:	班级:		学号:

一、实训描述

根据实训背景的分析,完成对所处行业的现状和发展趋势的把握;寻找出实力相当的企业进行竞争者分析,明确自身企业的发展策略;通过不同的渠道采集客户信息,并对采集到的客户信息进行分类整理。实训中会对学生采集的客户信息进行评价,不断地强化学生寻找目标客户的技能。

二、任务分配

续表

三、任务实施
要求按照任务执行流程的要求分要点来描述任务的具体实施步骤。
四、任务小结
请写出在操作过程中遇到的问题及解决办法。
五、任务执行评价
根据任务完成的质量、及时度,报告的编写质量给出成绩(100分制),作为本项目总成绩评定时的依据之一。 成绩: 日期: 年 月 日
六、任务拓展
1. 通过本书介绍的渠道以外的渠道采集客户信息。 2. 用不同的方法验证所采集的客户信息的有效性。

同步测试

(一)单选题

1. 看一个客户是不是目标客户,( )不是我们关注的内容。
   A. 是不是潜在客户　　　　　　B. 是不是网络客户
   C. 是不是具有良好的生命周期　D. 是不是优质客户

2. 以下不是建档工作中的注意事项的是( )。
   A. 档案信息必须全面详细　　　B. 档案内容必须真实
   C. 档案要进行动态管理　　　　D. 档案必须公开透明

3. ( )不是通过展会采集客户信息的有效渠道。
   A. 接待前来展位的客户,有效搜集客户信息
   B. 同老客户进行沟通,采集客户信息
   C. 通过参展商来采集客户信息
   D. 通过朋友介绍采集客户信息

4. ( )不是确定目标客户的条件。
   A. 对产品的需求度　　　　　　B. 对产品的支付能力
   C. 对购买是否有决策权　　　　D. 目标客户的大小

5. ( )不是通过阿里旺旺采集客户信息的方法。
   A. 直接搜索求购信息　　　　　B. 直接搜索供应信息
   C. 直接搜索旺旺群　　　　　　D. 直接利用搜索引擎

（二）多选题

1. 对生产企业而言，目标客户类型主要有（　　　　）。
   A. 实体批发零售市场　　　　B. 网店店主
   C. 定制化要求的客户　　　　D. 团购客户
   E. 外贸公司

2. 客户档案资料的搜集主要从（　　　　）进行。
   A. 客户最基本的原始资料　　B. 客户特征方面的资料
   C. 客户周边竞争对手的资料　D. 交易现状的资料

3. 在进行目标客户定位前，我们须做好（　　　　）。
   A. 关于公司的产品信息　　　B. 关于行业的市场调查
   C. 竞争者分析　　　　　　　D. 关于企业的SWOT分析

4. 客户信息可以分为（　　　　）。
   A. 客户的描述类信息　　　　B. 客户的行为类信息
   C. 客户的关联类信息　　　　D. 客户的支付信息

5. 正确评估客户的方法有（　　　　）。
   A. 利用搜索引擎，查找公司网站
   B. 查看客户网站域名注册信息
   C. 看看客户在互联网上的传播度
   D. 通过提问和沟通了解客户准确信息

（三）简答题

1. 如何分析竞争者的策略？
2. 目标客户信息采集的渠道有哪些？
3. 如何对采集的目标客户信息进行评价？

能力测评

专业能力自评

	能/否	任务名称
通过学习本模块，你		掌握目标客户的基本概念
		掌握目标客户的基本类型
		掌握目标客户档案的建立
		掌握目标客户的定位分析
		掌握通过不同的渠道采集客户信息
		掌握对采集的客户信息进行评价
通过学习本模块，你还		

注："能/否"栏填"能"或"否"。

核心能力自评

	核心能力	是否提高
通过学习本模块，你的	信息获取能力	
	口头表达能力	
	与人沟通能力	
	动手操作能力	
	解决问题能力	
	书面表达能力	
	团队合作精神	
通过学习本模块，你的		

自评人（签名）：　　　年　　月　　日　　　　教师（签名）：　　　年　　月　　日

注："是否提高"栏可填写"明显提高"、"有所提高"、"没有提高"。

第3章 询盘与洽谈

一、知识目标

1. 了解询盘的基本知识；
2. 了解洽谈的基本知识；
3. 了解询盘的分类和识别；
4. 了解询盘处理和洽谈的基本业务流程；
5. 掌握询盘邮件的写作要求和洽谈的方式选择。

二、技能目标

1. 能够准确识别询盘；
2. 能够在分析询盘的基础上，对询盘做出较好的回复，回复询盘后能进行洽谈；
3. 能够对询盘进行跟进，并掌握丰富的询盘处理和洽谈技巧，最大程度地把询盘转化为订单。

三、内容结构

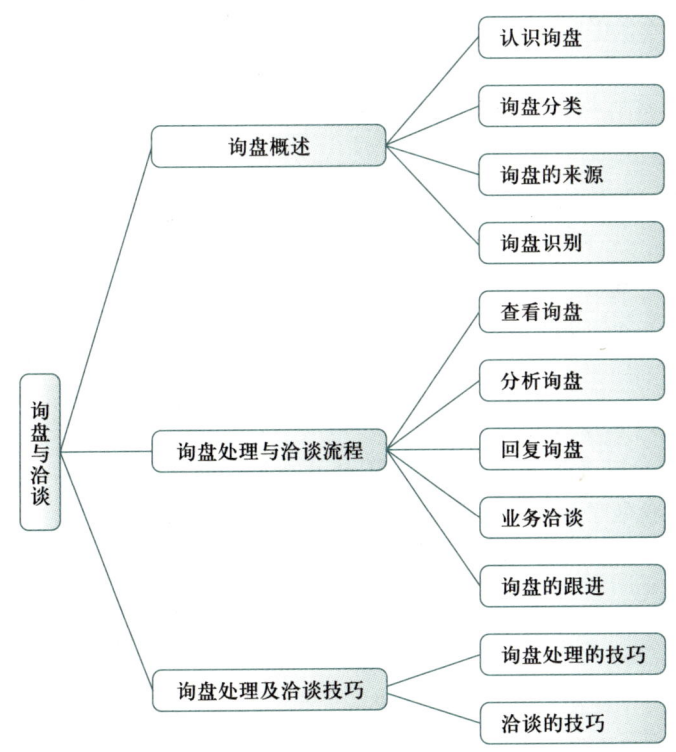

引例：看他如何将询盘转化为订单

小季是某汽车轮胎公司的网络贸易业务员，他每个月都有不少的订单，为公司也为他自己带来了可观的收益。与其他业务员比起来，他的询盘量也不是特别多，只是他能更有效率地将询盘转化为订单。以下是一个例子，我们来看看小季对询盘的回复和处理。

（1）询盘

某客户是从某电子商务平台上发询盘过来，具体内容如下：

你好，

我们需要大量的汽车轮胎，要求通过ISO标准检验，由于求购数量很大，请你先寄给我详细的产品报价单：

型号：22—24，质量：ISO

期待你的回复。

急购！请在三天内回复！

（2）分析与回复询盘

小季收到询盘后，分析了下询盘，首先是询盘最后写着的"急购"，一般这样的询盘小季会在收到的第一时间就给客户回复。高效率的回复，让客户觉得你工作效率高，且对产品、市场等也比较熟悉。在询盘里，客户虽然没有明确采购明细，但是尺寸范围、要求等都说得很明确，这样的明显是优质询盘，需要好好对待了。

小季的回复如下：

您好！

感谢您7月15日的询盘！

我是商远轮胎公司的小季，我公司专业生产和销售汽车轮胎，期待与您的合作。

您也知道，22—24型号的轮胎有很多不同的款式，在附件中我给您列明了所有款式的报价，所有款式均通过ISO质量检验，价格低廉。附件中畅销的产品款式我做了标记，且给了最优惠的价格。

报价有效期到2012年7月20日。

小季
商远轮胎公司

（3）客户提出图片要求

客户第二天就回复了：

你好!

感谢你快速的回复!

我对你公司的产品很感兴趣,请发一些产品图片来。

(4)询盘的跟进

发出图片后,客户好几天都没有任何消息,小季再次给客户发信:

您好!

有段时间没联系了,最近好吗?

请问贵公司对我公司的订单进展如何?何时能下订单给我们?我们真诚希望能与贵公司合作。

如有任何问题,请随时联系我。

(5)给客户报价

客户回复称:"请报给我们最低的价格。"小季觉得这个客户近期有购买意向,只是纠结在价格上了。价格仍有下降的空间,但是在降价的同时一定要让客户给你做出一定的承诺:

您好!

我方所报的都是最低的价格了,但我仍然有个好消息告诉您,我公司最近正在做一次年中的促销,优惠促销的产品和价格已发给您,请查看附件。

本次促销是年中活动,促销时间和存货都很有限,报价有效期到2012年7月31日,之后将不再有优惠价格。请问您要多少货物?

有任何其他问题,请随时联系我!

(6)成功转化为订单

客户终于回复:

你好!

请给我发两车货来,我将很快下订单给你。

引例分析

小季是如何将这个询盘成功转化为订单的?他在处理这个询盘时遇到了哪些问题,他是怎么处理的?

收到一个新的询盘后,首先要先识别和分析询盘,小季经过分析认为,这是一个真实的询盘,需要认真对待。小季及时地回复了询盘,他的回复优点在于开头点出是哪天的询盘,不至于让客户一头雾水,紧接着介绍自己和公司,正文里点出了畅销款式的报价,客户会觉得你相当

> 专业,也洞悉市场,会乐意跟你合作。这里第一封邮件小季没有添加图片,留下一个诱导客户接下来跟你谈的问题。客户一段时间没消息后,小季及时进行了询盘的跟进,抓住这个客户。在与客户进行价格洽谈时,小季展现了报价技巧,首先用一个年中促销转移客户的视线,虽然仍然是围绕着价格来的,但是客户这里关注的焦点就是促销了,促销给人的印象一般是在某个时间段优惠大,即使你没有促销,也可以假装有促销。促销的价格这里强调了时间和数量都是有限的,警示客户,此时不定,以后就是原价了。

3.1 询盘概述

在学习询盘之前,我们需要先明确学习询盘的意义。由于经济发展水平、员工职业素质和文化差异等因素的影响,国内网络贸易中询盘的应用比国际网络贸易要少得多,在线洽谈和电话洽谈被更多地应用。然而,电子邮件形式的询盘使用起来更为规范,更便于保留、复制和传递磋商过程中形成的资料和记录,更能形象、细致地描述产品的信息。因此,随着社会经济和网络贸易的发展,询盘将越来越重要,我们必须认真地学习它。

3.1.1 认识询盘

询盘也叫询价,是指交易的一方准备购买或出售某种商品而向对方询问买卖该商品的有关交易条件。网络贸易中,询盘就是一个E-mail,用以询问产品的价格、规格、品质、数量、包装、装运、交货期等交易条件以及索取样品等。因多数询盘只是询问价格,业务上常把询盘称作询价。在B2B电子商务网站中,最为常见的询盘形式就是"询价单"(见图3-1),询价单是一种有固定模板的询盘方式,方便客户进行询盘。

询盘对买卖双方均无约束力,接受询盘的一方可给予答复,亦可不做回答。但作为交易磋商的起点,商业习惯上,收到询盘的一方应迅速做出答复。询盘对发出人虽无法律约束力,但要尽量避免无购买诚意的询盘,否则会轻易丧失信誉。

图3-1 询价单

3.1.2 询盘分类

1. 买方询盘与卖方询盘

买方询盘是买方主动发出的向卖方询问所需货物的函电。在实际业务中，询盘一般多由买方向卖方发出。网络贸易中，买方通过寻找产品，向卖方发联系信等方式形成的询价单就是买方询盘。

例如，买方在某B2B网站搜索产品"移动电源"，见图3-2。

图3-2 买方在B2B网站寻找需要的产品

在所有搜索到的产品目录中，买方选择了其中一款产品，点击"发联系信"，填写一份"询价单"，发送后即形成一个买方询盘（见图3-3）。

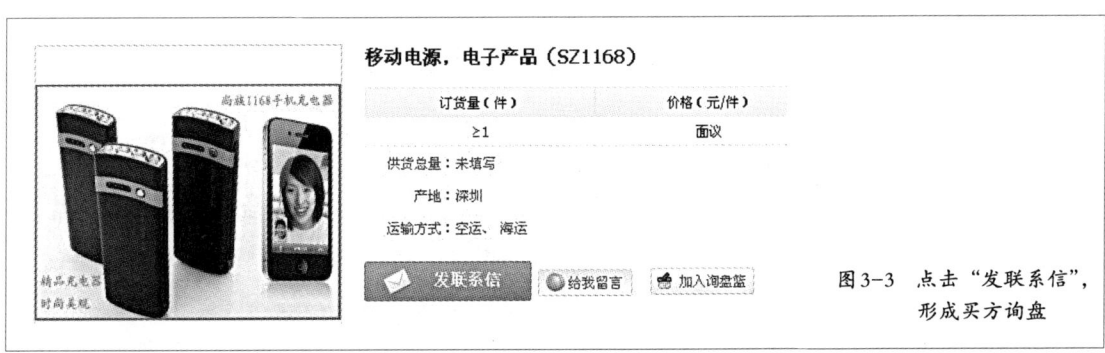

图3-3 点击"发联系信"，形成买方询盘

卖方询盘是卖方主动发出的向买方询问是否有购买意向的函电。国内网络贸易平台基本都设有"求购"信息的版块，卖方搜索到合适的潜在买方后，向买方发出询盘。

例如，卖方搜索产品"齿轮"，并选择类型"求购"，见图3-4。

图3-4 卖方搜索求购信息

卖方选择一个求购信息，点击"发联系信"，发一份询价单给买方，即形成一个卖方询盘（见图3-5）。

图3-5 点击"发联系信"，形成卖方询盘

2. 一般询盘与具体询盘

一般的询盘，只是简单地阐述购买的信息，没有具体的产品详情，按供应商自己的最低起订量来报价。

如果是比较有意向的具体询盘，往往都会列出产品的相关资料，如尺寸、型号、功能、相关的参数、颜色、起订量、单价等明细，同时可能会附上图片或图纸。如图3-6所示是一份关于齿轮的询价单，内容包含了原料、订单量、价格、付款条件、货期等产品详情，是一个具体询盘。

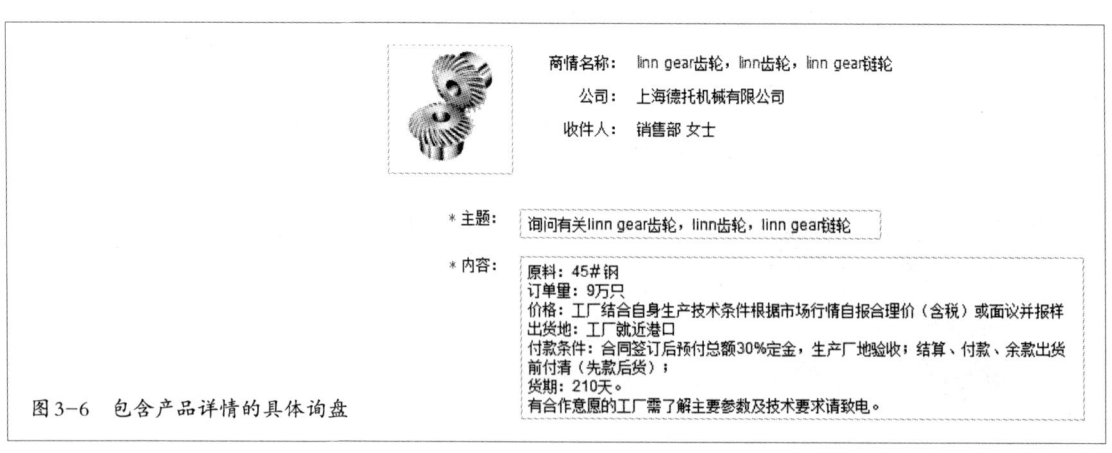

图3-6 包含产品详情的具体询盘

3.1.3 询盘的产生

买方希望从电子商务网站中购买他所需要的商品,最常用的做法就是到电子商务网站中进行搜索,如图3-7所示。

图3-7 买方搜索需要的产品

搜索结果如图3-8所示。

图3-8 买方选择的产品

点击产品的名称,对产品的详细信息进行查看后,如果买方有交易的意向,就可以点击"发联系信",对卖方进行询盘,如图3-9所示。

图3-9 一个询盘的产生

点击发送后,卖方就会收到一个询盘,可以到"收件箱"或"询盘管理"等地方查看新的询盘,如图3-10所示。

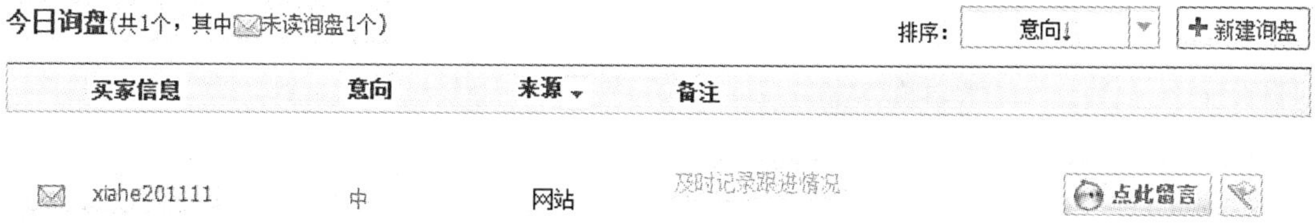

图3-10 卖方查看收到的询盘

3.1.4 询盘识别

做网络贸易的业务员可能每天都会收到很多新的询盘，特别是做了网络推广的话。但是，其中有很多是无用或者虚假的询盘。如果是真实的询盘，你没有认真答复可能会失去一个重要的客户；如果是竞争对手，你发了详细的资料或者报价，将会泄漏自己的信息，特别是技术设计水平比较高的行业，泄漏信息是十分不好的。所以识别询盘是必要的，如何识别呢？

1. 真实的询盘

真实的询盘是寻找卖家型的询盘，询盘内容比较具体明确，一般会列明具体产品、数量、颜色、规格、交货时间、包装等。询盘中也会留有详细的联系方式，如公司名称、电话、传真、邮箱、地址、网址、联系人及其职务等。更为细致的询盘还会进一步询问产品的包装尺寸、和其他产品之间的差异、产品的对应认证等内容。从格式上看，真实的询盘一般有对您的称呼，区别于群发的询盘。真实的询盘是订单的主要来源，当然需要及时、有效地进行回复。

2. 竞争对手的询盘

竞争对手的询盘是窃取情报型的询盘。竞争对手的询盘有时不容易与真实的询盘区分开来，需要卖家与之进一步的沟通才能发现。卖家收到的询盘中，有些询盘没有对你的称谓也没有提到具体的产品，只是表示对您公司有兴趣，要求你寄送报价单和样品给他。这类询盘的发送者有两种可能，一是潜在的客户，另一种就是竞争对手。如果是潜在的客户，对方可能是泛泛的大面积撒网，或者是单纯的想要样品；如果是竞争对手，则是要刺探你的价格底线等信息。对于这类询盘的处理，不妨先回复几个开放式的问题，或者给对方介绍一下本公司的主要情况和主打产品，请其回复并根据回复进一步地识别。竞争对手的询盘往往都是群发的询盘，意在搜集产品信息，可能是新成立的贸易公司准备进军该行业而做出的刺探行为。识别竞争对手的询盘后，当然要置之不理。

为什么这很可能是来自竞争对手的询盘？

商远公司的小金收到如下的询盘："你好，我司常年采购玩具，请把所有玩具产品的图片和报价发到我司邮箱×××@×××.COM。"

> 经验丰富的小金发现，该询盘没有称谓，也没有提到具体的产品。小金想了想，怀疑这很可能是来自竞争对手的询盘。他决定先试探一下，回复对方预订量是多少："我公司产品根据订量价格差很大，请你告诉我预订量，我报个好的价钱给你。"对方很快就回复了："十万只以上，什么价？"小金更加确定这是来自竞争对手的询盘了。因为通常来说，商远公司的产品一千左右预订量已经算是大客户了，十万只简直就是个天文数字。从中可以判断，对方很可能是竞争对手，很可能是来了解公司产品底价的。

3. 诈骗的询盘

由于网络虚拟的特点，网络贸易中存在大量的诈骗，可以从源头上免遭诈骗。识别诈骗的询盘需要卖家的经验以及谨慎的心理。例如，诈骗的询盘可能会以一个"大单"来诱惑卖家。遇到这类可疑的询盘，卖方可以用一些行业内常用的专业术语与之交流对话或问对方一些专业问题，试探对方的反应如何；或者联系当地朋友或正规部门帮忙做一些必要的调查。近年来，利用钓鱼网站的链接进行诈骗十分普遍。其询盘内容中会提供一个公司或产品的相关网站链接。遇到这类可疑的询盘，可以利用一些平台提供的网站计数器等软件工具，参考一下计数器里面的IP记录，看看对方的IP是否浏览过你的网站。

识别诈骗的询盘

账号被盗了

4. 无效的询盘

无效的询盘是指来自于没有真正需求的买方询盘。无效的询盘可能是买方并无购买动机的"随口一问",或者是来自于一些连自己客人想要什么都不清楚的中间商,也有可能是在做广告宣传。当然,为了争取潜在的客户,这类询盘可以进一步跟踪。明显的广告和一些询问的不是本公司产品的询盘,则是更为无效的询盘,可以用事先统一做的包含公司介绍、产品介绍、询问客户情况等内容的格式化邮件进行回复,或干脆置之不理。

这样的询盘意义不大

商远公司的小金收到询盘:"你们的遥控飞机什么价格?你们的公仔又是什么价格?"这个询盘让小金犯难了,他知道公司无论是遥控飞机还是公仔都有很多款式,这样对某个产品大类提出问题的询盘,他根本无法进行报价。他接着一想,一个真正有需求的求购商,是不会问出这么低水平的询盘的。于是,小金决定把它标为无效的询盘,暂时不予处理。他打开第二个询盘:"我有一外国客人想要一批玩具狗,你可以报价吗?"小金郁闷了,他知道公司的玩具狗同样有很多不同款式,还有高中低档等区别,这又是一个无效的询盘。

在某大型电子商务网站遭遇大量虚假询盘

温州某仪表电器有限公司以生产仪器、仪表、开关电源为主,主要通过各类电子商务平台、聊天工具来开展业务,并在某电子商务网站中文内贸网发布产品信息。来自该内贸网的大量询盘都很特殊,所有的询盘都是把一个系列的所有产品都列上去,比如说询问"板表"这个系列,就会把6L2、44L1、42L20、91、85、72等所有的板表型号都附在上面,并且还要求发送图片。收到询盘后,该公司员工就积极回复并上传照片。回复询盘后,却几乎都没有了下文。终于,该公司员工按照询盘邮件上显示的询盘时间、公司名称、联

> 系人、电话等资料，逐个给询盘人打电话。结果发现，电话那头不是说没有询盘过，就是说不是相关行业的，还有一些电话无人接听或者是空号。所有的这些询盘上，公司名称、联系人、电话等资料都很详细，很具体，很容易使人相信询盘的真实性。事后分析，有两种可能：第一种可能，这些虚假的询盘，都是某电子商务网站自己做的；第二种可能，是第三方做的，也就是某电子商务网站竞争对手做的，这些询盘基本都是通过邮箱设置自动发送的。
>
> 如果是你收到了这样的询盘，你会如何处理呢？

3.2 询盘处理与洽谈流程

3.2.1 查看询盘

1. 将询盘分配给业务员

公司可以在电子商务平台上设置询盘的分配规则，将新收到的询盘自动分配给某位业务员。分配规则一般有按产品分配和按区域分配两种。在按产品分配的情况下，询盘优先按客户归属分配，即将老客户分配给原来的业务员；如果是新客户则按询盘查询的产品分配给主管该产品的业务员；如果新客户是针对供应商的公司信息发送询盘，则由系统管理员或业务经理进行手动分配。在按区域分配的情况下，则自动按客户所在区域将询盘分配给主管该区域的业务员。

2. 查看分配给我的询盘

不管每天能收到几个新的询盘，作为网络贸易的业务员，都应该养成每天查看询盘的习惯，以保证尽快查看和回复已分配但未处理的新询盘，提高客户满意度。如果一个询盘是来自公司已有的客户，业务员应在查看询盘后及时进行回复。如果询盘不是来自已有的客户，业务员需要先查看该询盘内容才能确定要不要回复，此时业务员应先对询盘进行识别，按紧急和重要情况进行标记，明确立刻回复、稍后回复还是忽略该询盘。除了查看新询盘，业务员在进行询盘管理时，有时也需要查看自己以前回复过的询盘信息。

3.2.2 分析询盘

在查看询盘后，不要急着对询盘进行回复，而要先对询盘进行全面的分析。在分析询盘的同时，准备好回复询盘所需要的资料和信息，以提高询盘回复的质量。对询盘的分析包括公司信息的分析、买方业务员信息的分析和市场信息的分析。

1. 公司信息分析

收到询盘后，可以根据客户留下的联系方式与网址或E-mail地址，通过Google、Baidu、Yahoo等搜索引擎去查找询盘公司的相关信息。一个一般规模的公司都会有自己的网站，有时还可以搜索到一些别的公司对此公司评价的新闻，从而可以了解到这个公司的信誉度、实力、专业度等。如果觉得不够可靠，还可以进一步查该公司负责人的情况以及该公司过去几个月的营业状况等。如果买方公司的信息不能通过互联网查到，则应该对该询盘保持谨慎的态度。由于不同的公司种类对于盈利模式和服务模式有不同的需求，业务员还应对该公司是一家什么类型的中间商进行判断，看对方是一家经营此产品的批发商、分销商还是零售商。

2. 业务员信息分析

对询盘发送者（买方业务员）信息的分析，可以从对方的文字风格来判断他/她的性格脾气。如对方使用的语言文字简洁精炼，则可判断其办事风格可能是雷厉风行，不喜欢拖泥带水。对于业务员职业道德的分析也是很重要的。缺乏职业道德的业务员，往往没有诚信可言，应敬而远之，留下时间和精力发展良好的客户。

无良的业务员！

在询盘分析中，需要从询盘内容中琢磨业务员的职业道德，以免遭受损失。商远公司小金近日收到询盘："你好，×××型号遥控飞机，我要三箱，在××公司那边拿的是100元，你能给我低点吗？"小金通过价格核算，发现98元仍有利润空间，就立刻回复询盘，报了一个更低的价格：98元。可是，接下来对方就不再联系小金了。在一个偶然的机会中，小金了解到，对方拿着他报的98元，找回原来合作的那家公司，说有另外一家公司可以给这个价，你能给吗？在一番洽谈后，单子还是下在曾经合作过的公司，而小金，只是他比价的一个工具。

3. 市场信息分析

在充分了解客户信息的基础上，分析一下目标市场，根据市场进行价格定位。通常我们可以按价格水平分几个区域，每个区域都有它的鲜明特点：对产品质量要求高的区域，价格当然也不能低，否则他们可能不相信你是好的供应商；对价格最为敏感的区域，则应尽量压低价格。还可以分析一下目标市场的需求情况，即使完全相同的东西，由于用途不同，价格也不同。例如，用来焊轿车和铁壶的两块同样的焊铁，价格可能差十几倍甚至几十倍。

4. 回复询盘的准备

在分析询盘的同时，就应该根据你的分析结果，做好回复询盘的一切准备。首先，业务员必须深入了解自己的产品。说不清楚在做什么产品、夸大事实、与实际完全不符、侧重点不明确或者是没有侧重点等都是不专业的表现，当然难以得到买方的信任。其次，要准备好各种可能用到的资料，包括物流信息、原材料和产品供求情况、包装、产品图片、样品等。最后，应尽可能开通多种沟通方式，如长途电话、网络电话、传真、专业独立的企业邮箱、在线聊天工具等。

3.2.3 回复询盘

分析好询盘后，我们来看看如何更好地回复买家的询盘以及如何开展洽谈工作。对询盘的回复，是你留给买方的第一个印象，将会在很大程度上影响今后交易的成功率。

1. 回复询盘的基本要求

回复询盘要达到及时、准确、全面、具体、清楚、礼貌、专业等七项基本要求。

（1）及时

能够最先回复邮件者容易把握商机，有价值的询盘要做到第一时间回复。对由于种种原因暂时不能回复的，应尽早给客户发邮件告诉他可以什么时候回复他提出的问题，而不是置之不理。对于不能完整回复的，应把可以回复的问题先告诉客户，另外告诉一个确切的日期来回复剩余的问题。如果客户没有及时回复你，要再发一个邮件，提及之前我发了一封邮件给你是关于什么内容的，然后进一步询问或告诉客户一些他可能关注的问题，比如发货时间、付款方式等。在回复询盘后，可以查看一下自己刚才所做的回复询盘的操作记录，以确定回复有效。

（2）准确

要写好回复询盘的邮件内容，一方面要正确理解客户询盘的准确意思，如有不清楚的地方，则应立即向客户询问了解，切忌一知半解；另一方面，卖方要将自己的意思表达清楚准确，将自己公司介绍清楚，多使用有说服力、准确的数据，切忌使用模棱两可或含含糊糊的词语和内容，少使用难懂的词语或表达方法。

（3）全面

首先要全面彻底地回答询盘查询的方方面面，包括买家所有的问题和感兴趣的点点滴滴；其次，邮件本身的结构和内容也要完整。很多人书写邮件时喜欢即兴发挥，往往内容简单，结构松散。有时还在邮件中使用网上流行的符号和缩写，这在正式的商务来往中是不可取的。

（4）具体

给客户回复的信息无疑越具体，越能方便客户做出决策。通常客户也有自己的客户或用户，也需要将明确具体的信息传递给自己的客户。所以，如果内容不详细，肯定会导致客户或客户的客户再次发邮件追问，耽误双方的时间和精力。邮件落款要有公司名称、网址等详细信息，方便买家了解更多信息，最好在邮件最前方插入发送邮件的时间。

（5）清楚

电子邮件也应像传统的商业书信一样，不论是排版还是语句都应简洁明了，做到版面整洁。首先将撰写邮件的字体、字号都设置好，不要一会大字一会小字，也不要花花绿绿的，特别是不要全篇都是大写字母，会增加阅读的难度，让人反感。除非是对一些需要特别提醒客户注意的地方，可以用大写、加粗、特殊颜色等突出显示。可以使用统一的信纸，如把公司Logo或公司名称作水印的信纸等，这样既体现公司专业性，又能让买家记住自己，网络上下载的信纸一般不适合商务使用。

（6）礼貌

礼貌的重要性自不用说，但商务礼貌与日常礼貌是有所区别的。回复询盘要多使用正式的表达，少用口语语气，尊重对方的风俗、人格、禁忌和宗教信仰；人称表达上要尽量少用第一人称，多用"您"，以表示尊重对方。

（7）专业

很多买家在选择供应商时，特别是长期的合作伙伴时，特别注重供应商是否专业,除了经营产品专一,行业知识丰富外,一封地道的回复邮件也能显示供应商或业务人员的"专业功底",提升公司形象。你所回复的邮件内容要让客户感觉你就是做这个产品的,你是这个产品、这个行业的专家,你所发的信息是值得信赖的。尽量不要让客户做问答题,要给客户做选择题。客户那么忙,给他报价的厂商那么多,他哪有耐性回答你这么多问题呢?

2. 回复询盘的邮件撰写

撰写一封规范的用来回复询盘的邮件,应包含邮件标题、开头、正文、结尾和落款五个部分。

(1) 标题

邮件标题是客户最先看到的东西,邮件标题写得不好,可能会导致这封邮件永远也不会被打开来查看里面的内容。好的邮件标题要突出重点且有针对性。比如你的公司名称是ABC,这封邮件的内容是给一款产品A的报价,那么标题可以写成"ABC公司关于A产品的报价"。对于来往邮件很多的客户,清晰的主题可以让他对邮件内容有初步的了解,节省筛选的时间。

如何写回复询盘的标题?

某公司业务员收到如下询盘:

标题:对你公司玩具小熊、玩具螃蟹比较感兴趣

正文:我们是一家玩具经销商,对你公司玩具小熊、玩具螃蟹比较感兴趣,请报各1 000只的价格。

该业务员在查询了买家基本情况后,决定回复这个询盘,这个邮件的标题该如何写呢?

(2) 开头

邮件开头包括称呼、感谢和自我介绍。在知道对方姓名的情况下,称呼一定要写明白,要有礼貌,符合行业的表达习惯;接着要感谢对方来盘,最好在这里指出是哪一天的来盘,方便对方查找;然后给自己的公司做一个简单的介绍,突出公司实力等重要内容,突出公司所经营产品的性能和所拥有的各项认证。

（3）正文

在正文里要对询盘所提出的问题进行一一回复，必要时可以附上产品目录和图片等资料。其中，报价是正文里最为重要的一个部分。报价这部分内容要写完整，包括品名、最小订购量、产品标准、运输方式、包装、交货期和报价的有效时间等，总之要尽可能详细。也可以在正文中对公司主要产品进行介绍，或许能成为新的订单。如果邮件正文内容太多，可以把部分内容放在附件，比如正文介绍两款主打产品，附件放同类的其他产品介绍。

（4）结尾

结尾部分可以写一些促使对方下订单的语句以及表示对订单的期待，比如："市场需求旺盛，库存有限，期待您的订单。"

（5）落款

很多人在邮件最后只简单地落上自己的名字后就把邮件发给了客户，如果该客户本来就熟悉你倒也无妨，但如果该客户是个新客户，你是第一次联系该客户，则这样的邮件收尾就明显不够。落款中要留下自己及公司的联系信息，包括：公司的名称、邮件地址、网站地址以及自己的姓名、职务和详细的联系方式等。

3. 回复询盘邮件的规范样例

季先生：

您好！（指出客户的名称，体现对客户的重视和尊重）

您8月2日发送的关于发条玩具的询盘已收到，非常感谢！（开头要指出针对客户什么时间、发送的哪个询盘回复的）我们公司，××贸易有限公司，成立于2000年，我司专门设立了一个部门来经营发条玩具的业务。我司所经营的发条玩具设计时尚、价格低廉，很有市场竞争力。（第一次联系的客户要简要介绍一下自己公司的历史和业绩等，加强客户对自己公司的信任度）

您所需要的发条玩具：螃蟹、毛毛虫、坦克、青蛙和企鹅，都有现货。我司可以开展混批业务，批发价都是一元每件，最小起批量为500元，包装为每箱50件，德邦物流免费配送，此报价有效期到7月底。我司所有发条玩具均符合国家标准，同时符合欧盟质量和安全标准，适合2岁以上儿童，无毒无害，畅销产品还有警车、挖土机、潜艇等，产品目录和图片说明请见附件。（正文是最重要的部分，要回复好询盘中提出的问题，做好完整的报价，向客户推荐相关产品）

我司每天都收到大量的订单，而当前的库存有限，如果您希望及时收到货物,请尽快下单。期待您的订单!

祝,

工作顺利,身体健康!

(结尾可以重新提醒客户报价以外的其他注意事项以及问候语等)

范××

××贸易有限公司发条玩具业务部

电话:××××—××××××××

传真:××××—××××××××

手机:×××××××××××

地址:××省××市幸福大厦×座×××室

(最后要将自己完整标准的落款放上去,包括姓名、职位、部门、公司全名、E-mail、电话、传真、移动电话、地址、网页、Trade Manager和MSN账号等)

3.2.4 业务洽谈

回复询盘之后,如果双方都有进一步的意向,则进入洽谈的环节,直到订单的取得。除了邮件的往来,业务洽谈使用最多的是在线洽谈和电话洽谈两种方式,直接面对面的洽谈受到地理空间和成本的限制,到洽谈关键阶段或最后阶段才会较多地使用。

1. 在线洽谈

除了邮件往来,业务员还可以利用在线洽谈系统与客户进行沟通洽谈。在线洽谈的优点在于互动性强,沟通及时,便于对复杂的问题进行磋商。在线洽谈系统有旺旺洽谈、Live800、TQ等,它与QQ、MSN等一些即时通讯软件是有区别的。在线洽谈系统实现和网站的无缝结合,为网站提供与访客对话的平台,网站访客无需安装任何软件,即可通过网页进行对话。当然,使用者必须先向在线洽谈系统申请一个账户。利用在线洽谈系统,除了进行在线的沟通,还能清楚地了解每一个访客在网站上的轨迹,如通过什么搜索引擎、什么关键词、什么链接访问到网站上的,更能清楚地知道访客浏览过哪些页面,停留时间有多长。在线洽谈如图3-11、图3-12所示。

阿里旺旺

TQ

图3-11 点击"在线洽谈",开展业务洽谈

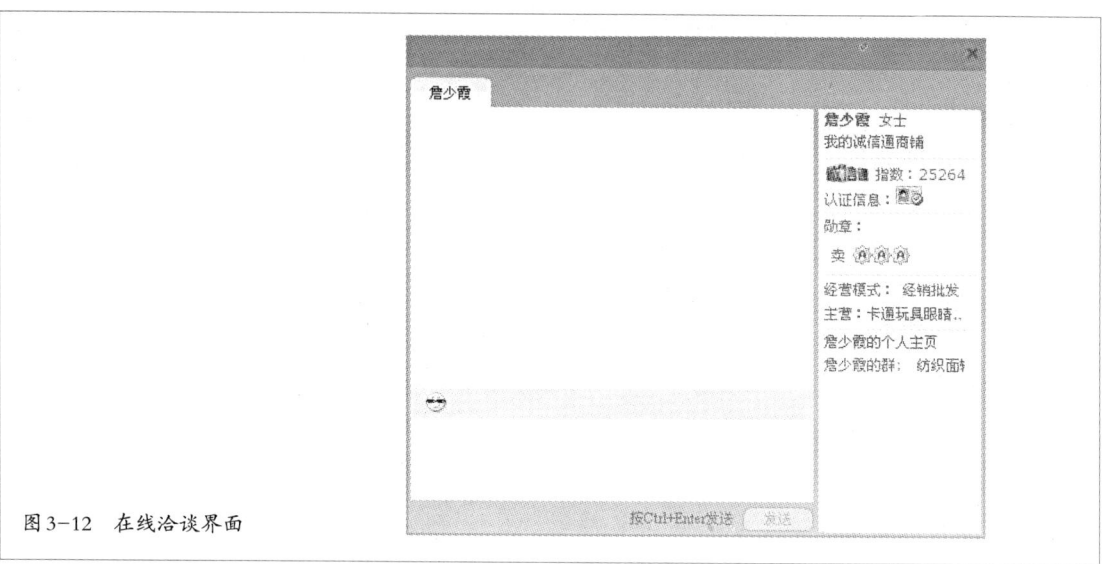

图3-12 在线洽谈界面

2. 电话洽谈

如果觉得客户很专业,很有希望成为潜在客户的话,那么第一封邮件后就立刻电话沟通一下。任何一个人都希望被别人关注和重视,而客户更是需要我们最大的关注。能够以电话和客户沟通会让客户觉得你的工作是有激情的,你的公司是有激情的,而且你这个公司是规范的。只用邮件往来,容易让客户产生不信任的感觉。

(1) 做好电话洽谈前的准备工作

一般的电话洽谈与面对面的洽谈比较,在议题与内容上都少一些,但这并不能说明电话洽谈前的准备就不重要。电话洽谈前的准备包括:明确打电话的目的和目标,为了达到目标所必须提问的问题;设想客户可能会提到的问题并事先做好准备;设想打电话中随时有可能出现的事情并事先就做好准备;所需各种资料的准备;态度上也要做好准备,用最短的言语来提高对方洽谈的兴趣。把你想要表达的内容和设想先想好,然后用简练的语言写在一张纸上,将可能涉及的问题也一一罗列出来,然后把标准答案附在后面,所有的回复要求既简单又全面,每一个问题最好只用两句话就可以说清道明。建议在打电话前就以上环节做一次完整的演练,最终要达到顺畅、简练的效果。

(2) 电话洽谈的开场白

准备工作做好之后,接下来要做的就是打电话给你的客户。打电话给客户有一个细节问题:怎样才能通过前台?很多企业都会有前台、秘书等,只有先通过他们才能联系到目标客户。假如你的目

电话联系目标客户的开场白

标客户定位准确，你的准备工作做得很充分，这不应是你的障碍。如果找到了相关的负责人，你就需要有一个开场白。开场白要包含以下几个关键因素：自我介绍，一定要在开场白中很热情地表示友善的问候和自我介绍；相关的人或物的说明，如果开门见山地直接进入话题，显得很唐突，也不利于建立起融洽的关系；介绍打电话的目的，要突出对客户的好处。总之，在开场白中要让客户真正感受到你对他的价值究竟在哪里。

电话销售开场白技巧

尴尬的电话

（3）进入电话洽谈的主题

在进入电话洽谈的主题前，最好要先向对方询问是否方便接听。如果对方此刻正忙，你却自顾自地滔滔不绝，很容易引起对方的反感；如果对方告诉你确实不方便接听时，就询问对方何时有时间交谈，一定要明确具体的时间，避免对方利用这种方式来搪塞你。电话洽谈过程中，用简单的语句尽可能将所有问题都记在纸上，随后从这些问题中分析出对方最为关注的项目。不要过分地相信自己的记忆力，你与对方通话时是处于一种思维高度集中的状态，也许你谈得十分出色，但放下电话时通常会遗忘一些话题，从而影响你之后的信息分析。在一段话题结束后要询问对方是否清楚或者有何意见，在双方意见统一后再进入另一个环节。

好记性不如烂笔头

好记性不如烂笔头

3.2.5 询盘的跟进

网络贸易中，很少有一两次邮件往来或洽谈就达成订单的，需要业务员对询盘进行跟进，直到订单的达成。

1. 有区别地跟进不同的询盘

为了提高效率，将时间和精力用在最有可能转化为订单的询盘上，我们有必要对询盘进行筛选，然后根据询盘的特点进行有区别的跟进。在第一节"询盘概述"中，我们学会了对询盘的识别，将询盘识别为：真实的询盘、竞争对手的询盘、诈骗的询盘和无效的询盘。我们将真实的询盘归为重点要跟进的询盘，2～3天回复或洽谈一次，如果客户的回复比较频繁，则可以每天回复。对于竞争对手的询盘和诈骗的询盘，可能一开始并不能明确地识别，对它们进行定期地跟踪，直到识别；对于无效的询盘，可以先进行保留，如果工作不忙，时间允许，也许能从这类询盘中开发出潜在的客户，但是如果前后发了五次邮件客户仍不回的话，那也就意味着不必再浪费时间了，寻找新的机会吧。

2. 跟进询盘中要做的工作

除了及时有效地回复邮件和洽谈，我们应为自己建立起一个长效的询盘跟进机制和办法。跟进询盘中要做的工作包括：制定一个询盘跟进的计划表，列明某个询盘跟进情况，何时需要进一步跟进；将公司的优惠促销活动采用特别提醒的方式发送给客户，用利益来驱动客户；做长期的准确报价，将市场价格的变化持续发送给客户，了解客户对不同价格的反映。

3.3 询盘处理及洽谈技巧

3.3.1 询盘处理的技巧

1. 询盘管理软件的应用

以阿里巴巴中国站为例，销售商可以应用该平台提供的询盘管理服务来帮助处理询盘。该服务是阿里巴巴为内贸用户量身定做的一款科学管理已有询盘、开发更多潜在询盘的服务。如图3-13所示。

图3-13 阿里巴巴的询盘管理软件

当买家向你发起询盘时，询盘管理会提醒您查看，如图3-14所示。

图3-14 新到询盘提醒

你可以点击该询盘的"买家信息"，直接查看买家档案，如图3-15所示。

选择该询盘，就会在"在线洽谈"或"点此留言"的下面出现"买家雷达"功能，可以用买家雷达，看看买家有哪些动向，如图3-16所示。

查看完询盘之后，可以查看下"买家推荐"和"智能跟进"功能，看看还有哪些潜在询盘可以挖掘，如图3-17、图3-18所示。

图3-15 查看买家档案

图3-16 使用买家雷达查看买家动向

图3-17 询盘管理中的买家推荐和智能跟进功能

图3-18 智能跟进功能界面

2．"过期"询盘的处理

（1）什么是"过期"询盘

一般来说，客户直接发给你的询盘都是会得到及时处理的。网络贸易中还有另一类的询盘，不是面向特定供应商发送的，而是面向所有潜在供应商发送的"寻找供应商"的"求购信息"，找到网站中"我是采购商"，就可以发布这样的求购信息了，如图3-19所示。

图3-19 发布求购信息

作为供应商，找到网站中专门设置的求购信息区域，查看求购信息，如图3-20所示。

点击第一个求购信息的产品名称"龙虾钩"，可以看到该询盘的发布时间、有效期和已收到的报价等信息（见图3-21）。这类询盘的有价值程度与其发布的时间当然有着密切的关系，越是新发布的信息一般来说就越有效。客户从有某需求到成交，一般都有一定的工作时间，大致从1个星期到3个月不等。所以，凡一周内或更长点的时间所发布的询盘均可称之为"新"询盘，超过这个时间的，则可以都简单地称之为"过期"的询盘。这里的"过期"询盘指的是发布时间已超过一周或更长时间的询盘。

龙虾钩	2000套	还剩4天
200目蛭石粉和200目漂珠粉	200吨	还剩15天
采购印花防水浴帘	2000以上	还剩15天
满天星迷你激光灯	900台	还剩15天
采购互感器	10个	还剩15天
2012日韩原单春夏款透明罩衫连衣裙	2pcs	还剩8天
泡沫管	500根	还剩15天
计步器	5000台	还剩8天
米纸	200kg	还剩31天
内六角螺丝	1000个	还剩15天

图 3-20　部分求购信息　　注：按国家标准，"2000"应为"2 000"。

询价单　最近修改时间（2012年07月16日）　有效期还有3天　已收到0条报价

现货/标准品：龙虾钩

采购量：2000　套

询价单有效期：2012年07月19日

预计下单时间：2012年08月18日

期望供应商所在地：不限地区

图 3-21　查看"龙虾钩"的详细求购信息

（2）获取有价值的"过期"询盘

"过期"询盘从数量上看当然是越来越多，我们需要从大量的"过期"询盘中发掘出还有成交价值的询盘。对发布时间在30天以内的询盘应重点使用，而对三个月以内的询盘一般来说也不能排除有成交的现实价值。不过，更重要的是，早一天联系客户，无疑成功的希望更大！

从客户的角度出发，我们应优先使用有网站的客户的询盘，一个客户如拥有自己的网站，且网站现在也能打得开，一般来说就证明其还在正常经营，并且很可能一直还在做其曾询购过的产品，对此类客户，自然就还有再联系的价值；其次，要特别注意发掘专业的客户，因为专业，故其经营的时间一般也会很长，对此类客户自然也不要错过；最后，要重视终端客户，如加工型企业，这类客户采购的商品一般都是其自用的原料或半成品，故其需求一般也是长期而稳定的，并且价格较好，再比如连锁超市，他们需求的东西一般杂而多且均为自卖，经营一般也是很稳定而持久，这两类终端客户有必要尽力去争取！

从获取"过期"询盘的途径来说，可分为搜索、评估和整理三个步骤。首先，搜索是前提。例如，对一家做玩具的供应商来说，要找玩具类的询盘，主要应该到"轻工工艺"栏目去找。一般大型的或专业的B2B网站上"轻工工艺"类的外商询盘可多达几千条，可能共几十页，想要一页一页地找实在很麻烦。所以，使用其网站内的搜索引擎来搜索就很有必要。接着是评估。因为搜索出的多达数百条玩具类的纪录并不可能都对我们有用，要做适当的筛选、评估。先泛泛筛选一下，可先剔除没用的纪录，然后逐条看看剩下的询盘内的详细内容，做出自己的评估，选出对自己可能有用的询盘。最后是整理保存。把所有你认为可能有用的客户的联系资料（主要是其邮件地址）都逐条记录下来，建议最好记下某询盘在该B2B网站上的原始编号，以便备查。需要提示的是，如发现客户有即时通讯号码如MSN等，应特别列出以便立即联系上他们。把整理出的可用的询盘存档在自己的电脑里，以方便下一步的联络工作。

（3）拟标准报盘

由于客户数量也不算少，如果你想逐个地为每一个客户都单独地写一份邮件，工作量显然很大。同时，毕竟你联系的是"旧"的询盘，回复率正常情况下将低不少。所以，刻意地专门为每一位客户写份联系函显然就没有必要，所以，你就有必要拟出一份标准的联系函，逐个发给你选出的客户就行了，邮件标题可统一，如就写"玩具"。要说明的是，一般情况下，你拟出的标准联系函切勿太长，应尽量简洁。你也可以用直接报价的形式联系客户，前提当然是你认为你的报价一定有竞争力。需要提醒的是，在给客户发送邮件时，须逐个发送，千万不要为省事而一次性在收件人栏里写上其他商家的邮址。显然，当客户收到邮件的时候发现其并不是唯一的收件人，其感觉一定不会很好！这种联系方法也就是所谓的普遍撒网法，一般来说会有30%左右的客户回复的；而一旦有客户回复，便进入了后面的进一步洽谈。

3. 对于寄送样品要求的处理

客户对样品寄送的要求如何,往往能在一定程度上反映出其合作诚意。因此,挑选有诚意的买家,合理寄样,不仅能促进订单的达成,也能避免贸易双方针对货物品质的贸易纠纷。样品寄送必然带来相应的成本,为了更好地保护自己的权益,在寄样之前必须对要求寄样的询盘作初步判断,确定哪些样品值得我们寄,之后还须选择最佳的寄样方式和跟踪样品情况。

(1)无须寄样的情况

第一次发询盘就直接索要样品和产品报价,或者一些以前根本没有联系过的国内贸易公司突然以电话或传真的形式表示对你的产品感兴趣,希望能够提供样品供检测等,这些客户通常目的很简单,就是为了骗取样品。对付这样的客户,最好不要直接寄样品,可以先将产品图片发给对方看,并说明若对产品感兴趣,再谈寄样的事情,这样可以避免很多不必要的麻烦。

(2)应该寄样的情况

应该寄样的情况有:自己联系的国内贸易公司和客户;一些规模较大、在行业范围内较有名气的客户;客户明确表示将支付样品费以及运费;客户提出已查看公司发布在贸易平台的所有产品,而其中只有与之需求相近的产品,并询问采购要求。

如果是你,会不会给这个客户寄送样品呢?

很多产品光用文字描述可能很难说得清楚,而且有些客户对于文字描述不是很放心,于是经常会索要样品。寄送样品给客户就会产生一些费用,如样品成本和快递费等。如果样品寄多了,却拿不到订单,则会遭受一些损失。如果不寄送样品,或者要求客户付费,很可能会丢失一个大客户。商远公司的小金就碰到了这样的难题。某客户要求小金把每种产品都寄点样品给他,但是公司有规定,寄送样品必须先收费,接到订单后再把费用返还给客户。小金觉得这是个大客户,如果向他索要样品费用,怕丢掉这个大客户,该不该自己掏钱给他寄送样品呢?你有没有说服客户付样品费用的好主意?如果免费寄送了样品,后续工作该如何做呢?

确定要给客户寄送样品后,就要选择最佳寄样方式,它包括寄样准备(寄样确认、取样原则、与客户确认邮寄地址),寄送方法(邮政的航空大包、航空快递),寄送支付方式(预付、到付)等方面。样品寄送出去后,要避免样品寄出后就石沉大海。样品寄出后通常有两种情况:买家收到样品后,满意并下订单;买家收到样品后,没有回复。对于后面这种情况,我们要及时和客户沟通,跟踪样品情况,争取与客户建立稳定联系。

寄送样品

寄送样品

3.3.2 洽谈的技巧

1. 电话洽谈的技巧

电话洽谈要让客户感受到你的热忱,并相信你愿意站在客户的立场,帮助客户解决问题。

(1)接通电话后,介绍自己的技巧

在接通电话后你要报出自己的姓名以及所代表企业的名称,并说明致电的意图,这虽然是一个普遍的常识,但还是有许多销售人员在细节上不能很好地把握。比如在介绍自己的前三句话时一定要流露出足够的信心和标准的语音语调,语速要适当,做到不急不缓,最终要让对方在繁多的业务电话中明显地感觉到你的与众不同,并且与竞争对手建立起有效的区隔。有些销售人员谈话时存在一些口头禅,这是非常不好的习惯,如果说在常规谈判中对方可能还可以

电话销售技巧

容忍的话，在电话谈判中这却是可以致命的弊病，买家很难相信一个表达混沌的销售代表手里会有什么值得信赖的产品。

如何在电话洽谈中吸引住对方？

"前几天，我跟陈总一块儿探讨过关于电话销售人员提高业绩的问题，他提到您在电话销售方面也是非常专业的，他建议我一定要同您联系一下，所以我今天打电话给您，主要是考虑到您作为电话销售团队的负责人，肯定对提高电话销售人员业绩方面是非常感兴趣的。"

请分析，这段电话中吸引对方的地方在哪里？对方为何会乐于跟你交流？

（2）确认对方时间的可行性

你可能要花5~10分钟的时间来跟客户进行交流，这时你要很有礼貌地询问对方现在打电话是否方便。当然这句话未必对每个人都适用，你也不必对每个人都讲。如果你觉得这个电话可能要占用客户较多的时间，同时你觉得对方可能是一个时间观念非常强的人，在这种情况下你应很有礼貌而又热情地征询对方的意见。

（3）洽谈过程中的应对技巧

电话洽谈过程中，一定会遇到各种各样的问题，当时如果处理不好，对方很容易挂断电话，你就失去这个客户了。所以，我们必须掌握一些应对问题的技巧。

电话洽谈应对技巧

例如，对方的反应是以下几种情况：

"我们对这个项目没有兴趣"，"我们不想做了"，"你们东西太贵了"，"我没有时间"，等等。

应对技巧：对于这些回答你不能有任何意见。你稍有微词，一个客户就没了。你应该运用可靠的"试探（Feel）、接触（Felt）、抓住（Found）"方法。被拒绝时，千万不要慌忙回答，稍做停顿，听客户怎么说，然后顺应客户：

"最初我也有同样的想法"，"我非常理解你的看法"，"那你下一步该如何打算呢？"

例如，当客户拖延时：

"我再考虑考虑……"

应对技巧:"您能否告诉我您重点需要考虑哪方面的问题呢?"

电话洽谈应对技巧

洽谈过程中的技巧很多,以上两个例子作为抛砖引玉,请你在平常洽谈时进行总结和提炼。但必须提醒一点:打电话给客户时一定要对客户的各个方面有一个较为完整的了解。打电话前不妨列出所有客户可能拒绝的理由,并给予适当的解答,直到找到满意的答案为止。任何一个问题未能得到圆满解答之前,不要拿起电话。不管想到何种拒绝的理由,都要坚信你能找到最佳的应对方法。

2. 价格的洽谈技巧

产品价格和质量是决定整个订单成交的核心,几乎所有的新客户在第一次联系的时候都有一个价格周旋的过程。在价格洽谈中,我们不要轻易做出报价,价格洽谈既要保持良好心态,又要讲究报价的方法。

(1) 价格洽谈是一种心理战

与客户的讨价还价有时候是一种心理战。把你自己想成买家,多揣测一下买家的心态,换位思考,会有意想不到的收获。例如,即使某个价格能接受,也要表现得比较委屈和勉强,如果买家一还价,你马上就松口,他们就知道肯定还有让价的空间,接下来你的价格就会被越压越低;永远不要在客户面前显示出急躁的心态,你越着急，买家就越会砍价；有的时候，关于价格的谈判，未必要当天回复，可以等个一两天。

在报价时，有人会质疑："我还不了解对方的详细要求，万一我的报价太高把对方吓跑了怎么办？"有这样心态的人永远不敢报价，因为你会永远觉得对方给的要求不够详细，你永远担心报了个不合理的价格，这是没有自信心的表现，也是不专业的表现。要相信自己的价格和产品是有优势的，凭自己对产品和市场的了解主动给出价格才是明智之举。

（2）模糊报价法

所谓模糊报价法，就是不精确报价。其实在买家的第一次询价中，大多不会问得非常详细，所以千万不要要求自己一定要给对方一个准确的价格。目前的情况下，大多数买家还是很在意价格的，还是会被低价位所吸引，因此初次报价不能偏高。有人担心如果我给了个低价，是吸引了客户，可是如果客户误解产品价格都这么低，又要买其他其实比较贵的产品怎么办呢？那我不是亏了吗？事实上，这样的担心是不必要的，因为报价都是有前提的，而且我们采取的模糊报价，目的是为了吸引对方，让对方愿意回复我们的邮件，能长时间联络下去。一旦和客户熟悉了，建立了稳定的合作关系，那么很多事情就好谈了，包括价格的确定。因为无论企业自身的定位是高是低，其所经营的产品应该都是有区别和差距的，所以当我们无法把握客户的真实需求的时候，还可以给出个价格区间，留一个可考虑的空间给买家。

（3）区别报价法

高价法适用新产品，或者对方是一个行业新进入者，迫切想通过一次生意了解这个行业或者产品。虽然第一次和行业新进入者做生意可以获取较高的利润，但是应该及时以冠冕堂皇的理由把价格降低到市场价格，否则一旦客户了解到自己让供应商骗了，生意就没办法继续了。

低价法适用普通产品，或者是常年在国内采购的客户，他们对产品价格非常熟悉，又比较在意。这样的客户只有用接近或者就是成本的价格来吸引他们的注意，然后在最后时刻以一些交货期、付款方式等理由，把价格提升到市场价格来，客户在你们那里耗费了那么多时间，而且价格也是可以接受的市场价格，自然会委曲求全的。

从这个案例里，我们能学到什么？

汤姆曾在南加州一家房地产公司担任总裁，那是一家规模很大的公司，一共有28家分公司，524名业务代表。一天，一位杂志广告推销员来到汤姆的办公室，向汤姆推销他们杂志的广告空间。汤姆非常熟悉那家杂志，知道这是一个很好的机会，所以汤姆决定在这家杂志上刊登广告。而且推销员给出的报价也非常合理，只有2000美元。可因为喜欢谈判，所以汤姆不由自主地运用了一些谈判技巧，把价格一直压到800美元。最后，汤姆运用了"更高权威法"。汤姆告诉他："看起来不错。可我必须先征求一下管理委员会的意见。他们今天晚上就有一次会议，我会把这件事情告诉他们，然后再给你最后答复。"几天以后，汤姆给那位推销员打电话，告诉他："这件事情确实让我太尴尬了。你知道，我本以为完全可以让管理委员会接受800美元的价格，可结果却发现很难说服他们。公司最近的预算情况让每个人都大为头疼。他们给了一个新的报价，可这个报价实在太低了，我都不好意思告诉你。"电话那边沉默了好长一段时间，然后传来一个声音："他们同意付多少钱？""500美元。""可以"，推销员说道。就在那一瞬间，汤姆突然有一种被骗的感觉。虽然汤姆已经把价格从2000美元谈到了500美元，可汤姆仍然相信自己完全可以把价格压得更低。

通过上面的案例我们看到那个销售员是非常可悲的，他给客户那么低的价格，可能自己的提成没有了、奖金没有了、回去也会被老板狠狠地骂一顿。他付出了这么多，但客户却没有任何的感激之情。这是为什么呢？

3. 促使客户下订单的技巧

在洽谈过程中，往往会遇到一些客户，尽管与他们的洽谈很融洽，但他们就是不下订单。公司的采购经理，一般都非常谨慎，因为有可能他的一次失误，就给公司带来巨大的损失。这种情况下，我们需要分析一下客户的情况，促使客户下订单。

客户犹豫不决的情况可能有以下几种：

（1）对产品犹豫不决

客户对你的产品还没有一个很深的了解，态度暧昧，可买可不买。对这类客户要尽量把自己的产品说得浅显易懂，要把产品给客户带来的好处数量化，激起客户的购买欲。客户往往最关心你的产品会给他的公司带来什么样的实惠。

（2）对价格犹豫不决

客户对产品还是比较感兴趣，也需要这种产品，只是对价格还有不同意见。针对这种客户，最好是收集同类产品的价格情况，从自己的产品成本出发，算账给客户听，以取得对你产品价格的认可。有时，为了达成协议可在原报价的基础上有所下调。

（3）遇到资金周转困难

客户对产品很感兴趣，也想购买你的产品，但由于暂时的资金问题无法购买。对这类客户你应和他做好协调，共同制定出一个时间表，让他把购买你的产品费用做到预算里。当然这类客户不会直接说自己没钱，你要学会自己判断。有许多销售员不会跟进这类客户，想起跟进时，客户已经购买了别家的产品。如果你觉得客户靠得住，可以先给产品再约时间收钱。

（4）已购买了同类产品

有些客户可能根本就不想用你的产品或者已经购买了同类产品。这类客户不会由于你积极的跟进就会要你的产品或者和你合作。对这类客户是不是就放弃不跟了呢？实践证明，往往这类客户里会出现大买家，但你跟得太紧反而会引起对方反感。最好的做法是开展长远性跟进，和他真心实意地做朋友。周末一个温情的短信，逢年过节一张祝福的明信片，生日一个小小的生日礼物。只要你坚持不懈，这类客户会给你带来惊喜的。

技能训练

根据实训背景描述，通过对询盘的查看、分析和回复，以及业务洽谈，将询盘转化成订单。

（一）实训目标

1. 能够识别、分析和回复询盘；
2. 能够运用询盘的管理软件；
3. 能够掌握一些在线洽谈和电话洽谈的技巧。

（二）环境要求

1. 软件和模拟动画实训时，需每人配备计算机一台，并安装

Flash 8 以上版本播放器；

2. 准备部分商品信息资料，供学生进行回复询盘、报价和洽谈的模拟（可以是数字化处理后的商品资料，有条件的学校可以准备商品实物以及数码相机等）。

（三）背景资料

义乌诗琴针织有限公司王经理招聘了几位网络贸易业务员小张、小李和小金。王经理按产品设置了询盘分配的规则，将男棉袜的询盘分配给小张，女棉袜的询盘分配给小李，童袜的询盘分配给小金。经过一段时间的培训，三位业务员开始了他们的工作。由于前期目标客户的信息采集等工作做得很到位，网络上的询盘日益增多，三位业务员的工作就是要将这些询盘尽可能地转化为订单，业务员根据订单的多少获得相应的奖金。三位业务员每天的工作内容为：用自己的账号登录公司的网络贸易平台，查看分配给自己的询盘；每天的询盘很多，必须对询盘进行识别和分析，以集中时间和精力应对真正的潜在客户；做好询盘回复的准备工作，对询盘进行认真的回复；如果客户刚好在线，可以利用在线洽谈系统进行在线洽谈，不在线的客户则可以电话洽谈；对以往回复过的询盘进行跟踪，促使客户下订单；客户下订单后，进行确认和订单各相关方面的沟通，确保能完成订单；如果还有时间，三位业务员还会利用"过期"询盘或直接向求购方发送卖方询盘来开发客户。

询盘的处理与洽谈是企业进行网络贸易的核心内容，为了让学生更加直观地了解询盘的流程，本书设计了这个实训，让学生在实际操作的时候能够比较容易上手。

（四）操作步骤

（1）进行实训背景分析

为了尽量将询盘转化为订单，获得更多的奖金，小张、小李和小金这三位业务员必须努力思考，怎样才能利用有限的时间和精力，取得更多的订单。

（2）识别和分析询盘

对大量的未读询盘进行初步的识别，筛选出真实的询盘，避免将时间和精力浪费在无效的询盘上，然后对筛选出的询盘的内容进行分析。

（3）对询盘进行回复和管理

对询盘内容进行分析后，准备好回复询盘所需要的一切资料和信息，对询盘进行回复，回复后对询盘进行及时的管理和跟进。

（4）根据需要进行洽谈，将询盘转化为订单

保持询盘的跟进，利用各种方法，抓住时机，将询盘转化为订单，在该过程中，很可能需要跟客户进行在线洽谈或电话洽谈。

（五）注意事项

实训过程中，询盘越多越好，有条件的老师可以搜集更多的询盘来作为教学素材。在教学过程中，最少每个种类各搜集一个典型的询盘。

询盘分析和管理的实训，可以要求学生写出分析报告和管理计划。对询盘进行回复的过程中，需要注意询盘回复的原则和规范。在线洽谈和电话洽谈可以在学生中分角色进行模拟。

（六）实训报告

实训名称：		学　　时：	
实训地点：		日　　期：	
小组成员：			
姓名：	班级：		学号：
一、实训描述 　　本次实训需要对背景资料进行分析，完成以下任务：识别和分析询盘，这里主要是识别出真实的询盘，并对询盘的内容进行分析；回复询盘，注意询盘回复的原则和规范；通过洽谈，利用一些技巧，把握时机，将询盘转化为订单，实现本章节教学的最终目标。			
二、任务分配			
三、任务实施 　　要求按照任务执行流程的要求分要点来描述任务的具体实施步骤。			
四、任务小结 　　请写出在操作过程中遇到的问题及解决办法。			
五、任务执行评价 　　根据任务完成的质量、及时度，报告的编写质量给出成绩（100分制），作为本项目总成绩评定时的依据之一。 　　成绩： 　　　　　　　　　　　　　　　　　　　　　　　日期：　　年　　月　　日			
六、任务拓展 　　1. 在初步识别中淘汰了一些询盘，看看能否从中挖掘出商机； 　　2. 整理出一个适合本公司使用的询盘回复的模板。			

同步测试

（一）单选题

1. 阿里巴巴国际站中的询盘就是一个（　　）。
   A. 电话　　　B. 传真　　　C. 微博　　　D. E-mail
2. 对于新出现在阿里巴巴国际站上 My Alibaba 系统中的询盘，要将其转化为（　　）后才可以进行客户管理。
   A. 报盘　　　B. 询盘　　　C. 意向　　　D. 客户
3. 阿里巴巴国际站中，当积累下的询盘数量非常大时，可以通过（　　）准确获得需要的询盘。
   A. 询盘分组管理　　　　　　B. 询盘搜索工具
   C. 询盘过滤功能　　　　　　D. 询盘删除功能
4. 发布产品时，在产品的详细信息中需要填写（　　）。
   A. 详细规格　　　　　　　　B. 技术参数
   C. 公司联系方式　　　　　　D. 专业证书
5. 在 My Alibaba 中，通过系统回复客户邮件在（　　）界面进行操作。
   A. 客户和询盘　　　　　　　B. 我要销售和我要采购
   C. 客户和订单　　　　　　　D. 询盘和订单

（二）多选题

1. 关于询盘描述正确的有（　　）。
   A. 接受客户反馈的窗口
   B. 客户原始信息的来源
   C. 在线客户管理的第一步
   D. 询盘要转化为客户才可以进行管理
2. 回复询盘的礼仪包括（　　）。
   A. 回复应附原文
   B. 每天检查新询盘并及时回复
   C. 标题简洁明确
   D. 频繁给客户发送公司和产品的广告
3. 发布产品信息后，有可能通过（　　）与客户取得联系。
   A. 电话　　　　　　　　　　B. 传真
   C. 询盘　　　　　　　　　　D. 在线洽谈

4. Trade Manager 的主要功能有（　　　　）。
   A. 可以进行多方洽谈
   B. 可以同时使用 My Alibaba 的功能
   C. 可以及时发送超大容量的图文
   D. 订阅了商情快递后新产品一发布即能收到信息
5. 电话洽谈的礼仪有（　　　　）。
   A. 标准的语音语调　　B. 适当的语速
   C. 认真听并记录　　　D. 打断对方的讲话

（三）简答题

1. 你回复了买方的询盘，却得不到进一步的回复，试分析可能的具体原因，并提出对策。
2. 用一个日常生活中的交易例子来说明价格洽谈中的技巧。
3. 和客户一直都有邮件联系，但是客户就是不下单，试分析可能的具体原因，并提出对策。

能力测评

 专业能力自评

	能/否	任务名称
通过学习本模块，你		了解询盘的概念与分类
		具备询盘识别的能力
		具备询盘分析和回复能力
		掌握在线洽谈软件的应用
		掌握电话洽谈的技巧
		了解询盘管理的整个过程
		掌握将询盘转化为订单的技巧
通过学习本模块，你还		

注："能/否"栏填"能"或"否"。

🔍 核心能力自评

	核心能力	是否提高
通过学习本模块，你的	信息获取能力	
	口头表达能力	
	与人沟通能力	
	动手操作能力	
	解决问题能力	
	书面表达能力	
	团队合作精神	
通过学习本模块，你的		

自评人（签名）： 年 月 日	教师（签名）： 年 月 日

注："是否提高"栏可填写"明显提高"、"有所提高"、"没有提高"。

第4章 交易管理

一、知识目标

1. 了解订单管理的一般概念，学会分析订单来源、处理各种状态的订单；
2. 了解库存管理，掌握网络贸易库存管理方式和遵循的基本原则；
3. 了解网络支付的基本知识，熟悉各网络支付平台的支付工具；
4. 了解评价管理的内容和目的。

二、技能目标

1. 熟悉一般的订单信息化管理；
2. 掌握一种支付工具的使用；
3. 学会评价管理的具体操作。

三、内容结构

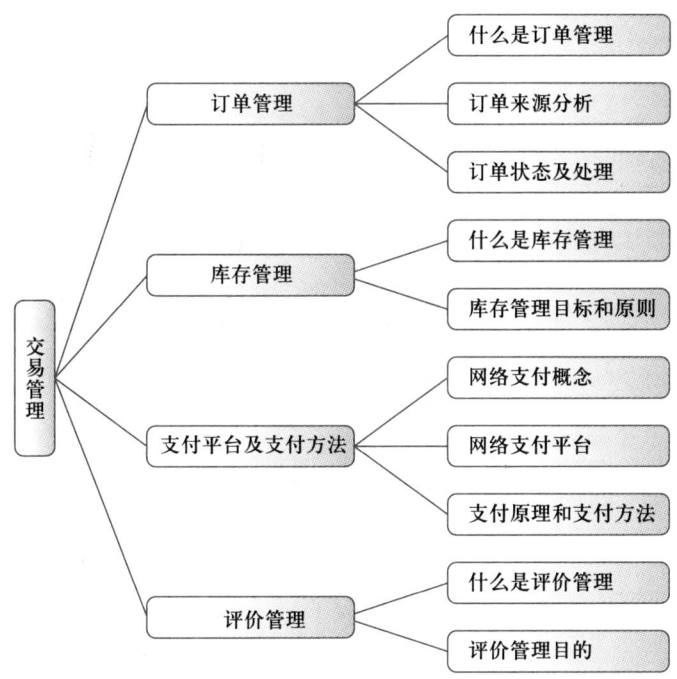

引例：小杨遇到订单增加的烦恼

某高校学生小杨2009年起从事网络销售，2011年2月份利用自己积累的网络销售经验和资源，在某网络平台建立网站，着手网络批发业务。虽然在网络销售领域打拼了多年，但小杨一直从事的是零售业务，面对网络批发这种新的交易模式，小杨还是遇到了新问题，特别是随着交易规模的扩大，人手的增多，这些问题日益突出。如何分析和处理订单，如何合理安排和控制库存，如何应用信息化管理？都成了小杨眼前的困惑。首先，这些订单到底来自于哪里？如果自己能知道，这些订单从哪个渠道进来或者这些客户的地点、身份、交易习惯，那对下一步的营销推广无疑有莫大的帮助。刚开始的时候，小杨要求客服人员咨询客户"您是从哪里找到我们的？"，但是这样操作费时费力，有时还造成一些客户的抵触。后来，小杨逐渐找到一些网络平台的工具，用信息化的手段精准地找到订单的来源，并有针对性地开展营销，取得了不错的业绩。小杨的网络批发网站如图4-1所示。

引例分析

小杨的网络销售，不仅给他带来高额的利润，更多的是成就感与探寻成功之路的快乐。刚开始，小杨遇到了困难，但是，在逐渐熟悉了交易管理的基本原理和操作之后，他的批发生意日渐走上正轨，2012年下半年实现销售额近100万元。那么，网络批发中如何做好订单处理、库存管理以及评价管理等一系列交易管理问题？这就是本章所要介绍给大家的。

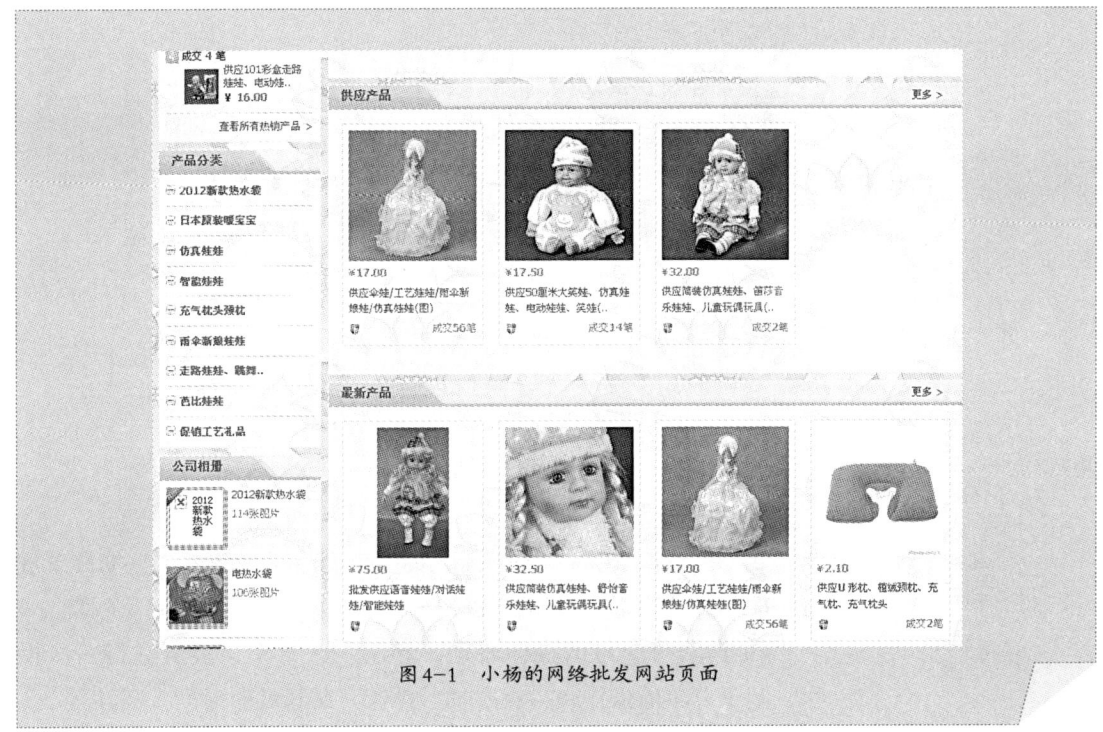

图 4-1　小杨的网络批发网站页面

4.1　订单管理

4.1.1　什么是订单管理

在介绍什么是订单管理之前，我们需要了解什么是网络贸易意义上的订单。传统贸易意义上的订单，一般是指企业采购部门向原材料、燃料、零部件、办公用品等上游部门的供应商发出的订货单。网络贸易意义上的订单，一般是指网络消费者或者用户对网络店铺发出的订货单，如图 4-2 所示。如果是在同一店铺内购买，所购买的商品使用同种物流运送方式，并且所购买的商品在同一个时间结账付款，则本次所购买的所有商品的集合统称为一个"订单"。一个订单下可以有多个商品。

订单管理，简而言之就是处理订单。在网络贸易中，订单管理一方面要对来自不同渠道的、不同状态的订单进行处理；另一方面还要将订单处理与库存、发货等相关职能部门做好协调和配合。好的订单管理还可被用来发掘潜在的客户和现有客户的潜在商业机会。

订单与订单管理在具体操作中应符合以下几条原则：

① 一个买家同一个时间购买多个商品，只需进行一次"付款"操作；

图4-2 某网络店铺的订单详情

② 一个买家在同一家店铺购买多个商品时，只需对整笔订单进行一次"确认收货"操作，无需再对订单中每个商品"确认收货"；

③ 卖家对交易的操作管理，基于一个订单，只需进行一次操作，基于订单的操作包括：发货、评价、延长超时时间、备注等。

订单管理也可以理解为网络贸易的核心和灵魂，自始至终贯穿于整个交易过程。从前端订单来源，到交易过程中各种订单状态分析和处理，再到订单与库存、发货等部门的衔接，最后到后续的评价管理及潜在交易的挖掘和再次交易的开发，各个环节都可以被理解为订单管理的一部分。

订单是信息流和物流作业的开端。如何处理好订单是关键性的第一步。订单管理一般包括以下三个方面的内容。

1. 订单分类与订单档案管理

由于订单的内容往往涉及企业产品的特性和业务的特色，不同的企业对订单内容的制定都有所不同。在面对众多的交易对象时，需要针对客户的不同需求和不同的处理对象，采取不同的处理方法，才能最大限度地利用资源和提高作业效率。在接受订货业务的过程中，按交易形态的不同有多种订单，而不同的订单有不同的处理方式。

订单的主要类型和不同类型订单的处理方式主要包括：

① 一般订单，即接单后按正常的作业程序拣货、出货、配送、收款结账的订单。接单后，将订单信息输入订单处理系统，按正常的订单处理程序处理，数据处理完后进行拣货、出货、配送、定期收款结账等作业。

② 现销式订单，即与客户当场直接交易、直接给货的订单。如

业务员到客户处巡货、访销所取得的订单或客户直接到企业取货的订单。订单资料输入后，由于物品已经交付给客户，所以订单资料不需再参与拣货、出货、配送等作业，只需记录交易资料，以便收取应收款项，或现场将货款结清，返回企业后进行入账处理。此种方式下对出入库货品的检查、核对非常重要。

③ 间接订单，即客户从企业订货，但由供货商直接配送给客户时需要的订单。接单后，将客户的出货资料给供应商，由供应商负责按订单出货。

④ 合约式订单，即与客户签订销售契约而产生的订单。到约定的送货日，将该笔业务的资料输入系统处理以便出货配送，或在最初便输入合约内容的订货资料，并设定各批次的送货时间，以便在约定日期系统自动产生需要送货的订单资料。

⑤ 寄存式订单，即客户因促销、降价等市场因素预先订购某种物品，然后视需要再决定出货时所下的订单。当客户要求配送寄存物品时，系统应核实客户是否有此项物品寄存，若有，则进行此项物品的出库作业，并且相应地扣除该物品的寄存量。而物品的交易价格是依据客户当初订购时所定的单价来计算的。

⑥ 兑换券订单，即客户用兑换券所兑换的商品配送出货时所产生的订单。将客户兑换券所兑换的商品配送给客户时，系统应核查客户是否确实有此兑换券回收资料，若有，依据兑换券兑换的商品及兑换条件予以出货，并应扣除客户的兑换券回收资料。

订单档案资料内容应视实际需求而定，既要考虑上述各种订单及其处理方式的不同，又要考虑不同作业方式的要求不同，尤其是因为不同的订单可能有不同的数据要求，有时甚至需要设计成不同的档案分别存放。为方便档案查询、减少资料重复，一般将订单档案分为订单表头文件及订单明细文件，两者间可以由相关字段键值（Key Value）来进行链接。表头文件为记录订单的整体性资料，如订单单号、订单日期、客户代号、送货地址等，订单明细文件则记录每笔订货物品的详细资料，如物品代号、物品名称、数量、单价等。处理订单数据时，可能需要用到某些相关资料，即使用电子订货系统（Electronic Ordering System，EOS）接单，也需要考虑相关档案资料的配合，才能使整个订单处理作业一体化。

2. 订单输入与分配

接到客户的订单后，应该紧接着将此资料输入订单管理系统。订单的输入方法主要有人工输入和联机输入。

长久以来，利用人工将订单内容，客户电话、传真、邮寄地址等订货资料输入计算机，是多数企业所使用的方法。但这种方式所需的人工成本较高，而且也不能保证效率和准确性。随着业务规模的扩大和订单的大量增加，以及所订物品的种类越来越繁杂，订货前置时间的缩短，使人工输入方式暴露出越来越多的弊端。

结合计算机与通信技术，将客户的电子订货资料通过电信网络直接转入计算机系统，可以省掉人工输入这一环节。电子订货方式即为联机输入。电子订货系统（EOS）是指将批发、零售企业所发生的订货数据输入计算机，即通过计算机通信网络连接的方式将资料传送至总公司、批发商、供货商或制造商处。因此，EOS能处理从新商品资料的说明到会计结算等所有商品交易过程中的作业，可以说EOS涵盖了整个物流过程。但是，如果传送的资料格式不是双方约定的标准，仍然需要经过转换，文件才能进入订单管理系统。联机输入有供需双方计算机直接联机的文件传输方式，称为电子数据交换（Electronic Data Interchange，EDI）。订单资料输入系统确认无误后，最主要的处理工作就是如何将大量的订货资料进行有效的汇总分类、调拨库存，以便后续的物流作业能顺利、高效地开展。

存货的分配调拨，可分为单一订单分配及批次分配。单一订单分配模式一般用于在线的实时分配，即在输入订单资料时，就将存货分配给该订单。批次分配是累积汇总数笔的已输入订单资料后，再一次分配库存。采用批次分配时，需注意订单的分批原则，即批次的划分方法，包括按接单时段划分、按流通加工需求划分、按配送区域或路径划分等。

如果订单是按正常步骤进行操作的，那么整个处理过程会按照事先设定的流程进行，并准时出货。但是在现实中常常会发生一些意想不到的情况，导致一些订单处理无法按正常步骤进行，因此在分配订单时，要考虑因故未能按时出货的订单是否继续参与分配，如延迟交货订单、前次已参与分配的未出货订单、缺货补送订单、远期订单等。

选定参与分配的订单后，如果订单中某物品的总出货量大于库存量，那么就要考虑完成订单的先后顺序问题了。一般选择一个因素或多个因素综合考虑来制定排序准则，这些因素包括是否具有特殊优先权、客户等级、交易量/交易金额、客户信用状况等。

库存分配后，如果发生缺货，对这些因缺货而未完成的订单应妥善处理，采取重新调拨、补送、延迟交货、转至下一次订单等措施进行处理。

3. 订单跟踪管理

订单由接单作业开始，进入物流中心，经过输入、查核确认、库存分配等处理，最后产生出货指示资料，然后开始拣货、出货配送，最后经由客户签收、取款结账，整个订单资料的处理工作在系统里才能结束，相关的业务数据才能成为系统的历史资料。系统应该保证订单在每个节点上的处理按正常程序进行，以及前后节点间的衔接准确无误。因此，对于实际作业中无法避免的订单处理的异常情况，系统应随时加以调整、修正，以维持系统的准确性，并避免因此造成的损失。由此可见，一张订单在通过订单处理、库存分配、产生出货指示后，并不意味着订单处理作业已经结束。订单上的物品是否按时出货、按量出货，是否已付货款，发生意外以及意外情况如何处理，都是提升客户服务水平并改善营运状况的重要因素。订单管理包含的主要要素如图4-3所示。

订单管理包含的要素

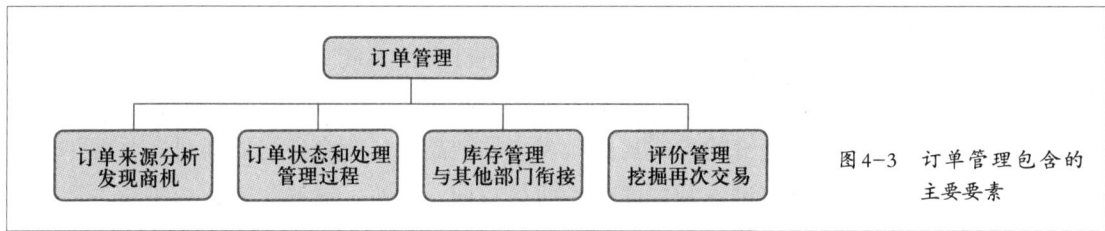

图4-3　订单管理包含的主要要素

4.1.2　订单来源分析

一般来说，网络批发的订单来源，无非就是两条途径：一是口碑，二是搜索。所谓口碑就是，在网络中建立了较大影响，客户直接进入到网站，下单购货，无需通过其他方式，前提是已经有较大人气和人脉支撑。所谓搜索就是，通过网络搜索引擎，客户找到相应商品，在比较的基础上，进入到某个店铺，下单交易。而后者占网络交易的绝大部分。下面介绍网络平台搜索，我们以阿里巴巴平台的搜索引擎为例，如图4-4所示。

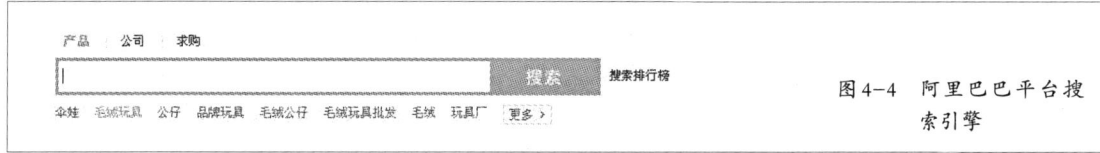

图4-4　阿里巴巴平台搜索引擎

在这个平台的搜索栏内输入关键词进行搜索，比如输入"打底裤"，就会出现以下结果（部分），如图4-5所示。如果你的店铺在结果页的前面几页展示，采购商就有可能下单购买，最终形成订单。

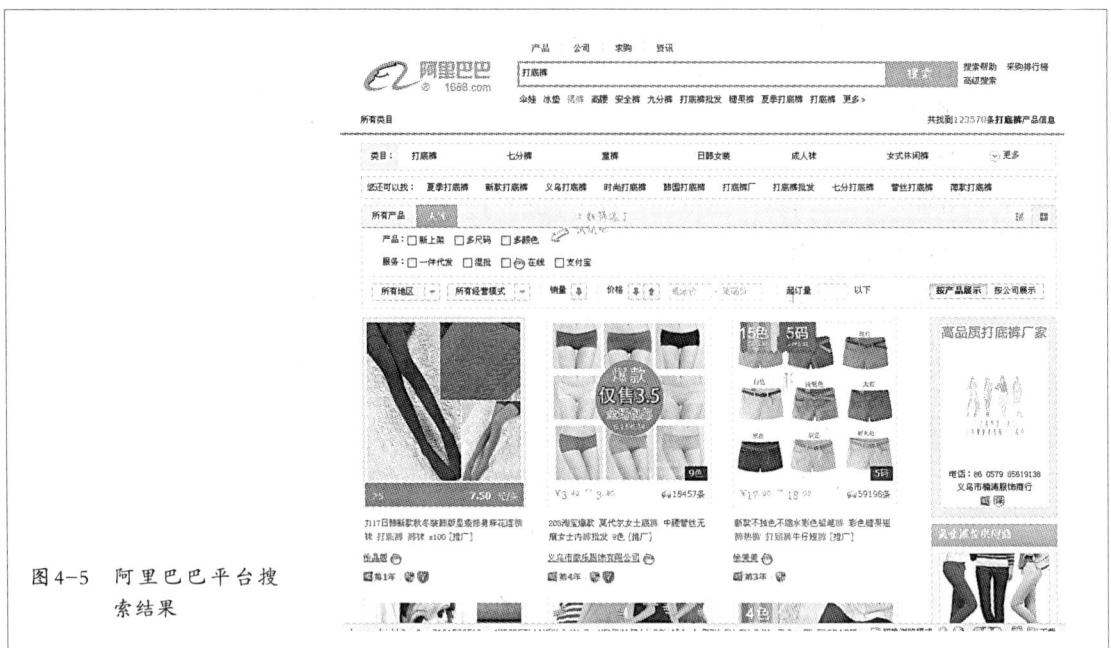

图4-5 阿里巴巴平台搜索结果

采购商也有可能通过类目表，采取一级一级往下找的方式最终找到感兴趣的商品，如图4-6所示。比如通过服装—女装—裤装—打底裤的方式找到所需要的产品。采购商还可以通过一些促销页面直接进入到商铺或者商品页面，当然，这些途径作为供货商需要支付不等金额的广告费用，如图4-7所示。

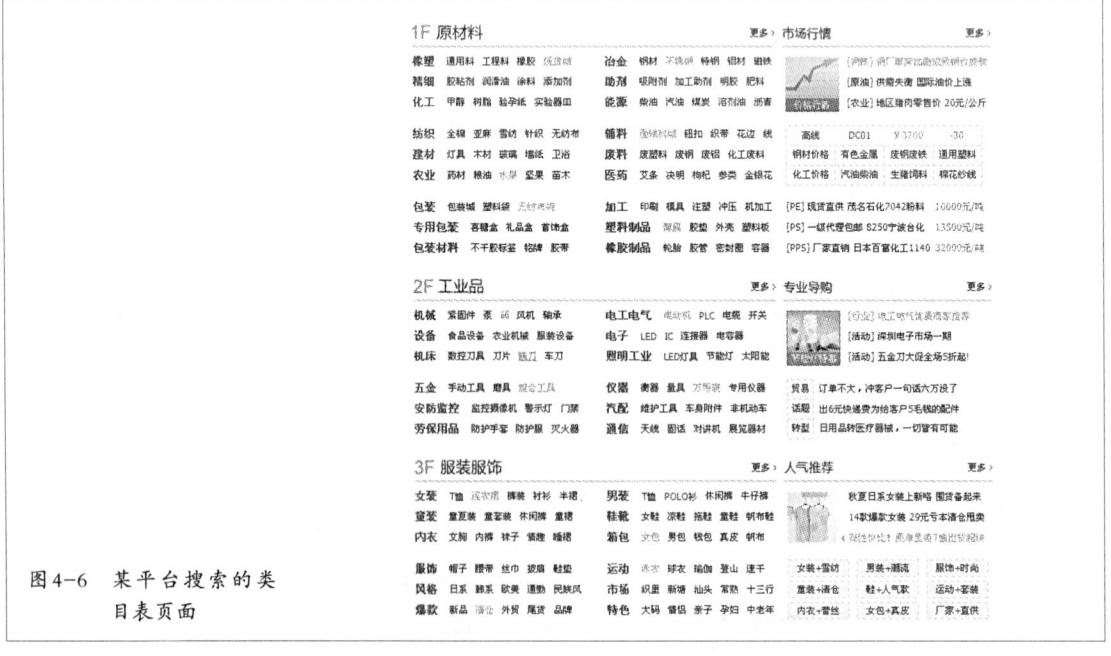

图4-6 某平台搜索的类目表页面

图4-7 某平台展示的热门推荐栏目

图4-7所示页面标题为"热门推荐",实际上就是供货商支付一定金额的广告费后出现的搜索结果。作为销售者,自己的商品出现在这个位置,可以避开和其他同类商品的排序,比较靠前地展示在采购商面前,增大成交的几率。其代价就是付出相应的广告成本。在后台,实际上就是通过该平台的"网销宝"这样的营销工具来实现。

当然,作为创业者,也可以通过大量的免费资源挖掘自己的订单。比如:

(1)博客营销

企业可在新浪、雅虎、搜狐、百度空间、网易建博。博客要有企业相片和企业介绍,要加上企业网址友情链接。博客要每天更新2~5篇文章,文章可以是企业文章、产品文章,也可以是其他关于感情、生活、个人的文章,但是文章要有可读性,能吸引读者的眼球。一篇博文不需要太长,200~500字即可,但文章里要含有关键词,并为关键词加上公司网址链接,同时标题要有吸引力,最好是带有产品名称的关键词,有利于搜索。一篇博文后面要有推荐博文链接,要求文章后面显示3~6篇推荐博文。为提高博客流量,可使用流量软件自行运作,一天可达1 000~2 000点流量。

(2)论坛营销

论坛营销是指在行业有关的论坛发布帖子,论坛帖一天不需要发布太多,一个论坛一天发布一个帖即可,但一定是优质贴(指的是内容有可读性,标题能吸引人,这个帖子能引起共鸣,能让人读后有所收获,或帖子富有感情色彩,能感动对方,回帖人多,点击高,甚至被论坛版主加为精华帖或热帖),论坛营销需要有自己的马甲,就是注册的小号,然后可以在帖后面回帖,当帖下沉后,用小号去顶帖。写帖之前要先策划好,如写什么内容,这个帖的目的是什么,帖发表后会有什么效果,要先评估后再发表。

(3)邮件营销

邮件要事先策划好,而不要送出去后被人认为是垃圾邮件。一个好的邮件需要有一个有吸引力的标题，邮件内容最好是用HTML制作，要做到图文并茂，图片及广告词要能吸引眼球，同时图片或文字要加上目标网址链接。邮件内容不要太长，一般100~200字就行了。邮件要设计企业标签（指的是公司联系方式等），当邮件发送后，邮件内容后面就自动带上公司的标签。

（4）软文营销

软文是指在文章里面有直接或隐性的广告语，有关键词，内容能吸引人。广告语或关键词需加上公司网址链接。写软文的目的，一来是为了增加官网资讯在百度或谷歌的曝光率，二来是为了优化官网，同时一篇软文里面要有公司产品的关键词（如印花胶浆，丝印打底浆，厚版胶浆或印花助剂等有关公司产品的关键词），关键词一定要加上公司网址链接（可以是公司网址其他页面的链接，但最好是不要加其他网址链接），便于被百度收录。软文不一定是原创，可以是仿原创，可在百度或论坛里收集一些与行业或产品相关的文章，然后做部分处理，比如文章开头内容修改下，或结尾内容修改下，或文章内容删除或增加一部分，或是文章标题修改下，或是文章一些重点句子或词语修改下等处理方法。但是一定要在文章里加上公司产品关键词，并为关键词加上公司网址链接，用于文章优化。

4.1.3　订单状态及处理

传统贸易中，订单状态可分为以下几种：

（1）已输入及已确认订单

订单上的订货资料已经输入系统，而且所有需要确认的条件都已经核查处理完毕，则此订货资料即为企业已接受的客户出货资料，其中包括物品项目、数量、单价、交易配送条件等。

（2）已分配订单

经过输入确认的订单资料，即可进行库存的分配，以确认订单是否能如数出货，以及发生缺货时应如何处理。经过库存分配的已输入及已确认订单，即转为已分配订单。

（3）已拣货订单

经过库存分配，生成出货指示资料的订单，即可进行实际的物流拣货作业，已打印拣货单进行拣货作业的已分配订单，就转为已拣货订单。

（4）已出货订单

已拣货订单，经过分类、装车、出货后，变成已出货订单。

（5）已收款订单

已出货订单，经由客户确认签收后，即为实际的出货资料，该资料为应收账款的依据。根据这些资料的记录，制作取款发票向客户收取货款。取得账款的出货订单，即转为已收款订单。

（6）已结账订单

已收款订单经由内部确认结账后，即转为已结账订单。已结账订单为历史交易资料，在系统里可用于经营管理分析，但不再涉及任何实际的事务性操作。

订单状态及处理

网络贸易中，订单状态一般是指从采购商在网络平台上拍下某商品开始，经历付款、卖家发货、买家确认收货并付款到买卖双方互相评价全过程中呈现的各个程序。在上述各种交易状态中，作为成熟的交易平台，使用频率较高的是"等待买家付款"、"等待卖家发货"、"等待买家确认收货"、"成功交易"等四种状态，在少数出现系统故障或者贸易纠纷时还会出现"退款交易"或者"维权交易"等情况，某网络平台的各种订单状态如图4-8所示。

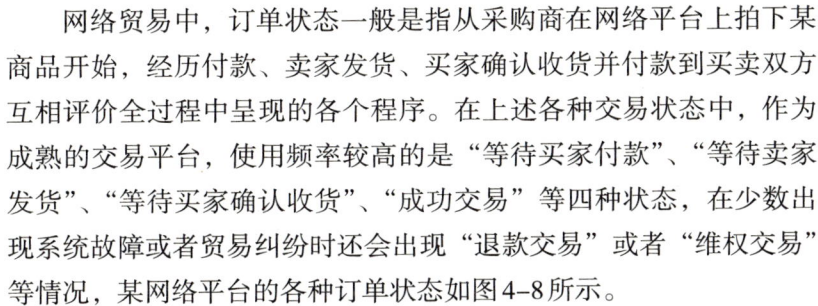

图4-8 某网络平台各种订单状态

等待买家付款（未付款订单）：采购商对某商品感兴趣，点击"购买"或者"采购"按钮，而尚无付款时出现在卖家网站后台所呈现的状态。对于这种状态，我们应该注意，未付款状态是任何订单都需经历的步骤。但是在实践中，不排除一部分是冲动型购买和恶意性购买。我们对于后者，应该注意区分，并在适当时候加以催告，视情况予以关闭。对于确有成交意向的采购商，应及时通过即时通讯工具联系沟通，谈妥各项交易条件，促使最终付款。

等待卖家发货（已付款订单）：经过议价、咨询交易条件后，买卖双方达成一致，卖家付款后，出现在卖家网站后台所呈现的状态。经过前期的洽谈，买家通过支付工具（也有极个别通过银行划账方式）付款，这部分订单，应及时联系工厂或者仓库，做好发货准备，网络平台一般有时间要求，比如要求72小时发货，或者隔天发货。要求发送货物后，应及时在网站操作后台进行发货操作，订单就会进入到下个状态。

等待买家确认收货（已发货订单）：卖家根据交易条件，按照买家的商品的品质数量，并通过指定的物流，完成发货，并在网站中进行发货操作后，就会出现"等待买家确认收货"这个状态。货物发送并经过发货操作，平台订单就进入到已发货状态，此时的卖家应关注物流的状态，货物是否顺利运输至买家指定地点。一些平台提供跟踪物流功能，卖家可以利用这个工具进行实时查看，对于货物迟迟未到达买家的情况，应及时和物流公司联系沟通。货物送至买家后，卖家还应该及时联系买家，确认货物是否符合买家要求，并催促及时付款。

成功交易（已成功订单）：买家对卖家所发货物确认无误，并通过网络支付平台完成货款的确认支付，交易成功。值得注意的是：即使是成功的交易，作为卖家同样还要做好售后服务，一方面为了挖掘客户再次交易的潜力；另一方面，客户对于采购体验有个评价，会出现在交易中。评价的好坏，会影响后续采购者的购买决定。

失败交易：一般分为两方面，即采购商的原因和供应商的原因。比如采购商突然改变主意，不想继续采购这些商品了。供应商方面，比如断货了或者其他一些原因。这种状态下，需要取消订单，点击"关闭交易"按钮取消，再根据提示，选择关闭交易的原因，如图4-9所示。失败交易的订单状态如图4-10所示。

淘宝业务管理系统—交易管理

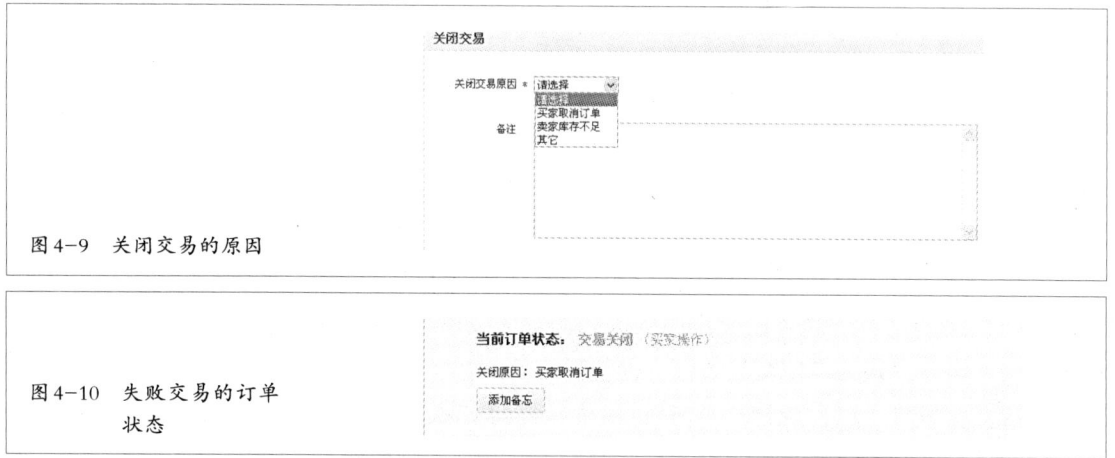

图4-9 关闭交易的原因

图4-10 失败交易的订单状态

了解订单的不同状态后，我们来学习一下订单处理的过程。所谓订单处理，就是由订单管理部门对客户的需求信息进行及时的处理，从客户下订单开始到客户收到货物为止。

订单处理是企业的一个核心业务流程，包括订单准备、订单传递、订单登录、按订单供货、订单处理状态跟踪等活动，如图4-11所示。订单处理是实现企业客户服务目标最重要的影响因素。改善订单处理过程、缩短订单处理周期、提高订单满足率和供货的准确率、提供订单处理全程跟踪信息，可以大大提高客户服务水平与客户满意度，同时也能够降低库存水平，在提高客户服务水平的同时降低物流总成本。一般的订单处理过程主要包括五个部分：订单准备、订单传递、订单登录、按订单供货、订单处理状态追踪。

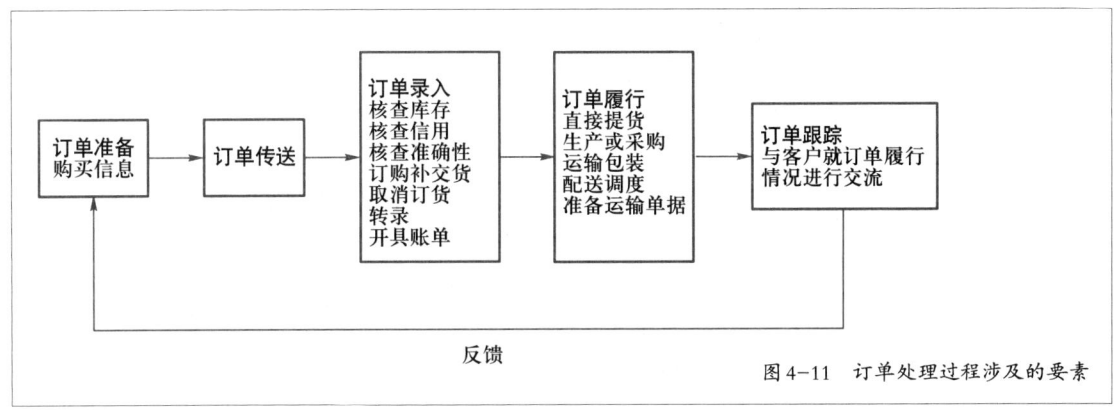

图4-11 订单处理过程涉及的要素

（1）订单准备

订单准备是指搜集所需产品或服务的必要信息和正式提出购买要求的各项活动。

（2）订单传输

传送订单信息是订单处理过程中的第二步，涉及订货请求从发出地点到订单录入地点的传输过程。订单传输可以通过两种基本方式来完成：人工方式和电子方式。

（3）订单录入

订单录入指在订单实际履行前所进行的各项工作，主要包括：

① 核对订货信息（如商品名称与编号、数量、价格等）的准确性；

② 检查所需商品是否可得；

③ 如有必要，准备补交货订单或取消订单的文件；

④ 审核客户信用；

⑤ 必要时，转录订单信息；

⑥ 开具账单。

（4）订单履行

订单履行是由与实物有关的活动组成的，主要包括：

①提取存货、生产或采购员购进客户所订购的货物；

②对货物进行运输包装；

③安排送货；

④准备运输单证。其中有些活动可能会与订单录入同时进行以缩短订单处理时间。

订单处理的先后次序可能会影响到所有订单的处理速度，也可能影响到较重要订单的处理速度。这里可借鉴优先权法则：

①先收到，先处理。

②使处理时间最短。

③预先确定顺序号。

④优先处理订货量较小、相对简单的订单。

⑤优先处理承诺交货日期最早的订单。

⑥优先处理距约定交货日期最近的订单。

（5）订单跟踪

订单处理过程的最后环节是通过不断向客户报告订单处理过程中或货物交付过程中的任何延迟，确保优质的客户服务。具体包括：

①在整个订单周转过程中跟踪订单；

②与客户交换订单处理进度、订单货物交付时间等方面的信息。

在网络贸易中，订单处理一般是卖家操作后台实时完成，具体操作还包括：

（1）订单查询

以某平台为例，对于订单的查询可通过"已卖出的货品"来完成。可以通过"订单号"、"货物名称"、"买家登录名"、"交易状态"、"成交时间"等多种方式来查询已经形成的各类订单。比如，可以查询买家未付款的一类订单，也可以查询某一老客户通过"买家登录名"向自己店铺购买的全部订单等。

（2）订单修改

订单的修改，主要是针对交易中的价格的修改，可以通过订单中的修改价格按钮进行修改。部分客户可能仅就交易中物流费用部分要求修改，卖家可以根据不同情况和自己的营销思路做出相应的处理。

（3）订单打印

对于订单，可以根据提示，进行打印。

另外，在网络贸易中，订单管理的信息化不断普及。订单管理信息化一般是指利用信息化手段，对客户、订单进行分类维护和管

订单处理的流程

理。这里说的信息化手段，主要是利用一些网络平台开发的软件工具。我们以某大型平台的XTools为例来说明。首先，通过平台服务的订购页面订购"XTools"软件，目前是付费的。订购成功后，就可以进入到软件的后台进行操作，如图4-12所示。

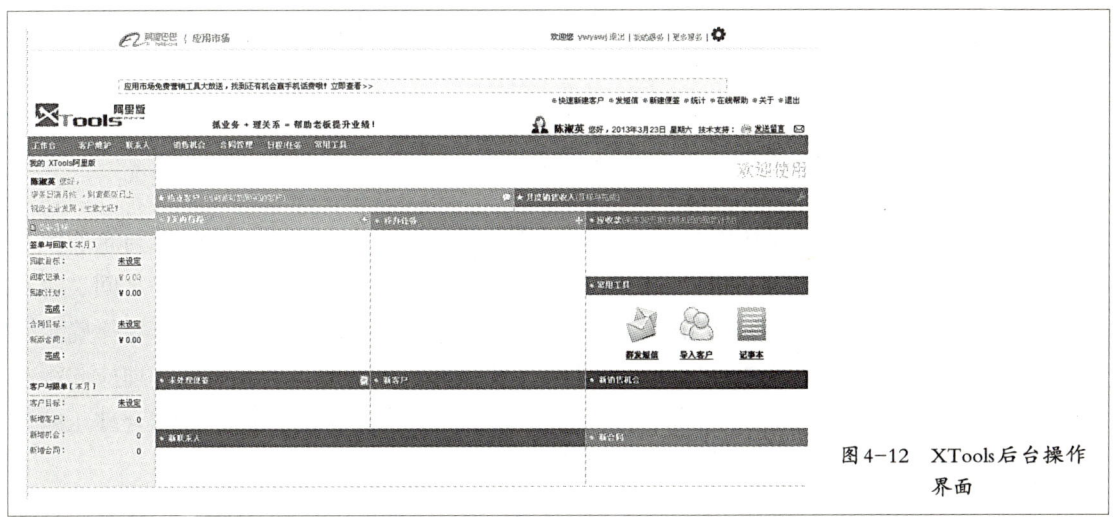

图4-12 XTools后台操作界面

通过这个软件，可以完成"客户维护"、"联系人"、"销售机会"、"合同管理"、"常用工具"等一系列操作。比如，通过"客户维护"，可以把经常联系的客户进行分级分类，通过群发短信，可以与有关客户建立及时的沟通；通过"合同管理"，可以控制各类合同的货款到账计划等。当然，在网络销售中，除了这个工具之外，还有许多工具比如"订单专家"、"客户管理"、"询盘管理"等软件可以利用。实现订单信息化管理，可以节约大量的人工时间，做好合理规划和控制；还可以尽量减少人工差错，提高经营效益。

4.2 库存管理

4.2.1 什么是库存管理

库存管理，又称库存控制，是对制造业和服务业生产、经营全过程的各种产品，进行管理和控制，使其储备保持在经济合理的水平，如图4-13所示。到底什么是合理水平，简单地说就是货销相适应，卖多少货，有多少货，有多少货，卖多少货。

库存管理的对象是库存项目，即企业中的所有物料，包括原材料、零部件、在制品、半成品及产品，以及辅助物料。库存管理的

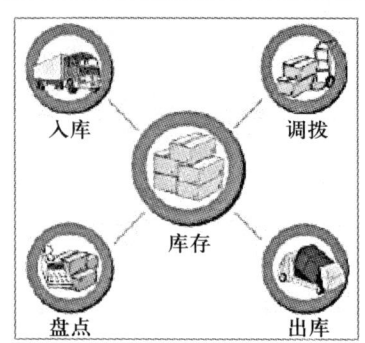

图4-13 库存管理示意图

主要功能是在供需之间建立缓冲区，达到缓和用户需求与企业生产能力之间、最终装配需求与零配件之间、零件加工工序之间、生产厂家需求与原材料供应商之间的矛盾，根据供应和需求规律确定生产和流通过程中经济合理的物资存储量的目的。库存管理应起缓冲作用，使物流均衡通畅，既保证正常生产和供应，又能合理压缩库存资金，以得到较好的经济效果。

不同的生产和供应情况采用不同的库存管理模型，库存管理模型按不同方式有不同的分类。

① 按订货方式分类，可分为五种订货模型。

  a. 定期定量模型：订货的数量和时间都固定不变；

  b. 定期不定量模型：订货时间固定不变，而订货的数量依实际库存量和最高库存量的差别而定；

  c. 定量不定期模型：当库存量低于订货点时就补充订货，订货量固定不变；

  d. 不定量不定期模型：订货数量和时间都不固定。

  e. 有限进货率定期定量模型：货源有限制，需要陆续进货。

其中，前四种模型属于货源充足、随时都能按需求量补充订货的情况。

② 按供需情况分类可分为确定型和概率型两类：确定型模型的主要参数都已确切知道；概率型模型的主要参数有些是随机的。

4.2.2 库存管理信息化

库存管理是企业管理的重要组成部分。在企业生产经营活动中，库存管理既必须保证生产车间对原材料、零部件的需求，又直接影响采购、销售部门的购、销活动。为盘活企业流动资金，加快资金周转，在保障供给的前提下，库存管理最大限度地降低压库资金，直接牵动着企业的经营效益。根据对我国众多制造业企业的库存管理情况所作的调查和参考有关资料发现，制造业企业在库存管理方面普遍存在着如下问题：

（1）不能及时获得库存信息。在企业运作过程中，有时必须获知各种零部件当前的库存量，但由于零部件种类多、数量大，需要进行仔细地核算，这不仅费时，而且易出错，从而影响企业快速有效地运转。

（2）库存信息不够准确。仓库管理员根据各种送货单、退货单、收料单、发料单、领料单和退料单进行物料的入库、出库搬运后，要随时修改库存信息和借、欠料信息，以便反映库存状况。工作中的主要问题是，由于零部件种类多、数量大，使得库存记录和实际库存时常不是严格一致的，因而需要通过盘点来纠正差错，这既耽误时间，工作量又大。

（3）无法及时了解发料和生产用料情况。在工令单下达后，由于零部件与生产线的关系复杂，根据送料员的个人经验给各配料点送料时，常缺少发料、用料记录和相关信息，经常出现生产线缺料才知道需要送料的情况，导致生产和用料发生混乱，无法了解发料和生产用料的实际情况。

市场需求日益多样化和个性化，产品更新换代的周期越来越短，这就要求企业必须改变库存管理现状。当前，随着社会经济的不断发展，以及科学技术的进步，电子商务在中国应用的程度越来越高，并呈强势上升趋势，越来越多的企业开始进入电子商务领域。近两年，电子商务商家不但在数量上快速成长，个体的规模也今非昔比，越来越多的电子商务商家以企业或团队的形式出现。对于电子商务企业管理者来说，提高协同工作效率、保护敏感资料、深层挖掘业务数据等变得尤为重要，而这些都不是销售平台所能提供的。由此，一些公司专门开发了面向B2C、C2C商家的软件，以提供高效的订单处理手段为目标，提供了一套包括采购、销售、仓储、客户关系、账款、售后服务等全面管理功能的综合业务管理系统，基本涵盖了电子商务企业和个人从业者在业务运营过程中面临的库存管理信息化需求。借助软件，用户可以很好地解决上述问题，采取流程化管理，将任务按照岗位设置分解，所有操作员的权限和视图都可以灵活配置。另外，这些软件还提供了详尽、强大的统计分析功能。

4.2.3 库存管理目标实现及控制原则

库存管理要实现的目标一般包括：

（1）成本最低

这是企业需要通过降低库存成本以降低生产总成本、增加盈利和增加竞争能力所选择的目标。

（2）程度最高

企业有很多的销售机会，相比之下压低库存意义不大，这就特别强调库存对其他经营、生产活动的保证，而不强调库存本身的效益。企业通过增加生产以扩大经营时，往往选择这种控制目标。

（3）不允许缺货

企业由于技术、工艺条件决定不允许停产，则必须以不缺货为控制目标，才能起到不停产的保证作用。企业某些重大合同必须以供货为保证，否则会受到巨额赔偿的惩罚时，可制定不允许缺货的控制目标。

（4）限定资金

企业必须在限定资金预算前提下实现供应，这就需要以此为前提进行库存的一系列控制。

（5）快捷进出

库存控制不依本身经济性来确定目标，而依据大的竞争环境系统要求来确定目标，这常常出现以最快速度实现进出货为目标来控制库存。

库存管理一般按1.5倍原则来控制。1.5倍原则是库存管理的主要内容之一，是经过很多公司的销售实践总结出来的安全存货原则。按1.5倍原则备货是销售人员必须掌握的工作常识之一，是主动争取客户订货量并时刻掌握客户销售情况的营销策略。它是建立在提高客户销量和利益基础之上，因而能赢得客户信任，客户容易采纳。1.5倍原则虽然是一个科学依据，但是正如很多营销规律一样，必须灵活掌握和应用，避免生搬硬套。比如，如果遇到特殊情况应适当变化（如天气、节假日等），否则会影响经营。利用好1.5倍原则，可以保证客户有充足的存货，减少断货、脱销的可能性，保证客户随时都能买到所需产品，帮助客户不漏掉每次成交的机会。

4.3 支付平台与支付方法

4.3.1 网络支付的概念

网络支付是指客户、商家、网络银行之间使用安全电子手段，把新型支付工具（如电子现金、银行卡、电子支票）的支付信息通过网络安全传送到银行或相关的处理机构，从而完成支付的整个过程。网络支付系统的主体构成有：① Internet；② 客户；③ 商家；④ 客户开户行。

传统支付工具首先不能进行实时结算，其他缺点还有：缺乏便利性、缺乏安全性、适用范围太窄、对使用者需要具备的资格有一定要求、不能进行小额支付。与之相比较，网络支付的优点主要有：开放的工作平台，数字化传输，网络化环境，方便、快捷、高效、经济，无形的结算过程。

网络支付系统的种类有：① 信用卡支付系统；② 电子转账支付系统；③ 电子现金支付系统。

4.3.2 网络支付平台介绍

目前的网络支付平台越来越普及，也越来越多。这里着重介绍以下几种：

1. 支付宝

官方数据显示目前已有超过46万家商户使用了支付宝的服务，其中同为阿里巴巴旗下的兄弟网站淘宝网占据了国内C2C网上购物市场80%份额，而C2C网上交易量又占据了网上购物总体交易量的90%，支付宝由此占据了国内第三方网上支付市场的半壁江山。

2. 财付通

官方数据显示目前已有超过40万家商户使用了财付通的服务，与支付宝依托淘宝网成长一样，财付通发展初期也是依托腾讯旗下的拍拍网，目前财付通占国内第三方网上支付交易额的1/4。

3. ChinaPay

国内第三大的网上支付平台，依托中国银联的渠道体系，其官方统计商户数字不详，按国内第三方网上支付交易额占有率计，排名第三。

4. 快钱

官方数据显示目前拥有超过37万个商业合作伙伴，按国内第三方网上支付交易额占有率计，排名第四。

5. 易宝支付

官方统计目前与其签约的中大型商家超过40 000家，按国内第三方网上支付交易额占有率计，排名第五。

6. 环迅支付

拥有数千家签约商户，按国内第三方网上支付交易额占有率计，排名第六。

7. 网银在线

其官方统计商户数字不详，按国内第三方网上支付交易额占有率计，排名第七。

8. 首信易支付

其官方统计商户数字不详，按国内第三方网上支付交易额占有率计，排名第八。

4.3.3 支付原理和支付方法

买方在一个商户的网站进行在线支付，需要经历以下几个步骤：

① 当买方点击"在线支付"按钮后，该网站的服务器会发送一个信息给第三方支付平台的服务器，发送信息的主要内容包括"付款人的名称、付款金额、订单号"等。

② 第三方支付平台的服务器收到信息后，会连接到银行的服务器，并向银行的服务器传输与资金划转有关的信息，将付款人付的钱通过银行的在线支付系统划至自己的银行账户。这个过程是网民将银行账户中的钱转移到第三方支付平台的银行账户中，而不是直接转移到商户的银行账户中。而且，在第三方支付平台接收到"确认付款"信息将资金划拨到商户账户中之前，资金一直停留在第三方支付平台的银行账户中。

③ 钱划至第三方支付平台的银行账户后，银行会发一个"付款成功"的信息给第三方支付平台，收到此信息后，第三方支付平台的服务器会将付款成功的订单号的信息发给商户。

④ 商户收到第三方支付平台的用户"付款成功"信息后才会发货。

⑤ 买方接收到货物，在网站上完成"确认付款"的流程，网站服务器将该信息传给第三方支付平台。

⑥ 第三方支付平台接收到"确认付款"的信息，将存放在自己账户中的款项转到商户的银行账户中，支付过程至此方才完成。如遇到相关的服务纠纷，第三方支付平台会作为中间方进行了解和裁定。

支付宝的使用

4.4 评价管理

评价管理是在网络贸易中特有的一种管理行为，属于售后服务和客户管理范畴。以下内容以阿里巴巴中国站为例。

4.4.1 评价管理的内容

在阿里巴巴中国站上交易成功后,买卖双方均有对该笔交易做出评价的权利。交易评价是阿里巴巴用户诚信的重要标记,所以用户在进行评价时应保证所作评价公正、客观、真实。阿里巴巴中国站会员在成功完成支付宝担保交易、保障合同交易、支付宝境外支付交易后,对每一笔交易,双方均有权对对方交易的情况作一个评价,这个评价被称之为信用评价。与信用评价相关的指标主要有:

① 商品总体满意度:该商品获得的评价星级的平均值;

② 交易总体满意度:该商家作为卖家得到的所有评价星级的平均数,保留一位小数;

③ 商品满意率:会员作为卖家,所获得的4星和5星评价数量占获得评价总数的比率。

信用评价的积分由买家评价积分(作为买家收到的评价)和卖家评价积分(作为卖家收到的评价)两部分组成,两部分积分规则相同,具体规则如表4-1所示。

表4-1 阿里巴巴信用评价积分规则

评价结果	计分	积分数
5星	加分	分数=根据交易金额算出的积分数
4星	加分	分数=根据交易金额算出的积分数
3星	不计分	
2星	减分	分数=根据交易金额算出的积分数
1星	减分	分数=根据交易金额算出的积分数

具体的加减分分数,将根据不同的交易金额区间计算得出,如表4-2所示。

表4-2 阿里巴巴评价积分与积分金额关系

评价积分与积分金额关系					
积分金额	0~1	1~500	500~1000	1000~10000	>10000
分数	0	1	2	3	4

支付宝担保交易、预存款交易、支付宝境外支付交易是基于订

单中的每件货品进行评价的,当一笔订单中有多个货品时,各个货品的交易金额,将按该货品金额在订单货品金额里的占比,分摊该订单的实付金额。

阿里巴巴评价积分与积分金额关系

若一个订单中,A货品100元/件,购买了5件;B货品200元/件,购买了4件。运费总计为30元,卖家给了80元的优惠,那么买家实付交易总金额为1250元。该交易得到了1个4星评价。当进行评价时:

A货品的积分交易金额=(100元/件×5件)/(100元/件×5件+200元/件×4件)×1250元=480.77元——按照积分区间,可以得到的积分是1。

B货品的积分交易金额=(200元/件×4件)/(100元/件×5件+200元/件×4件)×1250元=769.23元——按照积分区间,可以得到的积分是2。

保障合同交易是针对整个交易总额进行积分,不对各货品单独评价和积分。保障合同创建至关闭的时间长度必须大于等于7天,才能对该保障合同进行评价且积分,否则只能评价不能积分。计算评价积分的金额=合同里的货品总金额,如果货品总金额>约定保障金的10倍,则积分金额=约定保障金×10。

保障合同评价积分

一笔可评价的保障合同,约定的保障金为1 200元,得到了1个4星评价后:

① 如果合同上的货品总金额是5 000元,则计算评价积分的金额为5 000元,可以得到的积分是3;

② 如果合同上的货品总金额是15 000元,则计算评价积分的金额为12 000元,可以得到的积分是4。

为反映积分的时效性，随着时间推移，积分将逐步递减，具体递减规则如表4-3所示。

表4-3　阿里巴巴评价积分递减规则

时间段（月）	积分分值
0~12	积分×1
12~24	积分×0.8
24~36	积分×0.6
＞36	积分×0.5

信用评价的流程如下：

（1）发起评价

在交易成功后的评价期间，登录"我的阿里"中找到并进入"评价管理"进行评价，可以对单条货品交易进行逐条评价，也可以对多条货品交易通过"合并评价"进行统一的评价（合并评价）。如果交易过程中发生各种情况，导致交易关闭，则不发生评价，无评价积分。

（2）评价显示

对于"4星"、"5星"评价，评价内容将即时上网显示并积分。对于"3星"、"2星"、"1星"评价，在做出评价15天后，评价内容将自动上网显示并积分。对于修改后的评价，无论哪个星级，都即时上网显示并积分。

（3）评价去重

每个自然月中，相同的两个会员之间做交易，由此产生的积分（即买家积分和卖家积分之和）不得超过10分，超出积分规则范围的评价将不计分。

所有评价都以匿名的形式展现。评价的修改和解释如下：

对于会员做出的评价，在做出评价后的30天内，有且仅有一次修改评价的机会。对于系统做出的默认评价，不允许进行修改。更改后的评价即时上网显示并且按新评价重新积分。如评价方确认需要修改评价，登录"我的阿里"中找到并进入"评价管理"应用下的对应菜单，找到相应评价，点击"我要修改"按钮修改此评价。因每条评价只能修改一次，请谨慎操作。评价修改后，被评价方针对原评价所作的解释将被删除。对于收到的评价，被评价方可在对方做出评价后的15天内，做出解释。评价解释随评价内容一同上网显示。一条评价只能做出一条解释。

诚信通客户评价表如图4–14所示：

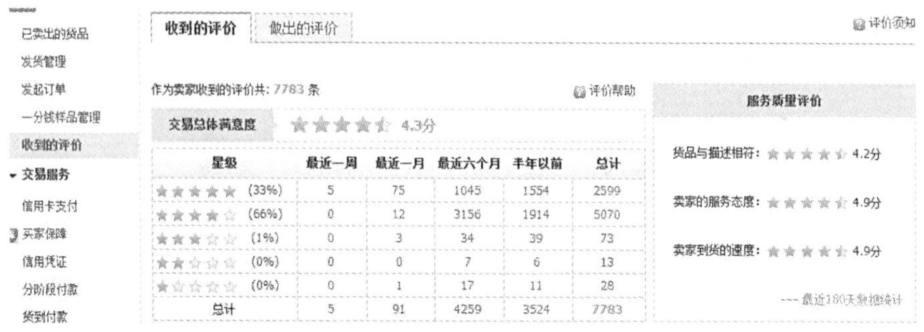

星级	最近一周	最近一月	最近六个月	半年以前	总计
★★★★★ (33%)	5	75	1045	1554	2599
★★★★☆ (66%)	0	12	3156	1914	5070
★★★☆☆ (1%)	0	3	34	39	73
★★☆☆☆ (0%)	0	0	7	6	13
★☆☆☆☆ (0%)	0	1	17	11	28
总计	5	91	4259	3524	7783

图4–14　诚信通客户评价表

4.4.2　评价管理的目的

评价管理对于网络贸易的经营者来讲非常重要，是店铺经营的一项重要内容。评价管理的目的一般有如下两个：

1. 累积销售记录

这是最直接的目的，也是最直接的结果，只要对方能够正面评价，就能够实现自己的店铺信誉的上升，实际上就是销售记录的上升。

2. 提高店铺的可信度

评价管理除了带来业绩和信誉的上升之外，还可以通过评价具体描述，给店铺及所销售产品带来美誉度的提高，提高店铺的可信度，进一步促进销售，形成良性循环。相反，如果这方面的管理没有做到位，销量上涨的同时带来评价满意度降低，则会影响后续的销售。

技能训练

根据实训背景描述，对网络订单进行操作，检查订单状态及其转换情况；通过库存管理，顺利完成订单各个环节；通过第三方担保交易，完成货款结算；利用一些评价管理技巧，提高信用评价状况。

（一）实训目标

1. 掌握订单的操作技能，并了解订单状态及其转换关系；

2. 掌握库存管理技能；

3. 掌握第三方担保交易原理；

4. 掌握评价管理技巧。

（二）环境要求：

1. 软件和模拟动画实训时，需每人配备计算机一台，并安装 Flash 8 以上版本播放器；

2. 准备部分商品信息资料，供学生进行订单操作、库存管理和评价管理等。

（三）背景资料

义乌诗琴针织有限公司的网络贸易业务员小张、小李和小金，通过询盘和洽谈的操作，取得了不少的订单。接下来，他们要做的是顺利完成订单的各个环节。在此期间，各个业务员需要关注订单的状态，及时跟进。在客户通过第三方担保交易付款后，业务员就着手到仓库提货、发货，为了能顺利完成这一环节，他们需要做好库存的管理。发货之后，等待客户确认收货和确认付款。之后，业务员还需积极做好售后服务，并利用一些信用管理技巧来提高自身的信用，为今后业务的开展打好基础。

（四）操作步骤

（1）进行实训背景分析。小张、小李和小金这三位业务员必须完成订单的各个环节，并得到客户的好评。

（2）订单的修改、查询、打印等操作。将异常订单整理出来进行处理，分成几种情况（库存不足、订单有备注、订单已付款但运费不足）。

（3）做好库存管理，为顺利提货和发货做好准备。

（4）不同的订单采取不同的发货方式。

（5）评价管理。遇到好评的处理方式（会员奖励等），遇到差评的处理方式（补偿、沟通等）。

（五）注意事项

实训过程中，需注意交易管理的流程先后顺序。交易管理的流程环节较多、较细，一定要对流程有一个整体的把握。

每一个环节做完后，别忘了检查一下订单的状态是否改变了。

（六）实训报告

实训名称:		学　时:	
实训地点:		日　期:	
小组成员:			
姓名:	班级:		学号:

一、实训描述

　　根据实训背景描述，对网络订单进行操作，检查订单状态及其转换情况；通过库存管理，顺利完成订单各个环节；通过第三方担保交易，完成货款结算；利用一些评价管理技巧，提高信用评价状况。本次实训需要对背景资料进行分析，完成以下任务：订单操作，包括操作流程和异常订单的处理；库存管理和发货；货款结算和信用评价，这里包含了售后服务。

二、任务分配

三、任务实施

　　要求按照任务执行流程的要求分要点来描述任务的具体实施步骤。

四、任务小结

　　请写出在操作过程中遇到的问题及解决办法。

五、任务执行评价

　　根据任务完成的质量、及时度，报告的编写质量给出成绩（100分制），作为本项目总成绩评定时的依据之一。

成绩：

　　　　　　　　　　　　　　　　　　　　　　　日期：　　年　　月　　日

六、任务拓展

　1. 如何提高售后服务的质量；
　2. 如何使异常订单转化为一个正常的订单。

同步测试

（一）单选题

1. 处于"等待卖家发货"状态的订单是（　　）。
   A. 未付款订单　　　　　　B. 已付款订单
   C. 已发货订单　　　　　　D. 已成功订单
2. 库存管理一般按（　　）原则来控制。
   A. 1倍　　　B. 1.5倍　　　C. 2倍　　　D. 2.5倍
3. 目前，占有国内第三方网络支付市场最大份额的是（　　）。
   A. 支付宝　　B. 财付通　　C. ChinaPay　　D. 快钱
4. 若一个订单中，A货品200元/件，购买了3件；B货品300元/件，购买了5件，运费总计为20元，卖家给了50元的优惠。该订单得到了1个4星评价，则该订单信用评价时可以得到的总积分为（　　）。
   A. 2　　　　B. 3　　　　C. 4　　　　D. 5

（二）多选题

1. 在卖家的销售后台出现的订单状态包括（　　）。
   A. 等待买家付款　　　　　B. 等待卖家发货
   C. 等待卖家付款　　　　　D. 等待买家收货确认
   E. 成功交易
2. 常见的网络支付工具有（　　）。
   A. 支付宝　　B. 财付通　　C. 快钱
   D. ChinaPay　　E. 网银在线
3. 下列是免费的订单来源渠道的有（　　）。
   A. 博客营销　　B. 软文营销　　C. 电子邮件
   D. 论坛营销　　E. 网销宝
4. 与阿里巴巴平台评价计分有关的因素包括（　　）。
   A. 交易金额　　　　　　　B. 评价时间段
   C. 评价星级　　　　　　　D. 评语好坏
   E. 交易次数

（三）简答题

1. 网络贸易中订单状态有哪些？各表示什么状态？
2. 进行库存管理需要实现哪些目标？
3. 网络支付一般的流程是什么？

能力测评

专业能力自评

	能/否	任务名称
通过学习本模块，你		了解订单管理的概念
		分析订单来源，处理各种状态的订单
		掌握网络贸易库存管理方式
		掌握网络贸易库存管理应遵循的原则
		掌握网络支付的基本知识
		了解评价管理的内容和目的
通过学习本模块，你还		

注："能/否"栏填"能"或"否"。

核心能力自评

	核心能力	是否提高
通过学习本模块，你的	信息获取能力	
	口头表达能力	
	与人沟通能力	
	动手操作能力	
	解决问题能力	
	书面表达能力	
	团队合作精神	
通过学习本模块，你的		

自评人（签名）：　　　　　　　年　月　日　　　　教师（签名）：　　　　　　　年　月　日

注："是否提高"栏可填写"明显提高"、"有所提高"、"没有提高"。

第5章 客户管理

一、知识目标

1. 了解客户关系管理的内涵；
2. 了解客户关系管理的作用；
3. 了解客户的含义、来源；
4. 了解客户价值分类的作用和原理；
5. 掌握客户满意的概念、影响客户满意的因素；
6. 掌握客户价值分析模型；
7. 了解客户互动的含义。

二、技能目标

1. 能够找到第三方平台的客户关系管理软件模块；
2. 能够利用交易信息收集客户的资料；
3. 能够利用标签功能给客户做标签；
4. 能够按照交易金额和交易频率给客户分类；
5. 能找到客户对每一次交易的评价，并对客户评价进行回复；
6. 能够设计一份客户关系管理的方案。

三、内容结构

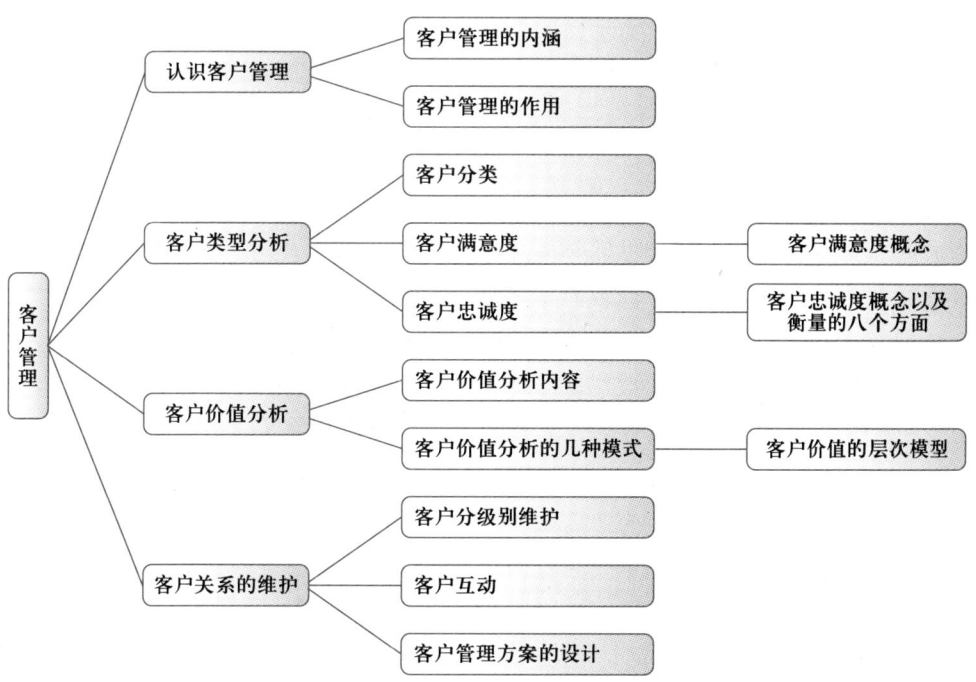

引例：家电数码连锁企业苏宁云商

苏宁云商（以下简称苏宁）1990年创立于中国南京，是中国商业的领先者，国家商务部重点培育的"全国15家大型商业企业集团"之一，中国最大的商业零售企业。2004年7月，苏宁云商（苏宁电器（002024））在深交所上市，成为国内首家IPO上市的家电连锁企业，市场价值位居全球家电连锁企业前列，连锁网络覆盖海内外600多个城市，包括中国香港和日本东京、大阪地区，拥有1700多家店面，海内外销售规模达2300亿元，员工总数18万人，先后入选《福布斯》亚洲企业50强、全球2000大企业中国零售业第一，中国民营企业前三强，品牌价值815.68亿元。

苏宁易购从1995年开始实施CRM（客户关系管理）战略，该系统基于ATM专网实现采购、仓储、销售、财务、结算、物流、配送、售后服务、客户关系一体化实时在线管理；适应管理和处理日益庞大的市场数据的要求，建立全面、统一、科学的日常决策分析报表、查询系统；有效控制物流库存，大幅提高周转速度，库存资金占用减少，盘点及时有效；实现电脑区域配送派工，完善售后服务系统（送货管理、安装管理、维修管理），为客户服务中心提供强有力的基础服务平台；通过多维分析模型、商品生命周期分析模型等现代分析手段，综合运用数据仓库、联机分析处理、数据挖掘、定量分析模型、专家系统、企业信息门户等技术，提供针对家电零售业运营所必需的业务分析决策模型，挖掘数据的潜在价值。

苏宁与索尼、三星等供应商建立了以消费者需求和市场竞争力为导向的协同工作关系。知识管理和数据库营销成为基本工作方式，标志中国家电和消费电子类产品供应链管理从上游厂商制造环节，延伸到零售渠道环节。苏宁与索尼、摩托罗拉率先实现B2B对接，与LG、三星、海尔等上游企业B2B也已对接完成，贯通上下产业价值链的信息系统初具雏形。供销双方基于销售信息平台，决定采购供应和终端促销，实现供应商管理库存功能，加强产业链信息化合作，实现电子商务平台与现有的SAP/ERP系统完美结合，订单、发货、入库和销售汇总等数据实时传递、交流，大幅度缩减业务沟通成本。此外，还建立了完善的客户服务系统以及信息数据采集、挖掘、分析、决策系统，分析消费数据和消费习惯，将研究结果反馈到上游生产和订单环节，以销定产。

苏宁全国100多个城市客户服务中心利用内部VOIP网络及呼叫中心系统建成了集中式与分布式相结合的客户关系管理系统，建立起了5000万个顾客消费数据库；还建立了视频、OA、VOIP、多媒体监控组成的企业辅助管理系统，包括图像监控、通信视频、信息汇聚、指挥调度、情报显示、报警等功能，对全国连锁店面及物流中心实时图像监控，总部及大区远程多媒体监控中心负责实时监控连锁店、物流仓库、售后网点及重要场所运作情况，实现全国连锁网络"足不出户"的全方位远程管理。

苏宁还实现了全会员制销售和跨地区、跨平台的信息管理，统一库存、统一客户资料，实行一卡式销售。苏宁实现了20000多个终端同步运作，大大提高了管理效率。苏宁各地的客服中心都是基于CRM系统为运作基础的，CRM系统将自动语言应答、智能排队、网上呼叫、语音信箱、传真和语言记录功能、电子邮件处理、屏幕自动弹出、报表功能、集成中文TTS转换功能、集成SMS短消息服务等多项功能纳入其中，建立了一个覆盖全国的对外统一服务、对内全面智能的管理平台。

依托数字化平台，苏宁会员制服务全面升级，店面全面升级为会员制销售模式，大大简化消费者的购物环节，方便顾客。现在，累积积分可以冲抵现金，成为苏宁吸引消费者的一个重要因素。目前苏宁针对会员消费者，推出会员价商品、会员联盟商家、会员特色服务等专项服务内容。比如某一款产品限量特价之后，会员荣誉卡里记录着该顾客的信息，苏宁可以提前通知这些有意向购买这个商品的顾客，把优惠让给他们，而不需要他们排队。

另外，苏宁针对客户的个性化优惠变得切实可行，比如苏宁可以给某些有着良好购买记录的顾客直接现金优惠，也可以根据对方的购买习惯打包进行捆绑式销售，这些都给顾客带来实际利益。而且，让利是可见的，是实时的，比大规模没有针对性的促销更有效。

苏宁云商官方网站见图5-1。

引例分析

传统企业实现信息化后，提高了客户关系管理水平，就有利于提升企业的销售和客户满意度。那么，什么是客户关系管理？如何借助信息化开展客户关系管理呢？这就是本章所要介绍的内容。

图 5-1　苏宁云商官方网站

5.1　认识客户管理

客户管理，是客户关系管理（Customer Relationship Management，CRM）的简称，客户关系管理是企业为提高核心竞争力，达到竞争制胜、快速成长的目的，树立以客户为中心的发展战略，并在此基础上开展的包括判断、选择、争取、发展和保持客户所需实施的全部商业过程，是企业以客户关系为重点，通过开展系统化的客户研究，通过优化企业组织体系和业务流程，提高客户满意度和忠诚度，提高企业效率和利润水平的工作实践，也是企业在不断改进与客户关系相关的全部业务流程，最终实现电子化、自动化运营目标的过程中所创造并使用的先进信息技术、软硬件和优化的管理方法、解决方案的总和。

5.1.1　客户关系管理的内涵

根据以上对客户关系管理的定义，可以将其理解为理念、机制、技术三个层面。三者构成客户关系管理稳固的"铁三角"，如图5-2所示。

在第三方B2B的平台上有一个专门的模块来管理我们的客户关系，如图5-3所示。

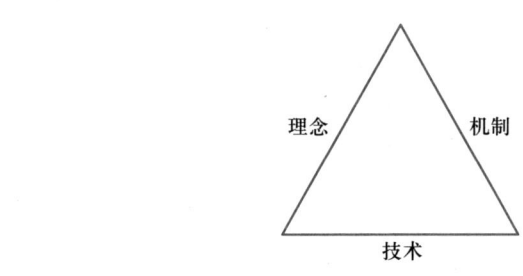

图 5-2 客户关系管理铁三角

图 5-3 阿里巴巴客户关系管理模块

客户关系管理很给力

小邱是某公司负责B2B平台的经理,在经过三年发展后,企业开发新客户的成本越来越高,老客户购买的次数也不多。最近,他在看一本客户关系的书,学到一个经典的理论——"开发一个新客户的成本是维持老客户的五倍"。小邱深受启发,召集部门的成员,开例会讨论维持老客户的重要性,将用于新客户开发的一部分资源,投入到老客户维系上。经过半年的运行,企业的销售一改下降趋势,同比还增加了35%。

5.1.2 客户管理的作用

1. CRM对企业的作用

CRM对企业的作用主要体现在以下几个方面:

(1)营销智能(MI)

营销智能是指企业用发展的眼光看待客户关系,这将有助于企业的长远发展。

（2）销售自动化（SFA）

SFA主要是提高专业人员大部分活动的自动化程度，它包含一系列功能，不仅涵盖了销售活动本身及参与销售活动的人员管理，同时也包括了随着销售活动而产生的服务管理。

（3）提高效率

企业级的CRM系统通常都把产品的销售、市场、客户服务以及技术支持信息集中存放于统一的中心信息库，便于销售人员随时查找、提取，提高工作效率。

2. CRM对客户的作用

CRM的目标是客户，重点是关系管理。因此，企业一旦建立了CRM系统，就会对它的目标主体——客户产生作用，其作用具体表现在以下方面：

（1）节约购买成本

这里所指的购买成本，并不是具体指某一产品或服务的价格，而是指在购买的行为过程中所花费的成本，包括时间成本、沟通成本及机会成本。如果你是一位客户，你的供应商已经采用了CRM系统，它所有的前端工作人员，都会根据CRM信息库提供的与你要求一致的信息与你联系。你的任何一个细微的要求都不会丢失（除非是CRM计算机系统全面崩溃），你将得到与你的要求及描述一致的产品或服务，甚至在某些情况下还会超过你的预期。面对你的个性化要求，你只要提出过一次（如果你不再申明更改或取消的话），供应商就会不折不扣地执行下去。

CRM系统的实施，使得客户减少了对供应商的"教育成本"，因为客户的供应商是主动向客户学习的，并会全方位了解客户的购买特征。当然，客户也不愿意因为更换供应商而再付出一次"教育成本"。形成的这种关系，正是CRM所追求的执行主体与目标主体之间（供应商与客户之间）的"双赢关系"。

（2）满足潜在需求

作为CRM目标主体的客户的潜在需求，CRM系统会给予满足。供应商会根据CRM的要求，尽可能收集更多的客户信息。根据这些信息，CRM系统给供应商提出这样的建议：在什么时候，哪些客户有可能购买企业的哪些产品，用什么手段与这些客户进行联系。

（3）接受无微不至的服务

作为客户，当购买了某个产品后，可能担心产品能否完全满足自己的需求，不知产品的售后服务如何。但是，当供应商采用了

CRM系统之后，客户就会感受到由此而产生的无微不至的关怀和服务。CRM系统是通过良好的服务和技术支持来保证客户的满意度，维护客户对供应商的品牌忠诚的。因此，CRM在给企业带来竞争优势的同时，也使客户得到了更多的方便和益处。

总之，CRM的终极目标就是帮助企业满足客户的需求。企业除了通过产品及服务来满足客户需求之外，还可以通过CRM来实现提高客户忠诚度、满意度这一目标。这也是CRM的优势之一。调查结果表明，目前客户已经不再像过去那样长期保持对某一企业的忠诚，因为客户拥有了更多的选择，更多的购买渠道。如果客户对某一供应商不满意，则可迅速转向其他的供应商，而企业为此付出的代价是：发展一个新客户往往要比留住一个老客户多付出4~6倍的投入。良好的CRM不仅可使企业更好地挽留现存的客户，而且还可以使企业及时追踪那些即将丢失的客户，找回已经失去的客户。

认识客户关系管理的作用

卖家如何做用户调研（上）

卖家如何做用户调研（下）

5.2　客户类型分析

5.2.1　客户分类

1. 对"客户"的重新认识

对大多数中国企业来说，对"客户"的理解还是处于比较模糊的境地，有必要对"客户"的概念进行重新认识。

对企业而言，客户是对本企业产品和服务有特定需求的群体，它是企业生产经营活动得以维持的根本保证。客户资源是企业生存、发展的战略资源，它的价值体现在"所有客户未来为企业带来的收入之和，扣除产品、服务以及营销的成本，加上满意的客户向其他潜在客户推荐而带来的利润"。

下面以阿里巴巴为例，介绍如何获取网上客户资料。

企业在网站上成交以后，留下了交易记录（见图5-4），这里我们能获得原始的客户资料。

在"订单详情"中可以看到买家的基本资料，包括手机号码、聊天账号（见图5-5）。

在物流信息中则可以看到买家的地址（见图5-6）。

2. 客户资源

随着科学技术的发展和市场竞争的日益激烈，企业的营销管理理念从以企业为中心转向以客户为中心，使企业对客户的看法也发

根据客户细分做精准营销

企业与客户

图5-4 阿里巴巴已经交易成功的订单

图5-5 阿里巴巴某一笔订单的顾客详情

图5-6 阿里巴巴某订单上顾客的地址

生了根本性的转变。企业越来越认识到客户不仅是企业的营销对象，也是企业的重要资源，其重要性已远远超出企业内部的各种生产资源。将客户视为企业的主要资源，这是因为：

第一，现代企业的竞争优势已不仅仅体现在产品上，还体现在市场上，谁能获得更大的生产份额，谁就能在竞争中占据优势和主动。

第二，对市场份额的争夺实质上是对客户的争夺，而是否拥有客户取决于企业与客户的关系状况，归根结底取决于客户对企业所提供的产品和服务的满意程度。

第三，客户的满意程度最终取决于企业自身的努力，只要企业能够充分地了解客户的需求，更好地满足客户的需求，就有可能使客户的满意程度不断提高。而客户的满意程度越高，企业的市场竞争力就越强，市场占有率就越大，企业的盈利也就越丰厚。

然而，从严格意义上说，"客户资源"并不符合一般意义上的资源的定义。虽然客户对企业来说在某些方面具有一般资源所共有的一些特征，例如，它是由于企业过去的经营活动所获得的，在某种程度上具有可用货币衡量的价值，通过与现有的企业资源相结合可以为企业带来收益等，但企业对客户不能像对其他资源一样拥有控制权和所有权。因此，对于客户这种资源，不能通过一般的获得资源的途径而拥有。也正因为如此，对客户资源的管理也不同于一般资源的管理。企业只有通过维持和强化与客户的关系，培养客户的忠诚，才能使客户真正成为企业有用的资源，为企业的发展做出贡献。

发掘的价值如同挖金矿

客户就是金矿掘金人

善于利用客户资源的聂名勇

在青岛理工大学机械学院读测控专业的聂名勇,因为家里的经济条件很困难,一直怀揣创业挣钱的梦想。

2007年,他读大三,有一次到台东逛街时看见几乎每个商家都有自己的会员卡,消费者可以凭卡享受打折优惠,所以不少人有专门的卡包来装不同商家的消费卡,要用的时候需要一张张查找很不方便。于是他有了用一张"通用卡"代替所有商家会员卡的创业点子。他认为消费者持一张全城通用的商家会员卡可以同时享受上千家商家的折扣服务,而不同行业的商家也能因此招揽到更多的客户的话,这种"通用卡"一定有应用前景,也可以实现客户和商家的双赢。

于是他与两个同学合作,每人出资 1 万元,在 2007 年 1 月成立了青岛新领域信息服务有限公司。他们租赁写字间、购置一些办公设备后,3 个人的 3 万元创业资金很快就花完了。此时,公司要想坚持下去必须马上开展业务,而他们所能依靠的仅有自己的创业计划。

聂名勇赶紧拿着自己的商业计划书去找联盟商户,希望说服他们与自己合作。第一个客户是台东的一家 KTV,这里的经理很年轻,愿意接受这个新鲜的主意,答应了和他们结成联盟。接着聂名勇又找了位于中山路的中国电影院,成功争取到八五折电影票的让利(周二半价)。就这样,聂名勇率领团队东奔西走,一共说服了近百家商户,让他们成为通用会员卡的联盟单位,同时,他们的联盟卡的折扣幅度一次可达数十元。

由于这些商户都是聂名勇精心挑选的,对年轻人有着较大的消费吸引力,这种通用会员卡的售价定位为每张 30 元,而且每季度免费发放精美《会员手册》,提供最新加盟商户名单等信息。

2007 年 11 月,通用会员卡推出后出现了抢购现象,对广大年轻人来说持这样一张会员卡在近百家知名商铺消费均可享受到不同程度的折扣,有着不小的诱惑力。到 2008 年 4 月,在不到 1 年的时间里他们的卡就卖出 1 万多张,销售额达 30 多万,可以说是借助商家的资源收获了创业成功的喜悦。

但到 2008 年 10 月,因为对公司发展理念的分歧,一起创业的另外两个同学作为股东撤资离开了公司。那两个同学认为应该继续卖卡收回现金，而聂名勇坚持将赚回的钱投入到为会员服务上，开展增值服务。他认为仅仅卖卡终有一天市场会饱和，公司就无法发展，所以需要将目前拥有的会员资源充分利用起来，投入更多资金，提供更多的服务。

后来聂名勇开发了一款软件，准备通过发放的"消费通"卡记录每个会员的消费记录、联系方式，掌握消费者的消费习惯后可以有目的地投放促销广告等。他坚信这样的增值服务才是自己公司能有更大发展的好业务。

其实，聂名勇做的业务实质上也是一种服务，他用好的商业模式说服商家，并利用了商家的资源，从商家让利的价值中获得收益，可以算得上是大学生创业中利用经商头脑白手起家的典型案例。起步后，创业不是最大问题，关键是要有能支持公司继续生存下去的发展思路。

企业在明确客户重要性后，十分迫切地希望收集客户的资料。电子商务企业在运行一段时间后，会累积一定的客户，在第三方平台有导出客户资料这样的功能。

第三方平台可以导出所需客户资源到本地计算机上进行编辑处理。以阿里巴巴为例，其操作方法如下。

第一步，进入所有成交的订单，如图5-7所示。

图5-7 阿里巴巴某段时间成交的订单

第二步,通过"导出订单"功能导出所有客户资料,如图5-8所示。

图5-8 导出订单

第三步,导出订单,保存,如图5-9所示。

图5-9 导出订单完成

第四步,另存为"*.xls"格式,可用Excel进行编辑,如图5-10所示。

第五步,存到指定的目录,用Excel打开,可以看到所有交易信息,如图5-11所示。

图5-10 导出订单保存

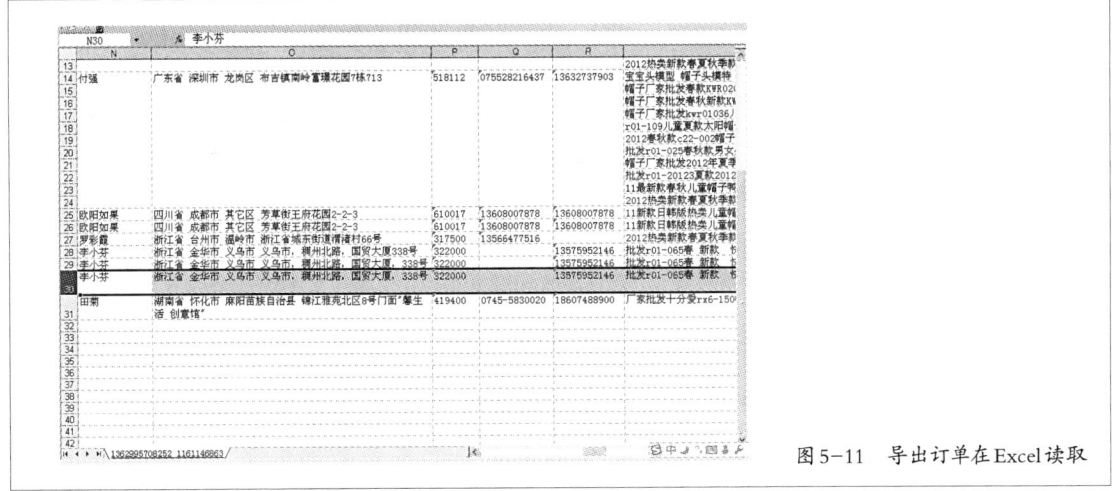

图5-11 导出订单在Excel读取

3. 客户的分类

按照不同的标准,可把客户分成不同的类型。

(1) 按客户重要性分类

在客户关系管理中,企业常常按照客户的重要性对客户进行划分。如采用ABC分类法进行划分,可把客户分成贵宾型客户、重要型客户和普通型客户三种(见表5-1)。

表5-1 用ABC分类法对客户进行划分

客户类型	客户名称	客户数量比例	客户为企业创造的利润比例
A	贵宾型	5%	50%
B	重要型	15%	30%
C	普通型	80%	20%

表5-1所列的数字为参考值,不同行业、不同企业的数值各不相同。比如在银行业中,贵宾型客户的数量可能只占到客户数量的1%,但为企业创造的利润可能超过50%;而有些企业,如宾馆的

贵宾型客户的数量可能远大于5%，为企业创造的利润可能也小于50%。

以上划分，较好地体现了营销学中的"80/20"法则，即企业80%的收益来自20%的客户。当然，在80%的普通型客户中，还可以进行进一步划分。有人认为，其中有30%的客户是不能为企业创造利润的，但同样消耗着企业许多资源。因此，有人建议把"80/20"法则改为"80/20/30"法则，即在80%的普通客户中找出其中30%不能为企业创造价值的客户，采取相应措施，使其要么向重要型客户转变，要么中止与企业的交易。如有的银行对交易量很小的散客，采取提高手续费的形式促使其到其他银行办理业务。

根据以上的分析可以看出，企业要想获得最大程度的利润，就必须对不同的客户采取不同的策略。

案例

二八原理是一项对提高人类效率影响深远的法则。这项法则就是要让有限的时间产生出更多的成果。二八原理告诉人们：在投入与产出、努力与收获、原因与结果之间，普遍存在着不平衡关系。少的投入，可以得到多的产出；小的努力，可以获得大的成绩；关键的少数，往往是决定整个组织的产出、盈利和成败的主要因素。

二八原理用在市场营销中即指"企业80%的收入来自20%的客户"，同样，对于暂时与公司还没有业务往来，但也是公司希望争取到的潜在客户而言，其中80%的潜在收入来自20%的潜在客户。由此可见，每个客户对企业的贡献率是不同的，这就决定企业不应将营销努力平均分摊在每一个客户身上，而应该充分关注少数重要客户。

1. 处理现有客户的方法

① 列出所有客户（包括中间商）及其购买品种和数量（预测值），将购买量分别乘以单价得到其总价值。

② 按价值的大小标明各客户的大小序号，按序号大小将客户进行重新排序。

③ 按新的排序表计算累积年销售额和累计百分比。

这样就可以分析出对企业最有价值的20%的客户，采取一切必要的措施，维持并强化客户关系。当然，除了销售额外，客户最近交易日期，对某一种可消费产品购买频率也是重要的参考标准。

2．处理潜在顾客的方法

对于潜在客户的分析，衡量标准与此相同，但具体数据并非现成的销售数据，一般通过以下几个途径得到：

① 市场行为。这是指能得到广泛的客户购买信息的一切市场活动，包括专门收集有关客户最初的、基本的、额外购买潜力的信息的活动。

② 探究行为。探究潜在客户是指通过各种可能的渠道，如电话、E-mail、普通信件、调查表、直接与潜在客户取得联系等，得到客户的相关信息。

③ 销售行为。销售过程中既需要对客户此次行为有针对性地开展销售和客户服务，同时也可根据客户的购买行为分析其继续购买的可能性。

④ 服务行为。同销售行为一样既需要对客户此次行为有针对性地开展销售和客户服务，同时也可根据客户对提供的相应的支持与服务的反应，分析其重复购买的可能性。

总结：

① 在现实生活中不平衡的现象无处不在；

② 80/20这个比例很好地揭示了众多不平衡现象存在的状况；

③ 80/20并非确定的数字，它可以是90/10，也可以是70/30，它仅仅是对不平衡现象粗略地定性，在实际工作中，如果需要得到更准确的比例，还需要进一步的分析研究；

④ 80/20这个比例也不是一成不变的，今天是80/20，明天就可能变成70/30或者90/10。

⑤ 二八原理仅仅是给了我们一个大致的比例，它并没有告诉我们80重要，还是20重要，更没有告诉我们应该舍弃80，还是舍弃20。

客户管理中的二八原理

二八原理

新客户蜜月期营销

（2）按客户忠诚度划分

按照客户对企业的忠诚程度来划分，可把客户分成潜在客户、新客户、常客户、老客户和忠诚客户等。潜在客户是指对企业的产品和服务有需求，但尚未开始与企业进行交易，需要企业花大力气争取的客户；新客户是指那些刚开始与企业开展交易，但对产品和服务还缺乏全面了解的客户；常客户是指经常与企业发生交易的客户，尽管这些客户还与其他企业发生交易，但与本企业的交易数量相对较多；老客户是指与企业交易历史较长，对企业的产品和服务有较深入的了解，但同时还与其他企业有交易往来的客户；忠诚客户则是指对企业有高度信任，并与企业建立起了长期、稳定关系的客户，他们基本就在本企业消费。

不同忠诚度的客户对企业利润的贡献有较大的差别，可以简单示意为图5-12。

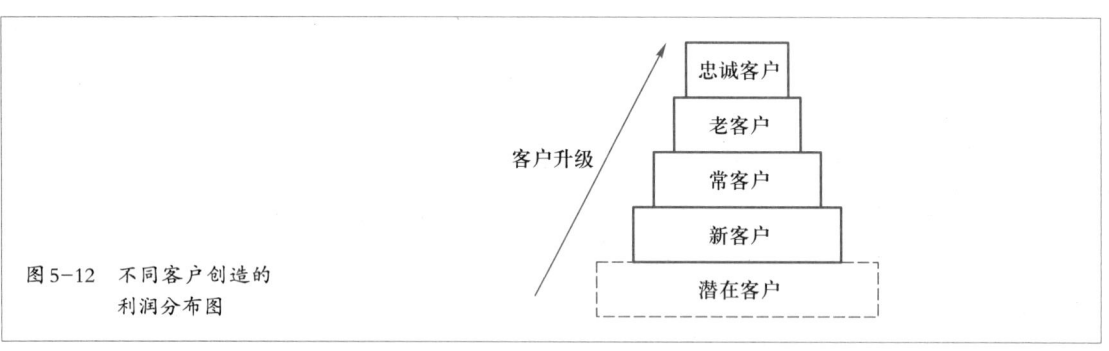

图5-12 不同客户创造的利润分布图

一般来说，客户的忠诚程度与客户和企业交易的时间长短及次数的多少相关，只有忠诚的客户才能长时间、多频度地与企业发生交易。而客户的忠诚程度是不断发生变化的，只要企业对客户的服务得法，能赢得客户的信任，潜在客户就可以变成新客户，新客户可以变成常客户，常客户可以变成老客户，老客户可以转化成忠诚客户。相反，如果企业不注意提高客户服务水平，随意损害客户的利益，就有可能使新客户、常客户、老客户和忠诚客户中止与企业的交易，弃企业而去。

客户的分类在日常贸易中经常使用，对于不同的产品和不同的行业分类可能会不同。企业可以根据自身的要求，利用简单的软件实现上述功能。下面以阿里巴巴平台为例，讲解客户分类功能的实现，并给每个客户标上标签。

第一步，在"我的应用"里选择"会员买家"，如图5-13所示。

第二步，在"会员关系"中选择"会员营销"，如图5-14所示。

图5-13 阿里巴巴平台上"我的应用"

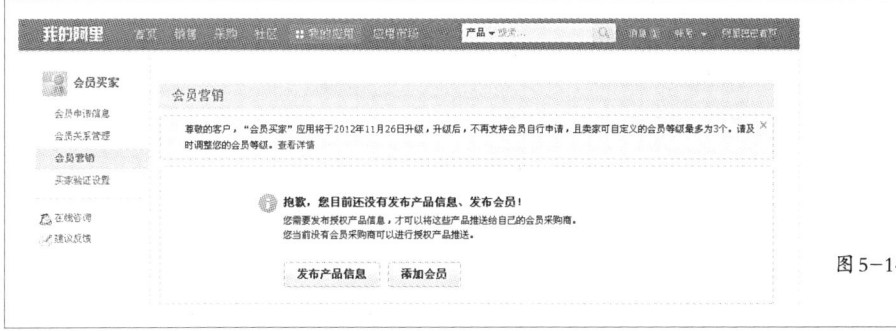

图5-14 阿里巴巴平台上的"会员营销"

第三步,先选择"添加会员",然后选择"标签管理",如图5-15所示。

图5-15 阿里巴巴平台上"会员关系管理"

第四步,新增标签,如图5-16所示。

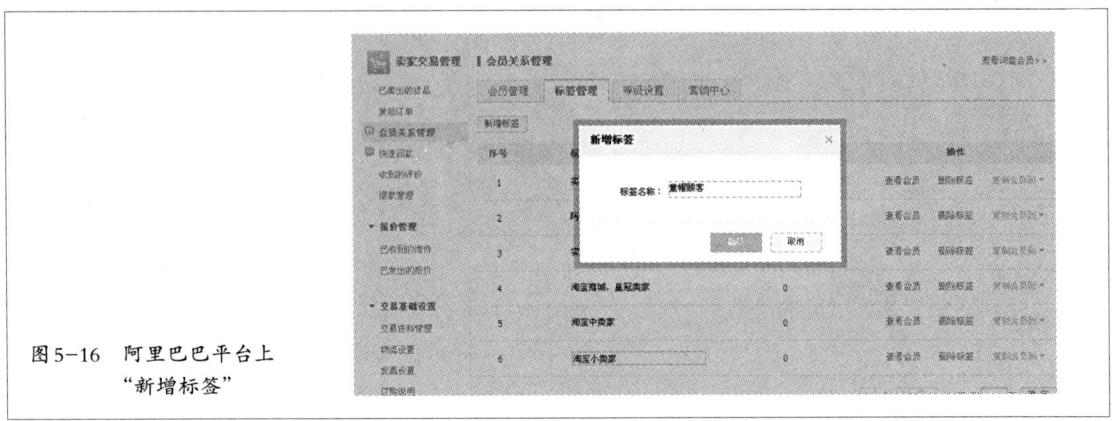

图 5-16　阿里巴巴平台上"新增标签"

第五步，确认并保存，其结果如图 5-17 所示。

图 5-17　阿里巴巴平台上增加标签成功

第六步，进行分类，在"会员关系管理"中，选择"等级设置"，设置会员等级标准，如图 5-18 所示。

图 5-18　阿里巴巴平台上增加标签

5.2.2 客户满意度

1. 客户满意的概念

客户满意（Customer Satisfaction）是20世纪80年代中后期出现的一种经营思想，其基本内容是：企业的整个经营活动要以客户满意度为指针，要从客户的角度、用客户的观点而不是企业自身的利益和观点来分析客户的需求，尽可能全面尊重和维护客户的利益。从消费者价值选择的角度讲，早期消费者遵循理性消费的观念，不但重视产品的价格，更看重产品的质量，"物美价廉"反映出消费者价值选择的标准是"好"和"差"。后来，消费者的价值选择更多地受到感觉的影响，开始注重产品的形象、品牌、设计和使用的方便性、新颖性，对产品价值选择的标准发展为"喜欢"和"不喜欢"。目前的消费者越来越重视产品所带来的感情和心灵上的充实或满足，因而更追求购买与消费过程中的满足感，其价值选择的标准演变为"满意"与"不满意"。

客户满意是客户对某种产品或服务可感知的实际体验与他们对产品或服务的期望值之间的比较。满意度是客户满意的程度的度量。由此可见，客户的满意度是由客户对产品或服务的期望值与客户对购买的产品或服务所感知的实际体验两个因素决定的。

顾客购买满意后再来购买

从上面的定义可以看出，客户满意是指客户通过对一个产品或服务的可感知的效果，与他的期望值相比较后形成的愉悦或失望的感觉状态。它是一种客户心理反应，而不是一种客户行为。

从理论上说，客户满意可分为三种类型：不满意、满意和高度满意。如果可感知效果低于期望值，客户就会不满意；如果可感知效果与期望值相等或略大于期望值，客户就会感到一般满意；如果可感知效果超过期望值许多，客户就会感到高度满意。可以用图5-19来表示这种关系，假设客户对产品或服务的期望值为Q_0，客户对产品或服务所感知的实际体验为 Q_2，则客户可感知效果与期望值比较的结果为不满意、一般满意或者高度满意三种。

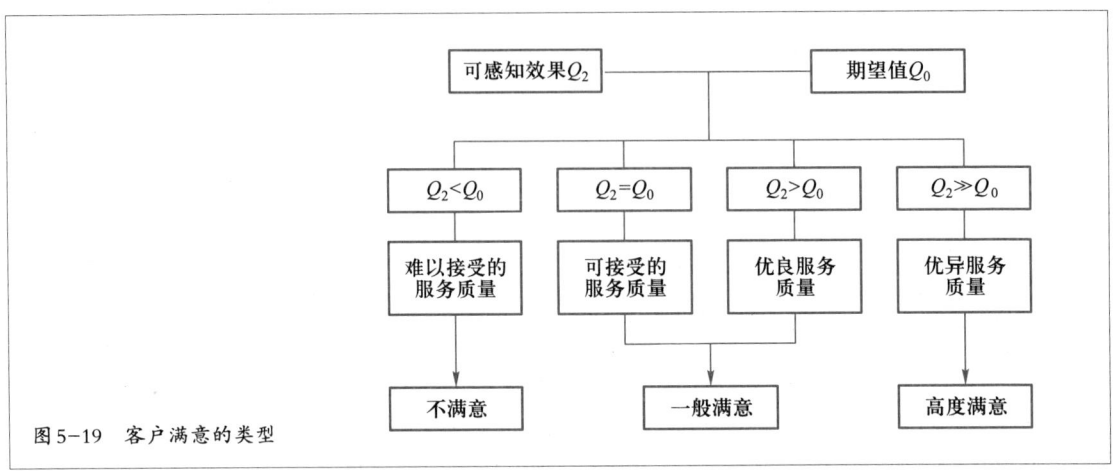

图 5-19 客户满意的类型

对企业来说，不满意的客户下次将不会再购买企业的产品，一般满意的客户一旦发现有更好或更便宜的产品后也会很快地更换品牌，只有高度满意的客户才有可能成为企业的忠诚客户。因此，现代企业把追求客户的高度满意作为自己的经营目标，以培养客户对品牌的高度忠诚度。营销学泰斗菲利普·科特勒甚至认为"市场营销就是指在可盈利的情况下创造客户满意"。

可口可乐的一次满意度调查

2010年，可口可乐公司进行了一次客户调查。调查是在对公司有抱怨的客户中进行的。下面是那次调查的主要发现：

对公司的反馈完全满意的人们向4~5名其他人转述他们的经历。

10%对公司的反馈完全满意的人会更多地购买可口可乐公司的产品。

那些认为他们的抱怨没有完全解决好的人向9~10名其他人转述他们的经历。

在那些觉得抱怨没有完全解决好的人中，只有1/3的人完全抵制公司产品，其他45%的人会减少购买。

案例思考题：

1. 如何看待可口可乐公司顾客的这种口头传播所反映的客户关

系状况?

答：企业同客户的行为和感受是相互的。客户对企业有好的感受便更有可能触发相应的购买行为，相互强化和促进之后便会产生良好的客户关系；如果客户对企业有购买行为，但具有很坏的感受，那么就有可能停止未来的购买行为。

2．可口可乐公司针对客户抱怨所做的客户满意度调查和调查结果，对其CRM有何意义？

答：企业与客户的关系不是静止的、固定的，它是一种互动的学习型关系，企业与客户之间要进行互动的沟通和交流，互相了解和影响，并能够在接触过程中进行学习从而更好地了解客户并提供更适合的产品或服务。

3．可口可乐公司体现的是何种营销观念，其值得总结的经验有哪些？

答：可口可乐公司体现的是一种关系营销的观念，关系营销是建立在以客户为中心的基础之上的，关系营销的核心是关系，企业通过建立双方良好的互惠合作关系获利。关系营销强调充分利用现有资源来保持自己的各类客户，把建立与发展同相关个人及组织的关系作为企业市场营销的关键变量，从而把握了现代市场竞争的特点。

4．除上述调查外，可口可乐公司的CRM工作还应当进行哪些调查和处理工作？

答：除上述调查外，可口可乐公司的CRM工作还应当进行客户忠诚度分析：

（1）要明确客户的忠诚级别。

（2）分析影响客户忠诚的因素，影响态度忠诚的因素主要包括：客户的满意程度、情感因素的影响和对公司品牌的信任程度；影响行为忠诚的因素包括习惯性购买的行为和与公司交易的历史状况。

2. 影响客户满意的因素分析

影响客户满意的因素是多方面的，涉及企业形象、产品、营销与服务体系、企业与客户的沟通以及客户关怀等各种因素。其中任何一个方面给客户创造了更多的价值，都有可能增加客户的满意度；反之，上述任何一个方面客户价值的减少或缺乏，都将降低客户的满意度。根据"木桶原理"，一个木桶所能装水的最大限度，由其最短的一块木板所决定。同样，一个企业能够得到的最大的客户满意度，由其工作和服务效率最差的一个环节或部门所决定。也就是说，企业要达到客户的高度满意,必须使所有的环节和部门都能够为客户创造超出其期望值的价值。

影响客户满意的因素可归结为以下五个方面:

(1)企业因素

企业是产品与服务的提供者,其规模、效益、形象、品牌和公众舆论等在内部或外部表现的东西都影响消费者的判断。如果企业给消费者一个很恶劣的形象,很难想象消费者会考虑选择其产品。

(2)产品因素

产品因素包含四个层次的内容。首先是产品与竞争者同类产品在功能、质量、价格方面的比较。如果有明显优势或个性化较强,则容易获得客户满意。其次是产品的消费属性。客户对高价值、耐用消费品要求比较苛刻,因此这类产品难以取得客户满意,但一旦客户满意,客户忠诚度将会很高。客户对价格低廉、一次性使用的产品要求较低。再次,产品包含服务的多少。如果产品包含服务较多,则难以取得客户满意,而不含服务的产品只要主要指标基本合适,客户就容易满意。但如果其产品与其他厂家差不多,客户也很容易转向他处。最后,产品的外观因素,比如包装、运输、配件等,如果产品设计得精致,有利于客户使用并能体现其地位,会使客户满意。

(3)营销与服务体系

企业的营销与服务体系是否有效、简洁,是否能为客户带来方便,售后服务时间长短,服务人员的态度、响应时间,投诉与咨询的便捷性等都会影响客户满意度。同时,经销商作为中间客户,有其自身的特殊利益与处境。企业通过分销政策、良好服务赢得经销商的信赖,提高其满意度,能使经销商主动向消费者推荐产品,解决消费者一般性的问题。

(4)沟通因素

厂商与客户的良好沟通是提高客户满意度的重要因素。很多情况下,客户对产品性能不了解,造成使用不当,需要厂家提供咨询服务;客户因为质量、服务中存在的问题要向厂家投诉。与厂家联系如果缺乏必要的渠道或渠道不畅,容易使客户不满意。

(5)客户关怀

客户关怀是指不论客户是否咨询、投诉,企业都主动与客户联系,对产品、服务等方面可能存在的问题主动向客户征求意见,帮助客户解决以前并未提出的问题,倾听客户的抱怨、建议。通常客户关怀能大幅度提高客户满意度。但客户关怀不能太频繁,否则会造成客户反感,适得其反。

客户满意的影响因素

追公车感受体会各不同

在烈日炎炎的夏日，当你经过一路狂奔，气喘吁吁地在车门关上的最后一刹那，登上一辆早已拥挤不堪的公交车时，洋溢在你心里的是何等的庆幸和满足！而在秋高气爽的秋日，你悠闲地等了十多分钟，却没有在起点站"争先恐后"的战斗中抢到一个意想之中的座位时，又是何等的失落和沮丧！

同样的结果——都是搭上没有座位的公交车，却因为过程不同，在你心里的满意度大不一样，这到底是为什么？

问题的答案在于你的期望不一样。

① 客户满意度是一个相对的概念，是客户期望值与最终获得值之间的匹配程度。

② 客户的期望值与其付出的成本相关，付出的成本越高，期望值越高。公交车的例子中付出的主要是时间成本。

③ 客户参与程度越高，付出的努力越多，客户满意度越高。所谓越难得到的便会越珍惜，因为你一路狂奔、因为你气喘吁吁，所以你知道"搭"上这趟车有多么不容易，而静静地等待却是非常容易做到的。

电子商务中客户是否满意的表达方式一般是售后给店家的一个评价，如好评、中评、差评。另外还有评分，一般满分为五分，如图5-20所示。

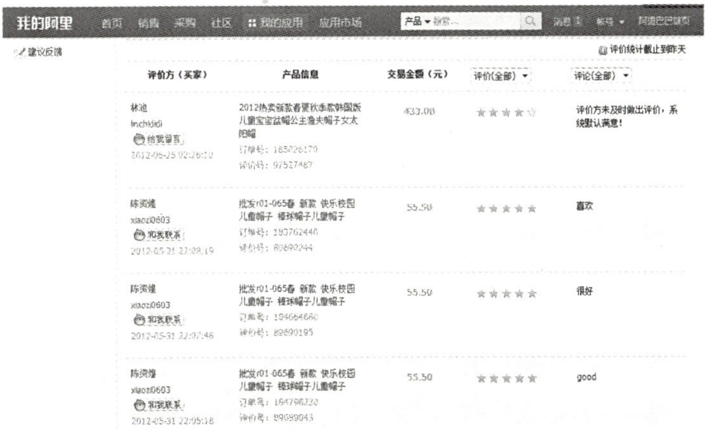

图5-20 顾客对产品的评价

评价管理操作有如下几个步骤。

第一步，查看已卖出的货品，如图5-21所示。

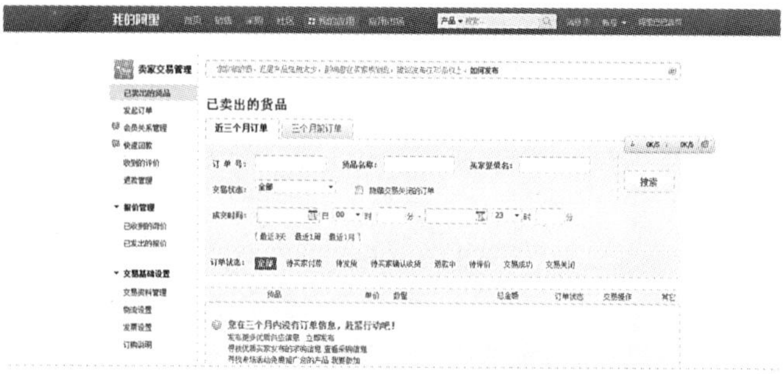

图5-21 已卖出产品

第二步，看客户给出的评价，如图5-22所示。

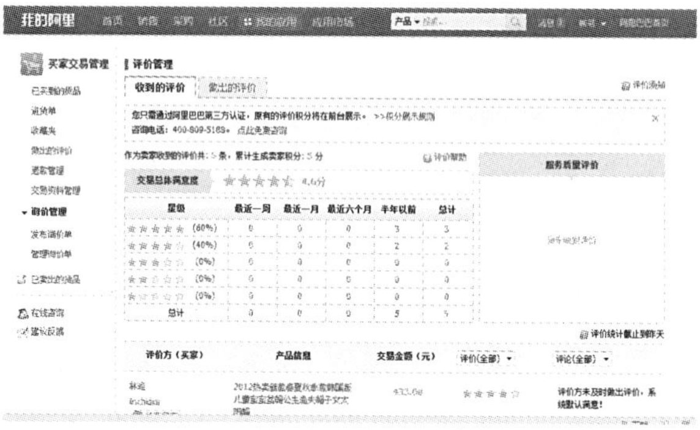

图5-22 客户对公司的评价

第三步，给完成交易的客户做出评价，这是对买家的尊重，也是进一步拉近双方关系的一种方式，如图5-23所示。

图5-23 对买家的评价

一般客户在购物时从购物网页上能看到以前客户的评价和卖家对买家的评价，如图5-24所示。

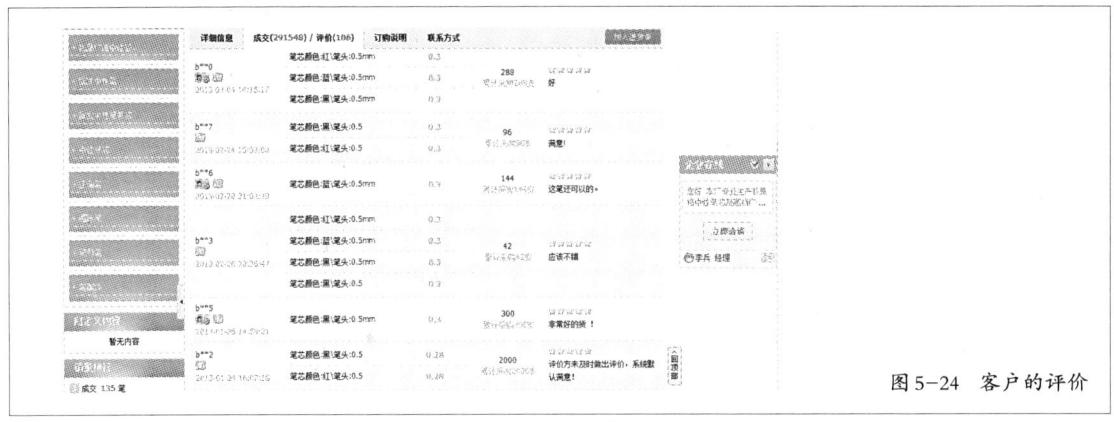

图5-24 客户的评价

很多客户通过前面买家的评价来决定购买行为。如果出现对产品负面的评价，其杀伤力远远大于产品介绍页面的千言万语。图5-25~图5-27为几个女士打底裤的差评。

图5-25 客户对公司的差的评价1

图5-26 客户对公司的差的评价2

图5-27 客户对公司的差的评价3

相信看到这些评价的客户，在买之前都要认真考虑一下。

在出现这些不好的评价的时候，应该首先检查一下是不是我们企业的运行状态出现问题，如果是企业自身的问题，还是先做好自己的本职工作，对于出现的失误向客户表示道歉，对客户的损失予以补偿，在获得客户理解情况下，争取让客户改评价。

5.2.3 客户忠诚度

客户忠诚被认为是企业取得长期利润增长的途径。因为取得新客户的成本是非常高的，包括广告、销售、开创新业务及客户学习过程的成本，而保留客户的成本仅包括维系服务的成本和沟通成本，这种成本呈不断下降的趋势。保留客户，通过客户不断购买产品并将产品推荐给其他人，促进企业收入的增长，且客户的价值随着时间的推移而不断增长。据估计，企业争取一个新客户的成本是保留一个老客的5倍，留住5%的客户有可能会为企业带来100%的利润。所以，企业要不断提高自身的服务效率，完善服务方式，通过让客户满意逐步培养起客户的忠诚，从而为企业带来新的收益。

忠诚的大臣诸葛亮辅佐刘备打天下

1. 客户忠诚的概念

客户忠诚（Customer Loyalty）是指客户对某一特定产品或服务产生了好感，形成了偏爱，进而重复购买的一种行为趋向，客户忠诚实际上是一种客户行为的持续性。客户忠诚度是指客户忠诚于企业的程度。客户忠诚表现为两种形式，一种是客户忠诚于企业的意愿，另一种是客户忠诚于企业的行为。一般的企业往往容易将两种形式混淆起来，其实这两者具有本质的区别，前者对于企业来说本身并不产生直接的价值，而后者则对企业来说非常具有价值。道理很简单，客户只有意愿，却没有行动，对于企业来说没有意义。企业要做的，一是推动客户从"意愿"向"行为"的转化，二是通过交叉销售和追加销售等途径进一步提升客户与企业的交易频度。

产生客户忠诚的因素主要包括以下四点：产品和服务的特性、避免购买风险、降低客户的相关购买成本、符合客户的心理。

客户忠诚度可以从以下几个方面进行衡量。

（1）客户重复购买的次数

在一段时间之内，客户对某一种产品重复购买的次数越多，说明客户对该产品的忠诚度越高。对于产品多元化的企业而言，客户重复性地购买同一企业品牌的不同产品，也是一种忠诚度高的表现。

（2）客户购买量占其对该产品总需求的比例

这个比例越高，表明客户的忠诚度越高。

（3）客户对企业产品或品牌的关心程度

客户通过购买或非购买的形式，对企业的商品和品牌予以关注的次数、渠道和信息越多，其忠诚度也就越高。必须指出的是，客户的关心程度与购买次数并不完全相同，例如一些品牌的专卖店，客户可能经常会光顾，但是并不一定每次都会购买。

（4）客户购买时的挑选时间

一般而言，客户挑选产品所用的时间越短，表明其忠诚度越高。

（5）客户对产品价格的敏感程度

客户对价格的敏感程度越低，忠诚度越高。客户对产品价格的敏感程度可以通过侧面来了解，例如公司在价格调整以后，客户的购买量的变化，其他的反应等。此外，在运用这一标准的时候，需要结合产品的供求状况、产品对于人们的必需程度以及产品市场的竞争程度等因素综合考察。

（6）客户对竞争产品的态度

人们对某一品牌的态度变化，大多是通过与竞争产品的比较而产生的，如果客户对竞争产品表现出越来越多的偏好，表明客户对本企业的忠诚度下降。

（7）客户对产品质量事故的承受能力

客户对产品或品牌的忠诚度越高，对产品出现的质量事故也就越宽容。

（8）客户对产品的认同度

客户对产品的认同度是通过向身边的人士推荐产品或间接地评价产品表现出来的。如果客户经常向身边的人士推荐产品，或在间接的评价中表示认同，则表明其忠诚度较高。

客户忠诚是企业发展、受益，并最终盈利的关键所在。一般来说，忠诚客户给企业带来的效应，主要表现在以下几方面：

① 销售量上升。忠诚客户都是良性消费者，不会刻意追求价格上的折扣。

② 加强竞争地位。忠诚客户会排斥企业竞争对手的产品，使企业在市场上的地位变得更加稳固。

③ 减少营销费用。忠诚客户常常会以口碑进行推荐，给企业带来新客户，从而降低企业吸引新客户的成本。

④ 有利于新产品的推广。忠诚客户会很乐意尝试企业的新业务

并向周围的人介绍，有利于企业拓展新业务。

2. 提高客户忠诚度的要点

忠诚客户所带来的收益是长期并具有累计效果的。一个企业的忠诚客户越多，客户对企业保持忠诚的时间越久，客户为企业创造的价值就越大，企业所获得的利益也就越多。因此，现代企业不仅要使客户满意，还要努力培养客户的忠诚度，使更多的满意客户进一步升级为忠诚客户。提高客户忠诚度的要点有：

① 正确选择培养目标。
② 提供特色服务。
③ 加强与客户的沟通。
④ 妥善处理客户抱怨。

3. 客户满意度和客户忠诚度的关系

大量的研究表明，客户满意度和客户忠诚度之间存在着如图5-28所示的关系。

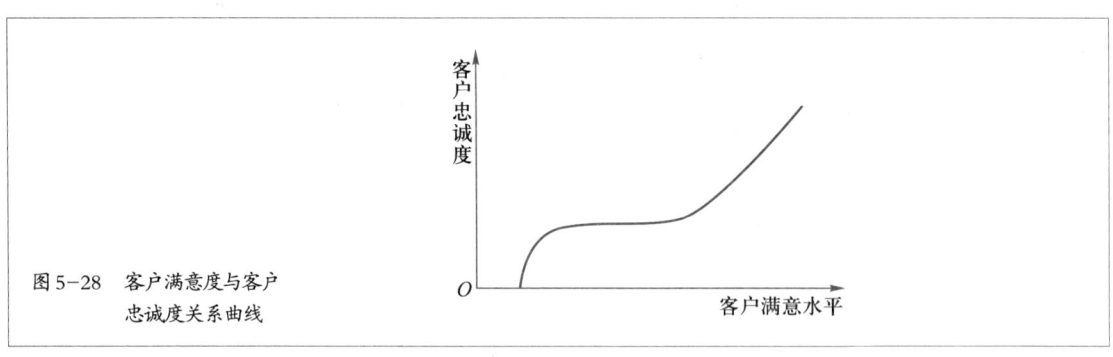

图5-28 客户满意度与客户忠诚度关系曲线

从图5-28中可以看出，客户满意度与客户忠诚度关系曲线上有一段较为平缓，客户满意度的提高并没有使忠诚度得到相应的提高，这一阶段即为高满意度低忠诚度的情况。而在图5-28的右上端，客户满意度和客户忠诚度呈现出近似线性的关系，而且斜率很大，客户满意度上升或是下降都会引起客户忠诚度的巨大变化。造成这一现象的原因是，客户的期望是由基本期望和潜在期望构成的，当客户的基本期望的满意度达到一定程度，客户忠诚就会随着满意度的提高而提高，但是这种满意度对客户忠诚的边际效用是递减的。尤其是客户忠诚度上升到平均忠诚度（行业平均水平的产品和服务所激发的客户忠诚度）附近，不管企业采取何种措施提高客户满意度，客户忠诚度的变化都不大。这是因为基本期望对客户而言需求层次比较低，其他供应商也能提供类似的价值，因此客户很难做出不满意的评价却缺乏再次购买的热情。但是当客户从产品或服务中获得了意想不到的价值（包括物质、心理、精神几个方面的价值），满足了自己的潜在期望时，客户就会感到高度满意，在下次购买时，为了再次体验到这种感觉，客户很可能仍然选择同一品牌。经过多次重复购买，客户对该产品或服务逐渐产生信任和依赖，形成长期的忠诚。

休眠客户激活

A会所的困惑

A是一家颇具规模的美容会所。该美容会所地理位置优越，会所周边有学校、政府机关、企事业单位、银行、特色商店等，是一个有着小资、时尚定位的人群密集的区域。几年来的经营过程中，该会所经营思路较正确，不断引进先进美容设备，增加新的服务项目，至今已拥有包括纤体、美容、健身、针灸理疗等多个项目，尤以纤体和健身闻名。总的来讲，在美容行业竞争日益激烈的情况下，还是取得了不错的业绩，在业界和消费者心目中也树立了较好的形象。但是，老板王女士近来却忧心忡忡，她发现有两个问题越来越严重：

① 经营中新的项目不断推出，新老客户也都比较拥护，营业额上去了，但利润却徘徊不前；

② 会所生意非常好，员工积极性也相当高，但消费者的满意度却没有提高，甚至出现客户流失的现象。

王女士十分担心，这两大问题如果无法尽快得到有效解决，势必将影响到会所未来的发展。

问题：假如你是王女士，如何解决以上两个问题？

答：① 精耕细作，努力提高客户的感知价值。a. 精心布置店堂环境。b. 承诺并公开所用物料的品牌档次。c. 降低客户的感知成本。d. 恰如其分的广告宣传。

② 搜集客户信息。

③ 计算客户的商业价值并进行客户分组，根据客户商业价值进行分类管理。主要包括：a. VIP客户和主要客户的客户关系管理。b. 普通客户的客户关系管理。c. 小客户的客户关系管理。

④ 依据客户有效投入资源，提高运行效益。需要注意的是，提高客户满意度和忠诚度，并不是指一定要提高所有客户的满意度和

> 忠诚度。正确的做法是，在对客户进行细分的基础上，采取有针对性的策略，最大限度地让更有价值的客户满意，而不是取悦所有的客户。例如，瑞典银行组织实证性研究表明：客户满意水平很高，但企业却没有盈利。在研究了客户的存贷行为，并将收入、利润同成本比较后，他们发现，80%的客户并不具有可盈利性，而这类客户对从银行获得的服务却很满意；另一方面，20%的客户几乎贡献了银行利润的100%，但这类客户对银行的服务不满意。所以，银行采取措施努力改善对可盈利客户的服务，并取得了极好的效果。

网络顾客忠诚体现在两个方面：一是购买的金额，二是购买的频率。在客户关系管理界面中可以很清楚地了解到这些信息，如图5-29所示。

图5-29 阿里巴巴平台上看到的顾客的忠诚情况

5.3 客户价值分析

5.3.1 客户价值分析内容

在营销领域，客户价值（Customer Value）已经成为一个非常时髦的术语。许多企业也将客户价值视为一种基本的战略导向。企业界普遍认为，增加客户价值是实现利润增长和提高企业总体价值的关键。但是，对于价值概念的理解，目前营销界和学术界存在多种不同的看法，有些看法之间甚至存在着严重抵触，很可能引起战略应用上的误区。因此，有必要对客户价值的内涵进行深入的探讨，澄清不同的观点，以便更好地指导企业战略的制定和实施。

1. 客户价值的方向定位

目前，在使用客户价值的概念时，主要有两个方向：企业为客户创造或提供的价值和客户为企业创造的价值。显然两个价值的内涵是截然相反的，因此，要理解客户价值的内涵，首先必须搞清楚客户价值的方向定位，即客户价值到底是对谁的价值——是企业为客户创造的价值，还是客户为企业创造的价值。不同方向的价值定义带来的营销策略可能完全不同。如果混淆向客户传送的价值和从客户那里获得的价值，可能会导致决策的失误。

在大多数学者，如克里斯托弗、格朗鲁斯、赫斯凯特（Heskett）、尼尔森（Nilson）、门罗（Monroe）、伍德罗夫（Woodruff）等的研究中，客户价值更多地被认为是企业为客户创造的价值，即客户对企业提供的产品与服务给他带来的价值的判断。与此相对应，将"客户为企业带来的价值"归结为"关系价值"，即"企业维持与客户的关系，能够为企业带来的价值"。客户价值和客户关系价值从不同角度对客户价值进行描述，共同构成客户关系管理的两大价值支柱。

在客户关系管理中，价值一直被视为十分重要的因素。如果某个企业能够向客户提供超凡的价值，无疑也就拥有了新的差别化竞争优势。再则，通过增加核心产品或服务的价值，无疑能够提高客户满意度，赢得客户忠诚。

客户价值

2. 客户价值的定义

由于目前对客户价值的看法过于分散，很难找出一个合理的

挽救流失客户

定义能将所有的观念囊括在一起。为了探索客户对价值的看法，许多学者做了大量的实证研究，如加德尔、雷启斯（Richins）、伍德罗夫、熊曼、克里蒙和约瑟曼等。伍德罗夫归纳总结了这些实证结果，从客户的角度对客户价值（Customer-Driven Concept of Customer Value）定义如下：

客户价值是客户对产品属性、属性效能以及使用结果（对实现客户目标和初衷的促进或阻碍）的感知偏好和评价。

这个定义不仅综合考虑了客户的期望价值和实现价值，而且强调价值来源于客户感知、偏好和评价，同时也将产品与使用环境和相应的客户感知效果紧密地联系起来，抓住和反映了客户价值的本质。

3. 客户价值分析内容

客户价值分析就是在理解客户价值内涵的基础上，动态地监控客户价值的发展趋势，为更好地实现客户价值管理提供有效的信息支持。在有关客户价值分析的研究中，最著名的莫过于盖尔所提出的客户价值分析工具，该模型首次出现在盖尔的《管理顾客价值》一书中，尔后频频被引用，几乎成了客户价值分析的标准。在本节中，将重点讨论盖尔的客户价值分析模型。

在《管理顾客价值》一书中，盖尔提出了7种客户价值分析工具，包括：市场感知质量水平；市场感知价格水平；客户价值图；得失（Win/Lost）分析；客户价值分析对照图（Head-to-head Area Chart）；关键事件表；What／Who矩阵。其中，尤为重要的是前三种客户价值分析工具，直接与当今普遍接受的客户价值内涵相吻合。因此，本节将结合有关方面的研究发展动态，重点描述前三种分析工具。

（1）市场感知质量水平

通过对客户价值内涵的探讨，我们知道感知质量水平对形成感知价值的重要性。在盖尔的客户价值分析模型中，市场感知质量分析同样是客户价值分析的核心。

根据盖尔提出的模型，对市场感知质量水平的测量主要有三个步骤：

第一步，采用小组调查（Focus Group）或其他形式，召集目标市场的客户（既包括本企业的客户，也包括竞争对手的客户），要求他们列出除价格以外的其他影响购买决策的重要质量因素。

第二步，确定不同质量属性在客户决策中的权重。最简单的方法就是让客户根据各质量因素在决策中的重要性打分，然后再汇集不同客户的看法，形成一套统一的权重。

第三步，选择那些对本企业和竞争对手企业都十分了解的客户（既包括本企业的客户，也包括竞争对手的客户），征询他们对本企业和竞争对手在各质量属性上的评价，然后用客户对本企业每一个属性的评分除以竞争对手相应的得分，得到本企业在各属性上的业绩比率。最后，根据各属性的权重，算出所有质量属性的加权平均值，就可以获得一个总体的市场感知质量水平。

事实上，在某个行业中，每个企业往往都有自己的特色，通常在某个质量水平上处于领先，因此，市场感知质量水平在很大程度上将取决于不同的评价标准和权重体系，说到底就是由客户的感知偏好决定的权重水平。以高档汽车为例，宝马汽车在驾驶性能上首屈一指，而凯迪拉克却宽敞、舒适，凌志汽车的故障率十分低。如果客户看重驾驶性能，则在决策时将赋予其较高的权重。因此，对于不同的目标客户群而言，对质量的感知方式和标准是不同的。客户关系管理的一个重要目的就是区分具有不同感知偏好和特性的客户群，针对不同的客户群采用定制化的策略，全面地满足其要求，实现客户价值的最大化。

（2）市场感知价格水平

市场感知价格水平主要用于评估客户对获得某种产品或服务的一种感知付出。在盖尔的模型中，市场感知价格水平也是客户价值分析的重要工具之一。事实上，市场感知价格水平的测评与市场感知质量水平的测评相似，唯一不同的地方是让客户列出影响成本感知的因素，而不是影响质量感知的因素。在获得成本感知因素的基础上，要求客户分别列出不同因素的权重，并评价竞争对手在每一个价格因素上的感知水平。

在某些价格构成要素十分清晰的行业，可能无需评价市场感知的价格水平，但是在大多数行业，评价市场感知价格水平十分重要。表5-2以豪华汽车为例，阐明了如何评价市场感知价格水平。

表5-2　测评市场感知价格水平

价格满意属性	重要性权重	满意度	
		品牌A	其他品牌
购买价格	60	9	7
赠品折价	20	6	6

续表

价格满意属性	重要性权重	满意度	
		品牌A	其他品牌
转售价格	10	9	8
供款率	10	7	7

价格满意度　　　　　　　　　　8.2　　　　　　　6.9
价格竞争力指数　　　　　　　　1.19
相对价格比率　　　　　　　　　0.84

表5-2中,市场对品牌A的价格满意度是8.2,而对其他品牌的满意度是6.9,因此,相对其他品牌而言,品牌A更具竞争性(竞争力指数为1.19),而相对价格比率为0.84,意即在消费者的心目中,品牌A的价格水平低于其他品牌。

通常,质量领先的供应商所提供的产品往往价格较高(溢价)。如果感知的溢价水平大于实际的溢价水平,则质量领先者必须采取措施让客户明白——实际的价格差距并非他们所想象的那么大。

不过,对企业而言,最重要的是确保产品的高质量。如果一个企业的产品具有较高的市场感知质量水平,即使价格较高,也足以为客户创造领先的价值水平。

(3)客户价值图

客户价值图是盖尔的客户价值分析模型中最为直观的工具,它清楚地描述了客户在选择供应商时的决策因素。客户价值图的绘制是在测评市场感知质量水平和市场感知价格水平的基础上进行的。图5-30是以豪华汽车为例,根据收集的相关数据绘制的客户价值图。

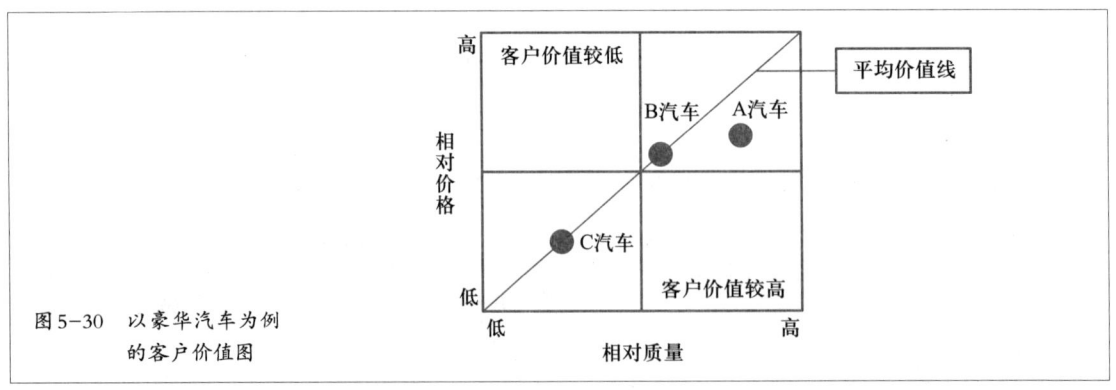

图5-30　以豪华汽车为例的客户价值图

客户价值图是一种功能非常强大的工具。通过绘制客户价值图,企业可以清楚地了解自己及竞争对手的市场定位，有效地制定客户价值战略，为客户创造更大的感知价值，扩大企业的销售量。当企业处于平均价值线右下方时，往往具有较高的客户感知价值，因此更容易获得市场份额。如果某个品牌或产品处于左下象限，则意味着低质低价，右下象限意味着高质低价，右上象限意味着高质高价，而左上象限意味着低质高价。

在图5-38中，尽管客户认为A汽车的价格高于其他品牌如B和C，但同样认为其在质量方面优于其他品牌。换句话说，客户对A汽车的感知质量高于其他品牌，因此，A汽车被放在平均价值线的下方和客户价值图的右上象限（高质高价），表明其为客户创造的价值高于其他品牌的汽车。

此外，客户价值图不仅可以用于比较不同企业之间的感知价值水平，还可以用于比较同一企业内部不同产品或服务的价值定位。在一个企业内部的业务组合中，某些业务可能获得了大量的价格溢水，但是缺乏高感知质量的支撑；而其他业务可能具有较高的市场感知质量，本可以获得较高的价格溢水，但实际的市场价格偏低。客户价值图可以给高层管理者一个总体的业务组合描述，使其可以据此调整和修正业务组合战略，实现客户价值最大化与企业利润最大化之间的均衡。

盖尔的前三种工具由于使用简单和内涵明了，在客户价值分析中得到了广泛的应用，几乎成了客户价值分析的标准。事实上，其他四种分析工具在客户价值分析中同样十分重要，不过由于操作上较为复杂，因而企业较少采用。通过"得失分析"，企业可以了解客户选择或放弃本企业产品或服务的原因，找出客户的价值感知因素，分析自己的产品或服务相对于竞争对手的优势和不足，从而更有针对性地改善为客户创造的价值。而客户价值分析对照图则是用图形的方式来描述本企业在哪些价值因素上比竞争对手做得好，哪些方面比竞争对手做得差，据此调配企业的资源，以改善业绩、提高客户感知价值。

5.3.2 客户价值分析的几种模式

1. 客户价值的层次模型

为了说明客户价值的本质内涵，伍德罗夫还提出了一个客户价值的层次模型，如图5-31所示。

客户价值的层次模型表明了客户对期望价值的感知方式。在最

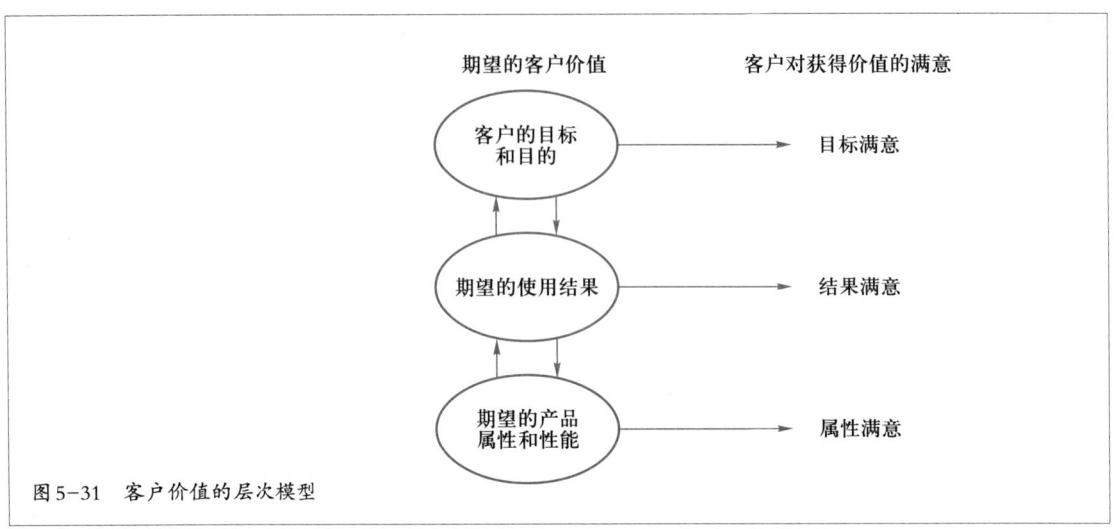

图 5-31　客户价值的层次模型

底层，客户将产品看做是特定属性和属性效能的结合体。在购买和使用产品时，客户根据特定产品属性对实现期望结果的贡献形成一种期望和偏好，反映在客户价值上就是使用和拥有价值。同时，客户也根据产品属性对实现自身目标和目的的贡献，形成对特定使用结果的期望。此外，客户的使用情形在评估过程和期望形成过程中都发挥着重要作用。如果使用情形发生变化，产品属性、结果和目标之间的联系同样会发生变化。例如，就互联网服务而言，工作使用中所形成的价值层次结构完全不同于家庭娱乐使用中的。

2. 客户价值与客户满意度

（1）客户价值与客户满意度之间的关系

从客户价值的定义中，我们不难发现，客户价值与客户满意度之间存在着很强的内在联系。两者都是对产品的评估性判断，都十分看重使用情形。二者在含义上存在着一定的重叠，图 5-32 反映了客户价值与客户满意度之间的关系。

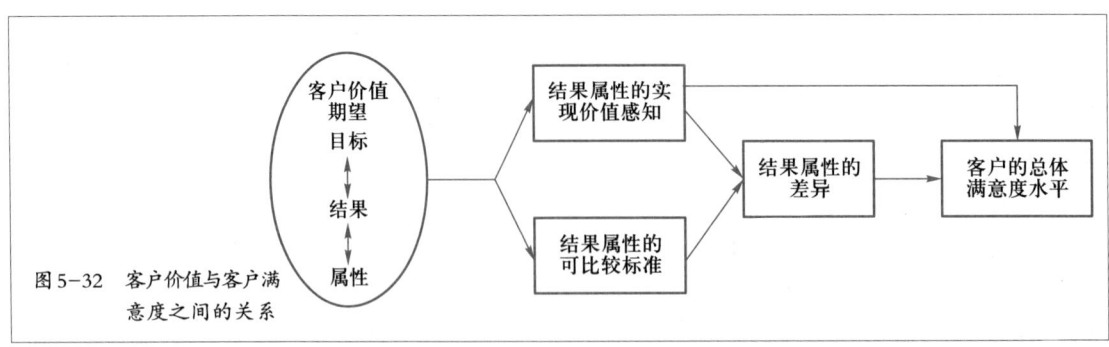

图 5-32　客户价值与客户满意度之间的关系

客户的总体满意度水平是客户对产品的使用经历的总体评价。

研究表明，在购买行为发生之前，客户的价值感知直接影响着购买意图或重复购买意图的形成，而在购买行为发生之后，由于客户拥有大量的消费经验，客户的效用评价对未来行为意图的影响将部分或全部通过客户满意程度来传递。

客户在进行评价时，先根据过去的或现在的经验，明确自己期望的价值。从客户价值层次模型中，我们不难看出，期望价值是由对一些特定、可衡量维度的偏好组成的，如产品属性、属性效能和与特定使用情形的目标紧密联系的结果。反过来，期望价值指导客户形成对特定使用情形下产品效能的感知，即评价在这些属性上的使用经历、属性效能和结果。实现价值可能会直接形成一个总体满意水平，或者与相应的标准进行比较，形成感知差异，从另外一个角度影响总体满意水平。

（2）客户让渡价值

从以上分析可以看出，客户价值与客户满意度之间存在着直接的联系。但是，要说明客户满意度是由什么决定的，还需要借助于科特勒提出的客户让渡价值的概念。

客户让渡价值（Customer Delivered Value）是指客户总价值与客户总成本之间的差额。其中，客户总价值（Total Customer Value）是指客户购买产品或服务时所获得或期望获得的利益总和，包括产品价值、服务价值、消费活动的价值和潜在价值等；客户总成本（Total Customer Cost）是指客户为购买该产品或服务消耗的货币成本、时间成本、精神成本和体力成本等。

客户总是希望获得的购买总价值最高而购买总成本最低，也就是说，客户将从那些他们认为提供最高客户让渡价值的企业购买产品或服务。因此，企业只有实现了客户的让渡价值，并使客户让渡价值不断增加，才能赢得最大限度的市场份额，并使客户的满意度得到不断的提高。

（3）客户价值与竞争优势

根据客户价值的定义和内涵，如果客户从某种产品或服务中获得的收益大于所支付的成本，则认为该产品或服务是能够为客户创造价值的。如果某个供应商为客户创造的价值远远高于竞争对手为客户创造的价值，无疑可以赢得大量客户，从而为自己营造超凡的竞争优势。换句话说，如果企业能够创造非凡的客户价值，就拥有了维持长期收益的基础，这就是客户价值对形成竞争优势的意义所在。

根据德易（Day）和温斯利（Wensley）的观点："为客户创造并传递超凡的价值是实现卓越绩效的基础。"如前文所述，产生客户价值的来源很多，如产品质量和新产品开发技能等，而客户价值所带来的企业绩效却主要表现在客户满意度和销售业绩增长上。高质量的产品或服务以及不断创新的开发技能，无疑可以推动客户满意度的不断升级，促进客户对企业的忠诚，有效地实现客户挽留，减少客户叛逃。因此，许多企业不断地测评客户满意度，监控客户挽留水平，从而客观地评价本企业的业绩，有效地管理自己的业务。

此外，超凡的客户价值还可以为企业带来比竞争对手更快的销售增长，因此，相对的销售增长也可以用于评价企业的客户价值的创造水平。如果企业创造的客户价值高于竞争对手，则销售增长的速度必然会快于竞争对手；反之亦然。因此，客户价值逐渐成为理论界和企业界关注的焦点，基于客户价值的竞争优势也逐渐成为一些先进企业的竞争利器。

"小康之家"的客户营销

当"小康之家"邮购公司的系统中"库存"了800万客户的信息的时候，他们并没有盲目地让800万邮购目录"倾巢出动"，而是明确意识到，在庞大的数据库中，并不是所有人都能成为客户，都能够为公司带来利润。相反，很可能其中一大部分是在消耗着公司的成本而不创造任何利润。企业要做的就是将"海量"客户中最有价值的那部分筛选出来，并让他们的价值最大化。

在"小康之家"的ERP系统中，高价值、低价值、负价值的客户被形象地分为热、温、冷等区域，并标注上不同颜色。每次发放邮购目录前，系统都会根据顾客购物时间的远近、购物次数、金额、种类等指标，进行目标客户的筛选与分析。

如何进行客户分析呢？"小康之家"会分析客户循环消费的频度，客户是每月邮购一次，还是每季或一年一次。循环消费的频度越高，客户潜在的价值增长就越大。再比如增量消费额及购买率，客户每次购买某种产品或服务的金额是多少，增量购买率有多高，这都关系着客户的潜在价值增长状况。

另外，除了以客户的消费额度做参考之外，"小康之家"还特别注意到，理解客户持续价值，不仅要分析客户为本公司带来的实际货币收入，还要考虑客户给予公司的其他形式的回报。比如，如果客户向其亲朋好友主动宣传和推荐"小康之家"，由于客户的义务宣传，公司的销售费用降低、营销效率提高，因此，即使推荐者本身光顾的频率不高，但由于推荐购买率的增加，"小康之家"销售额和利润有所增加，"转介绍"的重要角色使得这种客户的忠诚度所形成的口碑效应会更大，那么这类客户也属于高价值型客户。因此，"小康之家"对这类为企业口碑传播带来影响的客户也非常重视。

基于客户分析，"小康之家"每期发放的目录对象既不是它全部数据库的800万份，也不是14年来累积的250万有实际购买行为的有效客户。每期的数量是不一样的，几万份到几十万份都有，每年至少有50万名客户该年能收到一次目录，这样就大大降低了因无效发放目录而带来的印刷成本、邮递成本，尤其是高端产品目录。高端产品目录制造成本高，因此发放多少本、发放给哪些客户、什么时候发放，都要控制好。"小康之家"会在系统中选出以前曾有过高端产品消费记录的客户发放。

此外，对于处在"热"带的客户，"小康之家"更给予额外的优惠政策，比如除了折扣和赠品，更重要的是根据长期分析购物记录得出的结果，为他们提供"专属"目录。因为如果企业仅仅以折扣和赠品拉拢客户，那么就不具备与其他公司的差异性，客户也同样可以被其他公司拉拢。而"专属"目录中每一件为"这一个"而不是"所有人"选出的产品，则显示出公司对客户的高度重视，客户会因这种"区别待遇"对公司不离不弃。

"小康之家"倾注了更多的心力关怀客户、"笼络"客户以保留住他们。要维系顾客，让其变为自己的终身客户，首先要提供超越期望的服务。消费者要对某一公司产生真正忠诚、信赖直至留下来，必须对产品或服务提供的过程维度和结果维度所涉及的各个要素感到超级满意。公司只有提供给顾客超出预期的产品或服务，不仅仅满足于其期望值，而是动之以情并触及其心灵深处，才有可能在顾客心中建立起真正的忠诚度。如果经营者对此毫不在乎，漫不经心，长此以往，顾客就会渐行渐远。

在"小康之家"，当用户电话打进呼叫中心时，座席员前的电脑会立刻根据来电号码查询出该客户的来电历史记录，并显出其"颜色"，以提示座席员用适宜的语气与用户交谈。面对忠实的老客户，客服人员还会主动询问客户对以前购买的产品是否满意。

2001年，"小康之家"开始给客户寄送新年贺卡和生日信。这种贺信并不是在"通稿"上换个名字罢了，而是针对不同的客户各不相同。2004年，"小康之家"还在服务中增加了电话祝福生日快乐的服务，客户在自己生日当天会收到"小康之家"员工打来的热情洋溢的生日祝贺电话。紧接着，"小康之家"推出了生日目录专刊，专门寄给要过生日的客户，并对客户进行特别的生日礼品优惠和免费小礼物赠送。2004年8月，"小康之家"又尝试在进行电话生日祝福的同时增加提醒服务，如提醒客户为生日准备的特别优惠礼品的购买期限还有多少天等。这种服务措施使客户在第一时间就心情愉快地下了订单，生日目录的反馈率也因此大大提高。在"小康之家"董事长康保乐（Paul Condrell）看来，维系客户就像交朋友，如果长时间不理他了，他自然也不会理你，就不是朋友了。尤其是处于"温"带的客户，再次接触很可能让他们变为"热"带客户。这种接触"小康之家"会通过信件和电话方式进行。

5.4 客户关系的维护

在电子商务产业与市场的不同发展阶段，客户自身可能存在着相当大的差异，而这种差异及由此而导致的关系行为与市场特征的差异，都需要通过具体分析才能获得。企业应该在对所收集的客户信息进行分析的基础上，区分和识别不同客户的特征和行为，分析客户的需求和发展趋势，为满足不同市场和客户的需求而不断改善自己的产品结构，完善销售和服务体系，以便使企业能够在适当的时间，针对特定的客户，推出个性化的产品和服务。

5.4.1 客户分级别维护

1. 客户分级

（1）客户分级的概念

"以客户为中心"并不代表以所有的客户为中心。企业的人力、物力资源总是有限的，有限的资源投入要能够产生最大的产出，就必须把资源投入到最能够产生价值的客户身上。所以，客户应该是分层次的：具有最大价值的客户在最核心的位置，对他们需求的了解和满足也是最重要的；具有次要价值的客户则处于次核心的位置，对他们需求的了解和满足也处于次重要的位置。这就是所谓的"客户分级"的概念。

（2）客户分级的应用

其实，大家看看自己的钱包，就知道"客户分级"这个概念现在的应用已经非常多了。钱包里除了钱，就是形形色色的信用卡、会员卡，大到航空公司、小到餐馆。信用卡有白金卡、金卡、普通卡，各种会员卡也常常分金卡会员、银卡会员，不同级别的卡代表了不同的客户级别，意味着发卡企业将会提供不同的服务，这些都体现了对客户进行分级管理的思想。

（3）进行客户分级管理的条件

只要满足以下三个条件，企业就可以考虑对客户进行分级管理：

第一，客户数量已经超出营销管理者所能管理的幅度。就像企业内部管理存在最佳管理幅度一样，对客户的管理也存在着管理幅度，即管理者能够进行有效的营销管理（主要指销售或者服务）的客户数量。

第二，同一客户可能带来两次或两次以上的销售或服务。如果一个客户的销售或服务机会只有一次，那么客户分级就转变为销售机会分级或服务机会分级，客户的价值也等同于销售机会的价值或服务的价值。

第三，不同客户间的价值差异明显。客户分级的主要目的在于区别出价值大的客户，客户价值的层级差异越明显，客户分级的意义也就越大。反之，如果客户之间的价值差异不大，则客户分级就不必要了。

2. 客户分类的分级

客户分级可能有两种情况，分别是面向已有客户的客户分级和面向潜在客户的客户分级。对于前者而言，可能只有成交的客户才叫客户，才会进入他们的分类体系；对于后者来说，从被企业当做开拓业务和进行销售的对象开始，（潜在）客户就已经被分级了。

分级对象的不同，则企业分级的目的不同、实施分级的部门不同。

（1）为提高客户满意度、忠诚度而进行的分级，主要面向已有客户

某些产品和服务属于一次性建立客户关系，长期进行交易或提

供服务。在这种情况下,企业在经过初创时期大量拓展新客户的阶段之后,更多的精力会花费在存量客户身上。为了区别不同存量客户的价值,保证重点客户重点维护,很多企业会考虑建立客户分级。

实施和应用已有客户分级的部门,主要是企业内的服务性部门,包括以服务为主要交付物的企业中的服务提供部门(如理发店中由最好的理发师为VIP客户提供理发服务),也包括以产品为主要交付物的企业中的商务部门(如保证更短的交货期、提供货到付款等更优惠的商务条款)。

(2)为提高成交概率,保证销售资源利用效率的分级,主要面向潜在客户

某些企业与客户建立关系和达成交易的过程非常复杂,这体现在时间长、参与人员多、资源投入大等多个方面。为了保证资源投入的有效性,避免大量销售投入花费在无效或低产出的客户身上,这些企业可以考虑对潜在的客户进行分级,分析其潜在价值,对重点潜在客户重点攻关,对次要客户一般攻关。

实施和应用潜在客户分级的部门,主要是企业的销售部或市场部(在不同企业,因为提供产品或服务的不同,提供方式的不同,对应的部门的名称也各异)。如果企业与客户的交易只是一次性的,那么对潜在客户的分级就等同于对销售机会或服务机会的分级。如果企业与客户的交易是多次性的,那么为了建立客户关系和达成初次交易而进行的潜在客户的分级,也可能随着成交而变成已有客户的分级。

3. 客户分级方法

客户分级的目的在于区分客户价值,相应的,客户分级的方法通常也基于客户价值分析。

同样是客户分级,面向已有客户的客户分级和面向潜在客户的客户分级的区别,前者通常以客户已经创造的价值为依据,常常有现实的交易数据作为客户价值判断的客观基础,而后者主要以客户未来可能创造的价值为依据,更多的是对客户需求的主观分析。

(1)已有客户分级的几个要素

① 累计销售额。

② 年度/季度/月度平均销售额。

③ 信用状况。

④ 销售利润率。

⑤ 销售额增长率。

（2）潜在客户分级的几个要素

① 企业性质。

② 资产规模。

③ 营业额/销售额。

④ 发展速度。

⑤ 潜在需求。

4. 可能的客户分级管理配套措施。

（1）组织的差异化

客户经理制：客户经理制是客户分级管理的一种重要形式，不同客户的管理差异在于是否有专职客户经理提供长期的、一对一的专业服务，或者在于由不同水平的人员担任不同类别客户的客户经理。

代理制：某些企业可能同时存在代理销售和直接销售两种销售模式，对于中小客户，他们主要通过代理商进行销售和提供服务；而对于大客户，他们则往往通过自己的销售组织和销售人员直接进行销售和提供服务。

（2）流程的差异化

通过差异化的流程来为不同级别客户提供差异化的服务，或者针对不同级别客户，采取不同的市场、销售策略。需要说明的是，流程的差异化往往需要通过信息系统来实现。

下面以阿里巴巴为例，图示说明会员管理的操作。

第一步，在已成交宝贝中选择新客户，选择"复制"（见图5-33）。

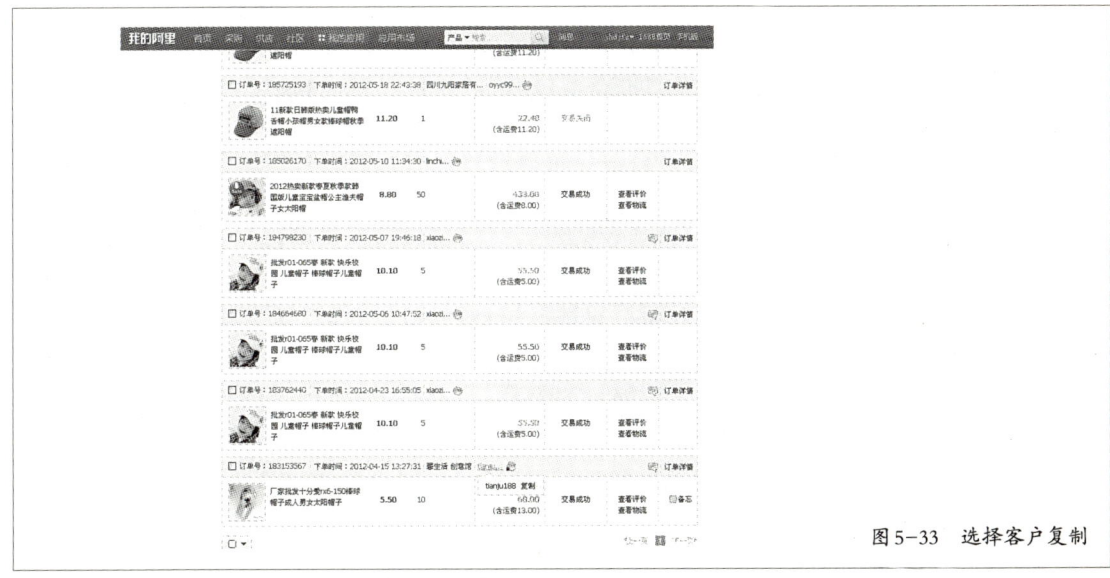

图5-33　选择客户复制

第二步，回到"客户关系管理"中，点击"会员关系管理"，出现图5-34所示界面。

图5-34 会员关系管理界面

第三步，点击"新增会员"，粘贴之前复制的客户名（见图5-35），点击搜索（见图5-36）。

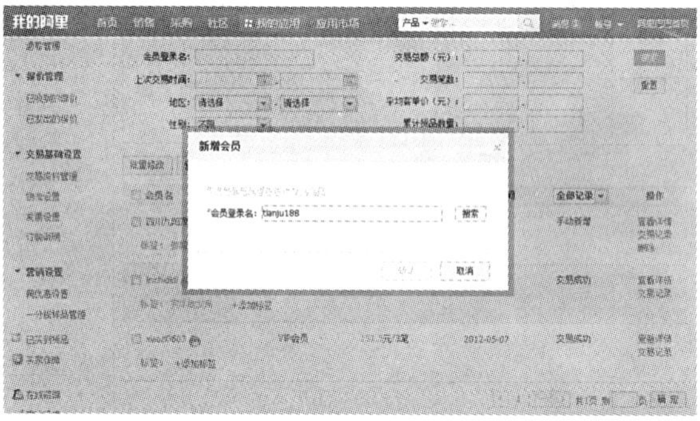

图5-35 新增会员界面

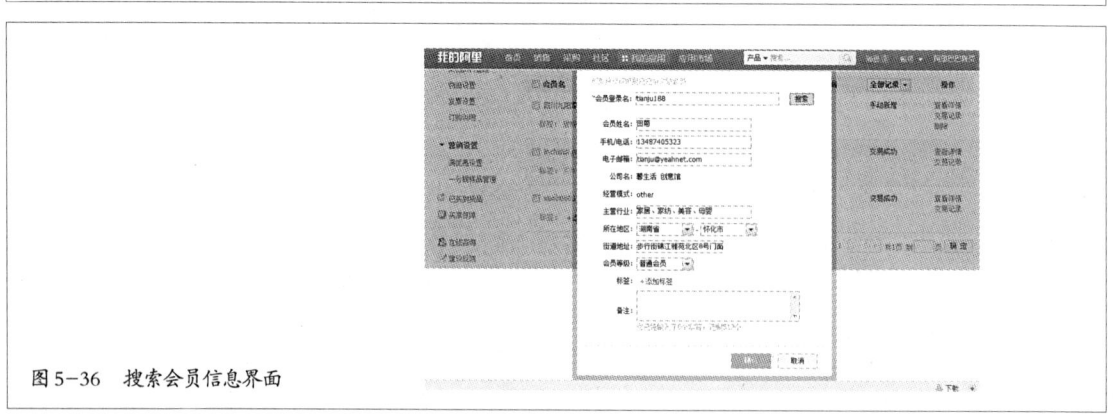

图5-36 搜索会员信息界面

第四步,点击"确定",客户数据资料导入成功(见图5-37)。

图5-37 会员添加成功界面

第五步,点击"添加标签",给会员添加标签,如图5-38所示。

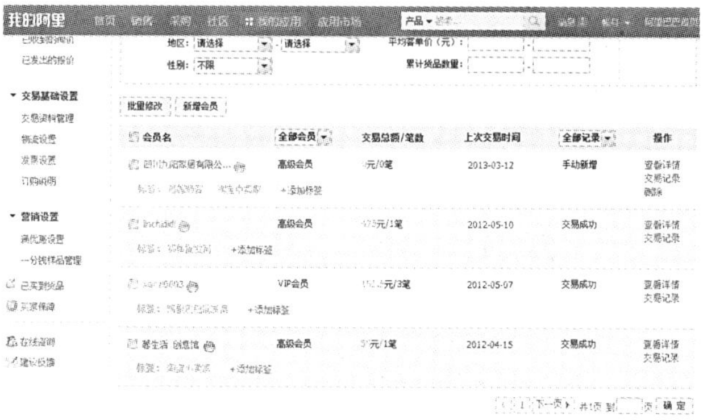

图5-38 添加标签

5.4.2 客户互动

1. 客户互动的含义

为了在市场上为客户提供能够为其带来优异价值的产品和服务,企业需要充分利用信息的潜在内涵和各种互动技巧,努力在客户的购买流程中发展与客户的合作关系。在实践中,除了向客户提供定制化的产品和服务以外,"以客户为中心"的观念还应包括与客户互动的类型和风格。通过互动、对话来建立对客户的了解,知道什么时候该提供什么东西,才能让客户心甘情愿地与企业合作。相关资料积累得越多,掌握客户的情报就越精确,应对不同挑战所提出的对策的有效性也就越高,从而能降低风险,提高企业利润。

2. 客户互动的驱动因素

在客户互动的转变过程中,有些驱动因素无时无刻不在推动客户互动向前发展与演进。这些驱动因素包括客户角色的转变、营销观念的转变，当然也离不开在互动演进中扮演重要角色的技术因素；此外，还包括社会学与传播学理论知识的发展。

3. 客户互动的有效管理

随着客户角色的转变和竞争的加剧，企业必须与客户进行有效的互动。对于客户管理而言，客户与企业的互动并不只是简单的信息交换，它可以让企业与客户之间建立一定的联系，并由此实现有效的客户互动。一般而言，客户只愿意与具备最优秀客户互动能力的企业进行接触，所以成功的客户互动管理可以使企业获得更大的客户份额和更多的营业收入。因此，不管是为了在合适的场所或情景与客户互动，还是为员工与客户之间的互动提供必要的信息，企业都有必要对客户互动加以管理。

虽然存在着众多的影响客户互动的因素，但不管通过何种互动渠道（无论是面对面的交流、电话、电子邮件或网站，还是其他渠道），参与互动的人、技术和流程都是客户互动中的3大关键因素。只有对这3项因素进行综合管理，才能为客户创造出令人满意的、感觉受到重视的客户互动。图5-39列出了实现有效客户互动的3个主要驱动因素及它们之间的相互作用，包括：有效的人（员工）、有效的信息技术、有效的内部流程。

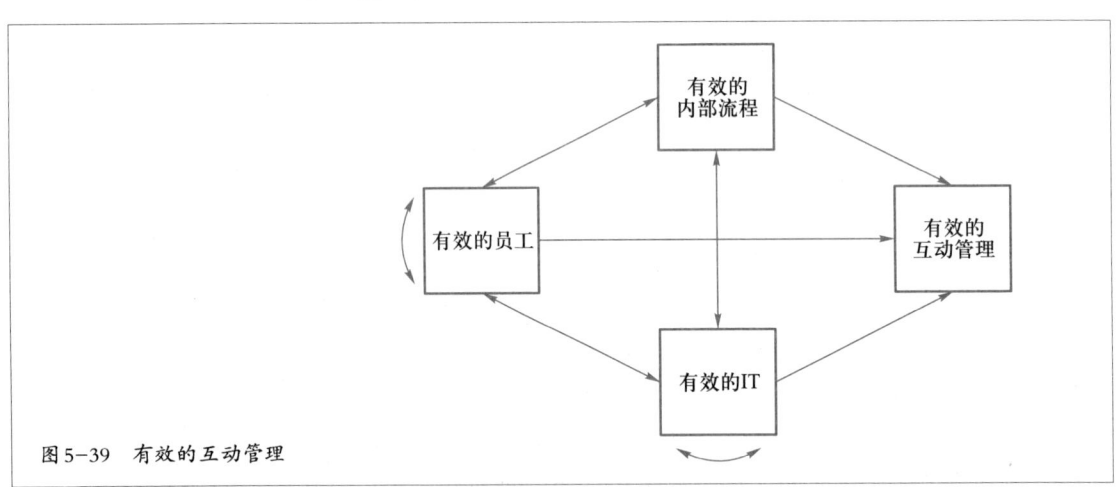

图5-39 有效的互动管理

（1）员工的有效性

企业的人力资源实践对客户互动的效果有重要的影响。具体而言，不论员工是否被授权实时地解决客户问题，人力资源实践直接影响着员工对客户互动技术和流程的了解程度。

（2）流程的有效性

企业的内部流程对客户互动质量也有着强烈的影响，流程的设计与实施,应该最有效地利用互动过程中的每个要素。例如,如果流程设计具有感应客户态度、需求、认知变化的能力,那么企业就可以对这些改变做出反应,从而获得竞争优势。类似地,企业对变化做出反应的速度会反映出流程的柔性。

(3)有效的信息技术

信息技术有为企业带来竞争优势的潜力。这些技术可以让企业调整自身行为,使之适用客户需求,还可以显著改变企业的流程和人事。正确使用信息技术,可以让流程和人事制度更富有柔性,更加快捷,更加有效。

(4)员工、信息技术、流程与互动效果的关联

企业之所以要对员工、流程、技术等进行有效的管理和改进,其最终目的就是通过这种管理和改进来提升其效率,并促使它们相互之间产生积极的作用,最终对客户互动效果产生积极的影响。

福特汽车公司的客户互动中心

福特汽车公司(Ford Motor Company)需要将其在北美客户中心的传统呼叫中心升级为多渠道客户互动中心。这个互动中心能够对网页上的自助服务、电子邮件、电话等多渠道上的客户请求做出回应。福特需要定义其新的目标,同时它也需要支持网页上客户服务的技术。福特评估了现有呼叫中心的资料,发现有25%的电话代表有回复电子邮件的技术。因此,福特对新员工在某些方面的能力进行了培训,并且引入了适应客户服务操作形式改变的教育计划。

福特还制定了全新的培训计划,包括回复电子邮件及互联网渠道管理技术的培训,以使得这些服务人员能够更好地使用福特的客户支持中心。

另外,福特公司还实施两种可以使用网络的CRM软件。一种是电子邮件回复软件,能够接受不同福特网站上的邮件,并且将其转给有特定技能的客户服务人员。这种软件还可以通过有选择的方式来获取有价值客户的信息,这些信息对于理解客户需求和偏好是必不可少的。

第二类软件是以实用知识为基础的工具软件,为客户进入自然语言检索或者追踪相关需求的答案而提出的一系列问题。这种自助服务应用可以为客户的相似质询提供快速的回应,从而为客户带来了低成本、易使用的电子邮件或者电话互动。

新的客户互动中心，让福特可以掌控每年数以万计的自助服务互动和数以十万计的客户服务邮件。不仅如此，这些新的客户互动，还使得该企业更加了解客户，更能满足客户的需求，提升了客户忠诚，并将福特公司的服务定位扩大为适用于互联网的客户互动与服务。

5.4.3 客户管理方案的设计

客户管理方案的设计是客户关系管理的最后一个阶段，在完成网络贸易以后，电子商务企业需要制定一份完整的客户管理方案。

下面以某企业客户经理的客户关系管理系统使用方案为例，说明客户管理方案的一般写法。

某企业客户经理的CRM系统使用方案

初次研究CRM系统，目前在努力收集需求，自己开发或购买外包待定。关于为什么要、何时该上CRM系统不在本文的讨论范围。

1. 目的

我的理解是：不管希望通过CRM实现什么，最核心、最本质的目的还是期望通过CRM获取、保持和增加可获利客户（消费者）。

2. 具体作用

看了一些文章，往宏观上说，CRM似乎什么都要涉及，作用非常多。如跟供应链、物流、财务、统计分析、订单等都有关系，但我想这里讨论的是最核心的作用，非核心的交给SCM（供应链管理系统）、WMS（仓库管理系统）、财务管理软件等去处理吧。

对于B2C企业，通过CRM系统，主要能起到以下作用：

① 分析和了解用户需求，不断对商品、网站、服务、营销、管理进行改进和提高。

② 对客户生命周期（CLV）进行管理，寻找优质客户，预测和防范客户流失。

③ 通过分析用户需求实现对用户的整合营销。

④ 评价市场营销活动的投入与产出（从多个维度对活动前后的数据进行对比）。

⑤ 计算每个机会的成本。
⑥ 对服务人员绩效考核提供参考。
⑦ 预测下一步的销售目标。
⑧ 其他。

3. 功能需求简单描述

网络上很多CRM文章是技术人员写的，专业术语太多，这里写得通俗些：

（1）与B2C其他系统间的集成和数据交换

CRM不应该是独立的，应该和B2C其他系统衔接在一起，并且能实时进行数据交换，比如订单数据、商品销售数据等。

（2）数据挖掘、分析和预测

数据挖掘：数据挖掘的具体内容见图5-40。

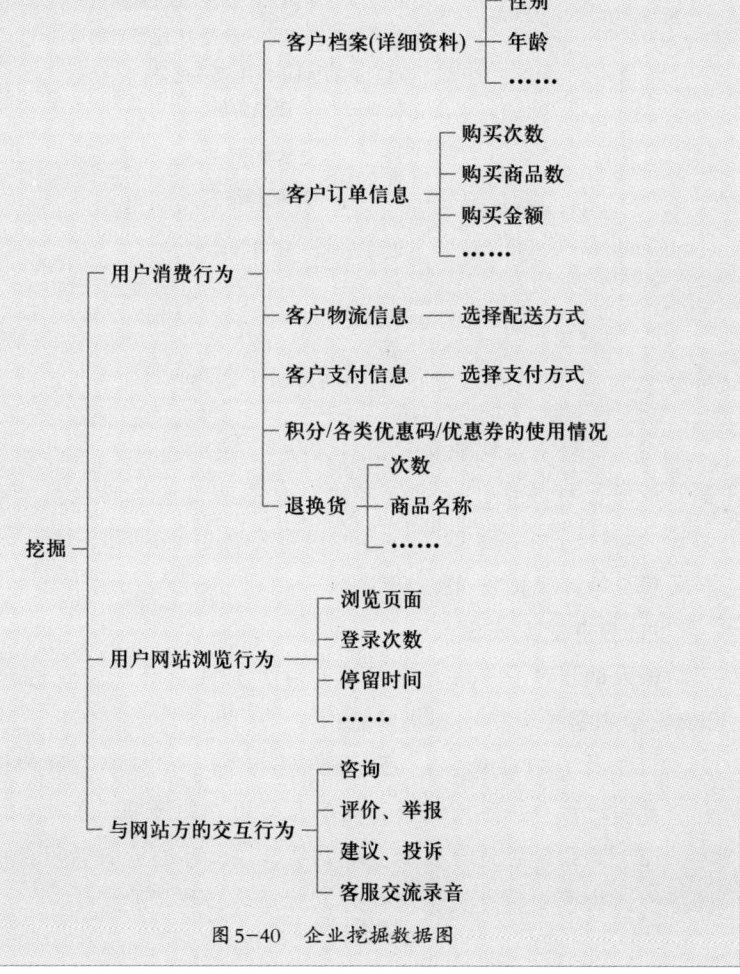

图5-40 企业挖掘数据图

分析和预测：划分用户的生命周期为若干个阶段，寻找优质客户和分析即将流失的客户（如利用RFM（Recency, Frequency, Monetary）模型衡量，对用户进行内部等级划分），分析客户满意度（CSI）等，见图5-41。

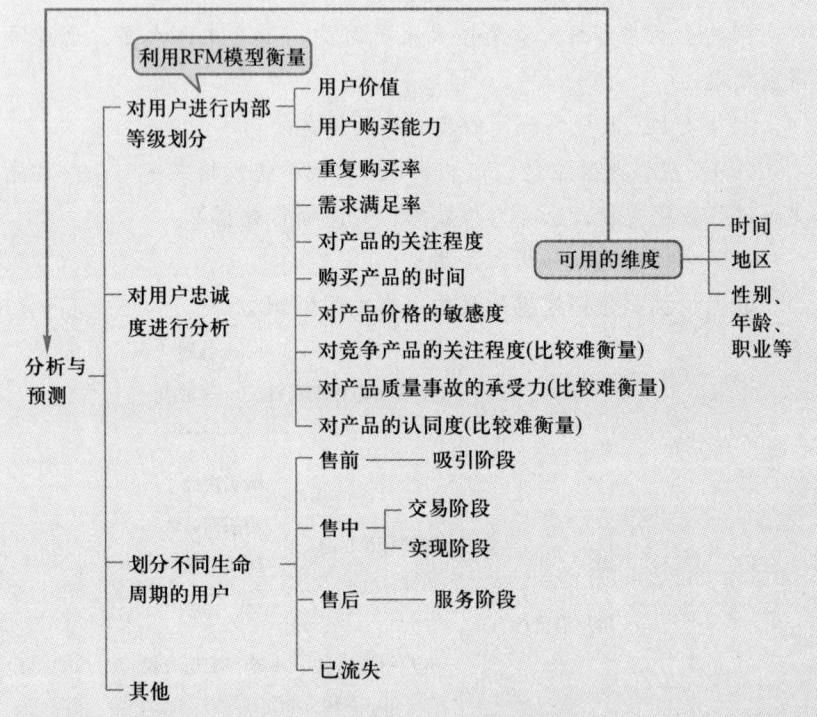

图5-41 企业分析与预测图

（3）手动或条件触发营销和服务

根据分析模型，针对特定的用户群手动或自动触发营销事件，如针对一个月内有过购买行为的用户发送E-mail，或给过生日的用户发贺卡等，见图5-42。

4．自身情况分析

强大的CRM不一定适合企业自身，企业应选择合适的，在实施CRM前后都需要考虑这么些问题：

（1）是自有品牌B2C还是渠道B2C？（自有单品牌的B2C就没有必要去统计分析不同品牌不同商品对用户的影响了）

（2）商品是否适合多次重复购买？（如不适合你就没法利用RFM模型统计的数据做交叉销售并时不时地去骚扰用户了）

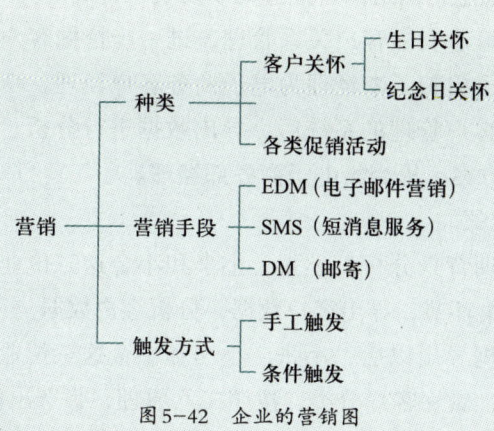

图5-42 企业的营销图

5．CRM实施步骤

在时间、人力、物力有限的情况下，我认为任何事都不宜一蹴而就，追求完美。应先把最紧急最主要的做了再说，后期再不断完善（那些完美主义者不适合搞快速变化的互联网），CRM实施也应遵循这个法则。

玩转客户关系管理（上）
玩转客户关系管理（下）

技能训练

根据实训背景描述，通过分析公司客户现状，完成义乌诗琴针织有限公司的客户关系管理的方案设计。

（一）实训目标

1. 能够导出客户数据，分析客户数据；
2. 能够根据客户的价值对客户进行分类；
3. 能够设计一套客户关系管理的方案。

（二）环境要求

1. 软件和模拟动画实训时，需每人配备计算机一台，并安装Flash 8以上版本播放器；
2. 准备部分顾客成交信息（交易笔数1笔到20笔的顾客都有，单个客户交易总金额100元到1000元不等，顾客不少于20人，成交跨度半年。），构建一个不少于20名客户的数据库。

（三）实训背景

义乌诗琴针织有限公司实体销售网络遍及全国各大中城市，实体销售渠道较为稳定，网络销售经过两年发展也有成效。

现在公司欲组建实施客户关系管理，进一步挖掘客户数据，提升公司业绩。公司招聘了李经理为电子商务客户经理，李经理觉得应该先熟悉网络客户管理的系统后，导出数据进行分析、分类，然后制定客户营销方案，提交给电子商务部经理。

（四）操作步骤

（1）进行实训背景分析，小张、小李和小金这三位业务员必须完成客户数据收集环节，导出客户数据，分析客户数据。

（2）客户数据导出以后，小张、小李和小金这三位业务员按照客户管理的理论，做好客户分类，按照二八原理，筛选出优质客户，将他们的资料整理好。

（3）按照客户的分类，小张、小李和小金分别针对不同类别的客户，采取不同的促销方法，比如包邮卡，优惠券促销，制定促销方案。

（4）小张、小李和小金分别针对不同类别的客户设计一套客户关系管理方案。

（五）注意事项

实训过程中，注意先进行数据分析，后分类，再制定各个类别客户的管理方案，一定要对客户关系管理的整个流程有一个规划。

（六）实训报告

实训名称：		学　时：	
实训地点：		日　期：	
小组成员：			
姓名：	班级：		学号：

一、实训描述

本次实训是结合给定的数据，对客户的价值进行分析；根据客户价值对客户分类；与客户进行互动，写出客户关系管理策划案。

二、任务分配

续表

三、任务实施
要求按照任务执行流程的要求分要点来描述任务的具体实施步骤。
四、任务小结
请写出在操作过程中遇到的问题及解决办法。
五、任务执行评价
根据任务完成的质量、及时度，报告的编写质量给出成绩（100分制），作为本项目总成绩评定时的依据之一。 成绩： 日期：　　年　　月　　日
六、任务拓展
1. 实践不同采购平台的基本操作； 2. 汇总各种商品的属性和评价指标。

同步测试

（一）单选题

1. 客户关系管理的英文缩写是（　　）。

   A. CAM　　B. CRM　　C. CGM　　D. CRW

2. 在日益激烈的市场竞争环境下，企业仅靠产品的质量已经难以留住客户，（　　）成为企业竞争制胜的另一张王牌。

   A. 产品　　B. 服务　　C. 竞争　　D. 价格

3. 经济学中著名的二八原理是指（　　）。

   A. 企业80%的销售额来自于20%的老顾客

   B. 企业有80%的新客户和20%的老客户

   C. 企业80%的员工为20%的老客户服务

   D. 企业80%的利润来自于20%的老顾客

4. 客户关系管理这个词的核心主体是（　　）。

   A. 客户　　B. 关系　　C. 服务　　D. 管理

5. 客户关系管理的终极目标是（　　）的最大化。

   A. 客户资源　　　　B. 客户资产

   C. 客户终身价值　　D. 客户关系

（二）多选题

1. CRM 对客户的作用包括（　　　　）。
   A. 节约购买成本　　　　B. 满足潜在需求
   C. 增加企业的利润　　　D. 接受无微不至的服务

2. 根据客户对企业的忠诚程度可将客户划分为（　　　　）。
   A. 潜在客户　　　　　　B. 新客户
   C. 常客户　　　　　　　D. 老客户
   E. 忠诚客户

3. 忠诚客户给企业带来的效应主要表现在（　　　　）。
   A. 销售量上升　　　　　B. 营销费用减少
   C. 有利于新产品的推广　D. 竞争地位加强
   E. 利润上升

4. 客户满意可以从三个维度来衡量，它们是（　　　　）。
   A. 客户知识和经验
   B. 客户所获利益
   C. 产品或服务所支持的个人价值
   D. 产品使用价值

5. 客户关系管理的核心目标是（　　　　）。
   A. 提高客户满意度
   B. 加强客户识别、细分、获得、忠诚
   C. 提高客户忠诚度
   D. 加强对组织及其服务的理解

（三）简答题

1. 客户管理的作用有哪些？
2. 客户资源和一般资源的区别是什么？
3. 试分析影响客户满意的因素。

能力测评

专业能力自评

	能/否	任务名称
通过学习本模块，你		了解客户关系管理的概念、作用
		掌握客户分类的标准以及二八原理
		掌握客户分类的方法以及客户价值模型
		能够找到第三方平台的客户关系管理软件模块，并导出客户资料
		能够按照交易金额和交易频率给客户分类
		能在网络平台上找到客户对每一次交易的评价，并对客户评价进行回复
		能够设计一份客户关系管理的方案
通过学习本模块，你还		

注："能/否"栏填"能"或"否"。

核心能力自评

	核心能力	是否提高
通过学习本模块，你的	信息获取能力	
	口头表达能力	
	与人沟通能力	
	动手操作能力	
	解决问题能力	
	书面表达能力	
	团队合作精神	
通过学习本模块，你的		

自评人（签名）：　　　　　　　　年　月　日

教师（签名）：　　　　　　　　年　月　日

注："是否提高"一栏可填写"明显提高"、"有所提高"、"没有提高"。

第6章 网络采购

一、知识目标

1. 了解网络采购的基本知识；
2. 掌握网络采购的一般模式与操作流程；
3. 掌握供应商选择和管理的一般方法。

二、技能目标

1. 能够了解和分析网络采购的发展趋势；
2. 能够在现阶段主流的采购网站上进行账户注册和基本采购操作；
3. 能够建立简单的供应商评价和选择的一般性指标体系。

三、内容结构

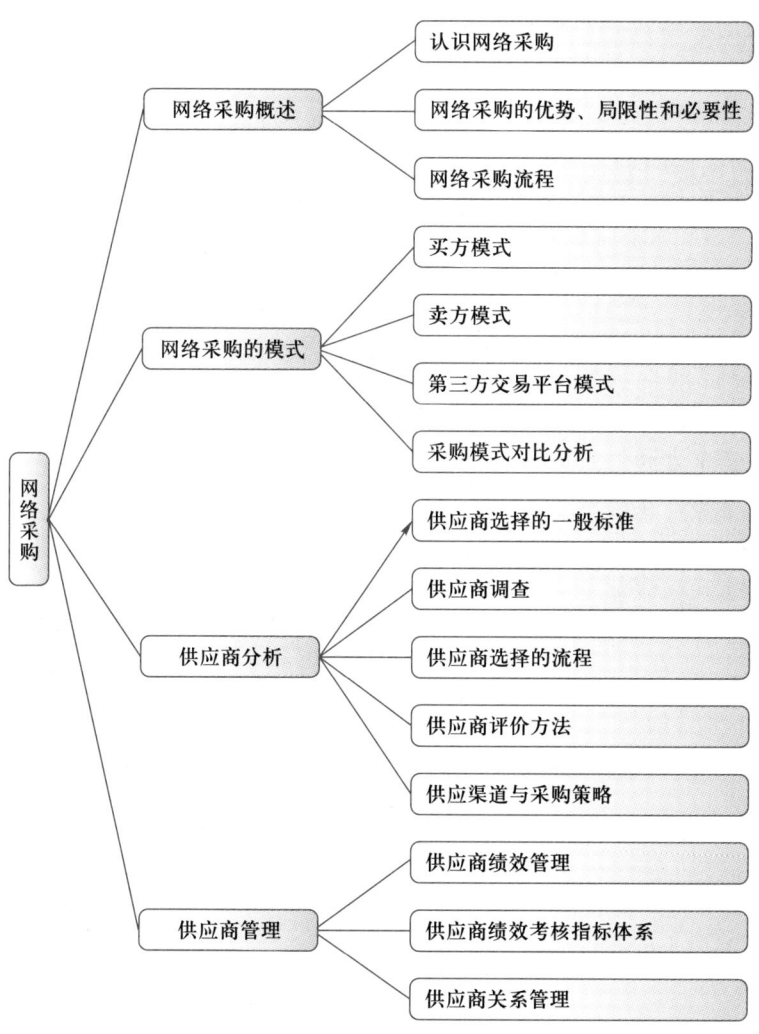

引例：电子商务创业学生的网络采购

张叶是来自于义乌工商职业技术学院创业学院2009级的学生，通过淘宝网平台进行创业活动。她主营季节类产品，夏天她在自己的店铺里卖泳衣，冬天卖地热垫，通过不同类别的季节性产品迎合市场需求，创业业绩优秀（张叶的淘宝店铺见图6-1）。去年冬天，几个记者来到张叶仓库参观的时候，发现仓库里除了几个样品之外，没有过多的库存。这让记者很惊讶，问道："你的店铺一天销售将近100单的地热垫，为什么没有库存呢？"张叶笑笑说："你们都out了，我们都是网络采购的，这个产品不是义乌生产的，我们只负责销售，产品是厂家直接发货的，一周结算一次。这个产品的性质决定了不适合多次运输，产品重、运费高，如果厂家发给我们，我们再发给客户，利润就被运费蚕食了"。

同样忙碌在创业活动中的还有石豪杰同学，他的主营产品是3D眼镜，用于观看各大影院上映的3D电影（见图6-2）。他从工厂大批量地采购产品，然后卖给巴西的一家世界500强企业。石豪杰通过国际电子商务平台进行操作，连续的订单给他带来了丰厚的利润。在这个过程中，石豪杰扮演的是网络采购的卖家角色，是网络采购链条中的供应商。

引例分析

在义乌工商职业技术学院，利用网络采购模式创业的学生很多，异地采购现象很普遍。通过网络采购，整合国内乃至全球各地最具优势的产品，提高产品竞争力和创业成功率。以上两个同学的例子只是网络采购的一个微小的缩影，在世界经济发展和全球化的进程中，各国都加入了"地球村"，在不断完善的贸易框架、信息网络和物流运输体系等因素的推动下，网络采购伴随着信息网络时代的脚步，走进了社会经济的各个角落。

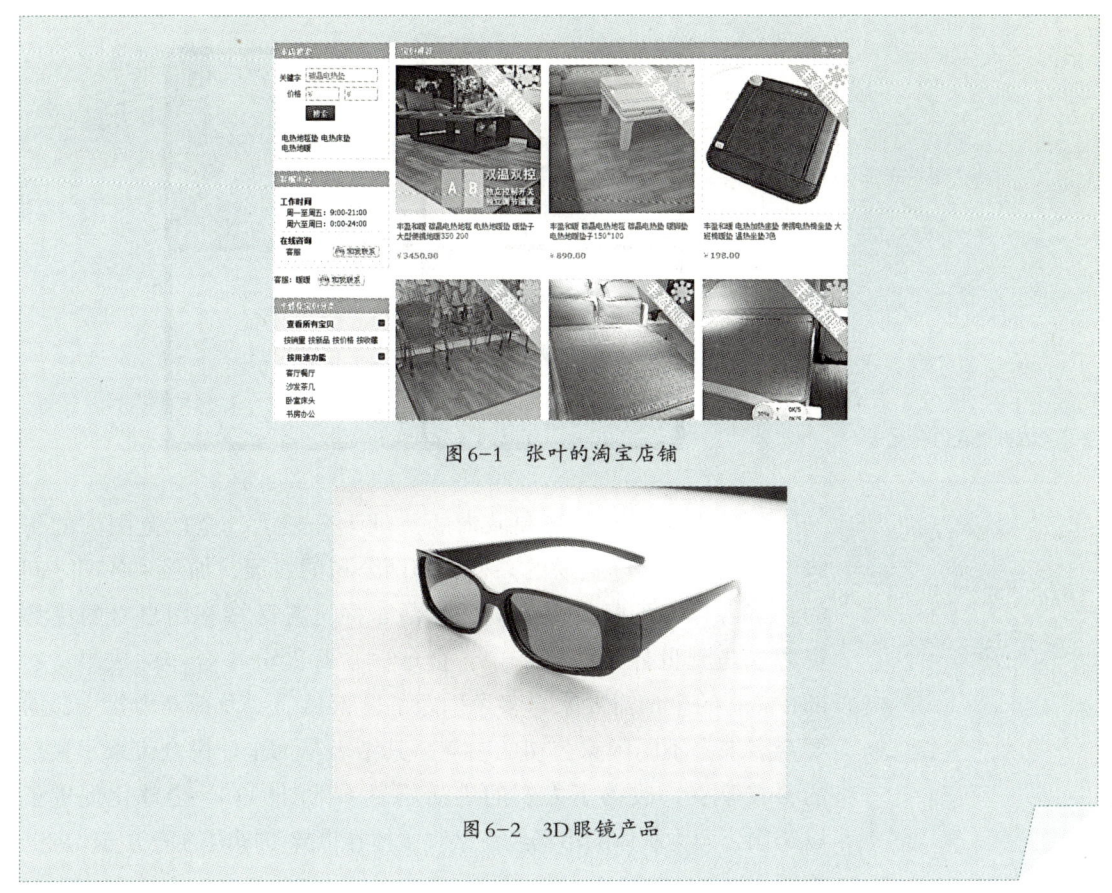

图 6-1　张叶的淘宝店铺

图 6-2　3D眼镜产品

6.1　网络采购概述

6.1.1　认识网络采购

1. 采购与供应链全球化

当幼儿园的小朋友抓着大人的衣服要吃麦当劳、喝可口可乐的时候，我们正经历着一次人类历史上重要的变革——全球化。全球化一词，是一种概念，也是一种人类社会发展的现象。全球化目前有诸多定义，通常意义上的全球化是指全球联系不断增强，人类的生活在全球规模基础上发展及全球意识的崛起，国与国之间在政治、经济、贸易互相依存。全球化亦可以解释为世界的压缩和视全球为一个整体。20世纪90年代后，随着对人类社会影响层面的扩张，全球化已逐渐引起各国政治、教育、社会及文化等学科领域的重视，并掀起了研究热潮。

全球化在改变我们的生活

全球化在世界经济领域内的贡献十分显著,全球范围内的优势资源配置、国际贸易的兴盛、跨国公司的发展,加强了各国之间的经济合作,不断提高人们的生活水平。各区域利用自身的优势资源参与到世界经济生产中,全球民众都能分享合作的成果。一部iPhone的生产需要来自多个国家的零部件供应及劳动力投入,需要众多来自不同国家公司的参与,其结果是为全球民众带来了最新的科技享受,改善了人们的生活质量(见图6-3)。全球化促进了以跨国公司为载体的市场经济微观主体在世界范围内的采购与供应链管理。

图6-3 《一只iPhone的全球之旅》

物流技术的发展、国际化人才的参与、信息与支付技术的进步为跨区域采购提供了支持。随着供应链的不断加长,生产与贸易已经打破了区域和国界的限制,采购范围也随之拓展,再加上区域经济发展的不平衡,各自优势资源不同,跨区域采购已经成为趋势,对于提高产品竞争力、整合优势资源作用显著。

2. 电子商务与网络采购

近些年，电子商务在全球范围内得到了长足的发展，在全球化浪潮中扮演着十分重要的角色，一些国际电子商务跨国公司纷纷抢占全球市场，引领着网络经济的蓬勃发展。电子商务在其发展过程中逐渐形成了普及方便、整体协调、安全集成等特点。人们不受时间和空间的限制，随时可以登录网上进行产品选择与交易，迎合了越来越多追求时尚、讲究个性人群的需要，市场空间不断扩大，规模经济不断显现，流通环节和交易成本的降低，为商家和消费者提供了更多的选择机会与实惠。

全球化与电子商务

3. 网络采购的含义与特点

随着信息科技的迅速发展，互联网日益在全球得到了普及与应用，全球范围内掀起了互联网应用热潮，各大企业纷纷利用互联网进行相关产品信息的发布，开展产品的网络销售，提供各种信息服务。网络采购这种建立在互联网基础上的全新采购方式也得到了广泛应用和推广，成为网络时代企业竞争优势的新来源。

网络采购，是以网络媒体和网络技术为载体，将网上信息处理和传统采购操作过程相结合，借助网络工具信息量大、筛选便利的特点寻找资源的一种全新采购模式。这种采购模式是降低企业成本、增强竞争力、提高经济效益的有效方式（图6-4是网络采购平台中国制造网的首页）。

网络采购是借助于互联网络、计算机通信和数字交互式媒体来实现作业目标的采购模式。它充分利用网络寻找货源和供货商的便利性，结合信息的筛选功能，对比产品或原料的性价比，货比三家，完成技术性的贸易磋商，以合适的价格采购企业需要的原材料、零部件或商品，再结合实际情况与传统渠道，利用网上采购交易与传

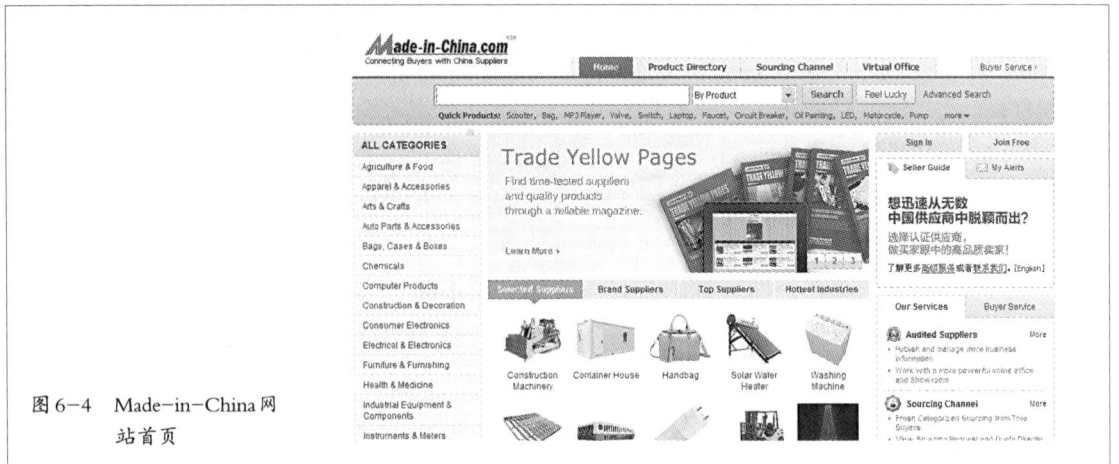

图6-4 Made-in-China网站首页

统采购方式的优势互补,完成采购作业。

电子商务的方式多种多样,因此网络采购也可以有多种形式。目前,国际流行的网上采购数据传送途径主要包括以下几种形式:电子商务网站招标;人工向供应商打电话或发送书面文件、传真订购;向供应商发送电子邮件订单;向供应商的站点提交订单;与供应商的ERP系统进行集成;电子交易平台等。

网络采购的主要目标是对那些成本低、数量大或影响业务的关键产品和服务订单实现处理和完成过程自动化。当前的网络采购正处于快速成长的阶段,许多企业出于自身业务的急剧增长或竞争需要,纷纷对网络采购进行大量的投资,这些投资包括对企业原有的ERP系统进行改造或自行构建新的商务系统。

在发展过程中,网络采购逐渐形成了以下几个方面的特点(见图6-5)。

(1)公开性

网络采购是在网上进行的,网络信息发布具有公开性的特点,任何登录网页的人都可以看到采购方的招标公告,投标信息没有排斥性,符合基本条件的企业都可以参与,所以网络采购具有公开性。公开性的采购信息与流程在很大程度上强化了市场竞争意识,通过优胜劣汰的生存法则,将最优要素进行组合,最大限度地提高竞争力。

(2)广泛性

传统的信息传播方式面对的受众具有很大的局限性,往往受到诸如地理位置、文化差异、社会背景、语言环境等因素的干扰,难以在更大范围中发布。而网络凭借其先进的技术手段,可以在世界范围内找到受众,形成其特定的浏览对象,而非特定受众的介入增大了信息被浏览的几率,从而更有利于信息的传播和推广。广泛的参与提高了供应商的积极性,从而使采购部门有机会获得更具竞争力的投标。

(3)交互性

计算机终端操作系统的人机交互功能越来越"友善",各种不同软件在网络系统中的兼容、可供人机交互使用的设备逐渐升级,为使用网络进行采购活动的各方提供了方便的信息交流渠道和平台。信息交互的主要作用是控制有关设备的运行,理解并执行通过人机交互设备传来的各种命令和要求。网络采购过程中,采购方与供应商还可以通过电子邮件或聊天方式进行信息交流,既方便又迅速。

(4)低成本

各种专业采购软件都可以实现联网,将采购方与供应商之间繁杂、众多的信息通过计算机进行运算,在提高各方交互性的同时,将财务核算、订单生成、客户维护等功能集成其中。网络采购通过计算机终端操作和网络指令,大量节省业务环节,省人工、省时间、省工作量,从而降低总成本。在实际操作中,网络采购可以通过适时订购降低库存、科学管理减少损失、发布公开信息获取优势价格、减少中间环节降低交易成本等方式,实现成本削减。

(5)高速高效

网络传输与软件管理具有传输快、容量大、计算准的特点,为网络采购提供了有力的支持。网络采购通过即时数据交换与传输,将信息发布、客户维护、数据统计、库存管理、订单分析等一系列繁琐的工作通过计算机的帮助进行准确分析,从而在最短时间内做出准确决策,并在一定程度上实现一些常规工作的自动化处理,帮助采购工作高速高效完成,为后续工作的开展提供足够的支持。

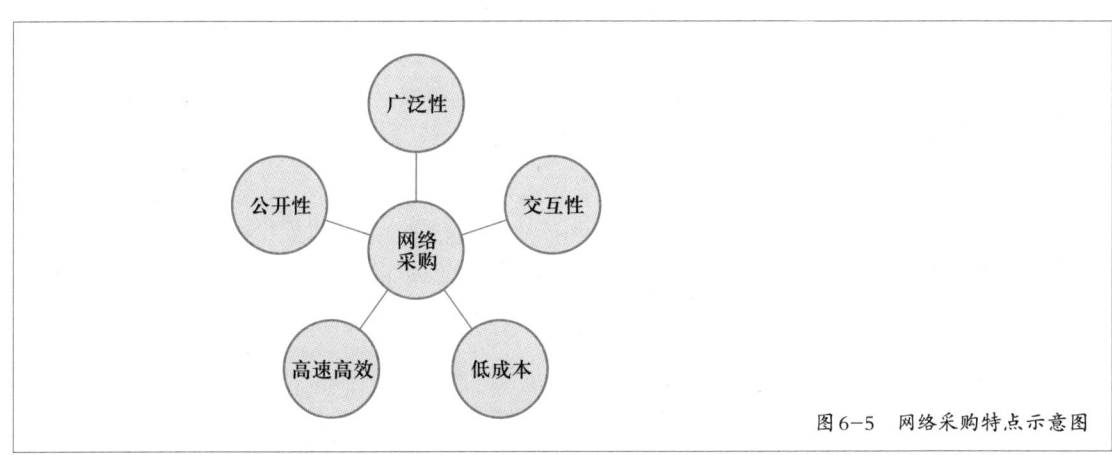

图6-5 网络采购特点示意图

中国钢材网提问宝钢集团徐乐江

6.1.2 网络采购的优势、局限性和必要性

1. 网络采购优势

第一，网络采购有利于扩大产品供应范围，增加供应商选择余地，提高采购效率，降低采购成本，发挥规模效益。

第二，网络采购有利于提高采购的透明度，实现采购过程的公开、公平、公正，避免人为因素所造成的采购过程中可能出现的腐败。

第三，网络采购有利于实现采购业务程序标准化。网络采购是在对业务流程进行优化的基础上进行的，必须按软件规定的标准流程进行，可以规范采购行为，完善采购制度，有利于建立比较良好的经济环境和社会环境，大大降低采购过程的随意性。

第四，网络采购可以满足企业即时化生产和柔性化制造的需要，缩短采购周期，使生产企业由"为库存而采购"转变为"为订单而采购"。

第五，网络采购可以实现采购管理向供应链管理的转变。现代企业的竞争不再是单个企业之间的竞争，而是供应链之间的竞争，网络采购模式使参与采购的供需双方进入供应链，从以往的"输赢关系"变为"多赢关系"。

第六，网络采购可以帮助企业实现本地化采购向全球化采购的转变。在世界经济全球化进程中，整合全球优势资源更能提高自身产品竞争力，其基本模式就是应用电子商务进行采购。

大型跨国公司的电子商务采购平台

1999年以来，跨国公司陆续把发展物资采购电子商务工作列入企业发展战略目标。英美联合石油、埃克森美孚等14家国际石油公司联合组建了一个全球性的电子商务采购平台，以提高物资采购、供应链管理等方面的效率。通用、福特、戴姆勒－克莱斯勒三家汽车公司建立了全球最大的汽车专用采购平台，其每年的采购金额高达2500亿美元。国内石油化工行业的中石油、中石化、中海油，钢铁行业中的宝钢等企业都在实施网上采购（宝钢采购电子商务平台见图6-6），并取得了明显的经济效益。目前，通过电子商务建立全球采购系统，联结国内外两个资源市场，已成为标准化的商业行为。

图6-6 宝钢采购电子商务平台

中铁五局"阳光采购计划"

2012年8月29日,作为"世界500强"的中铁股份有限公司主要成员企业,中铁五局(集团)有限公司与阿里巴巴小企业业务事业群达成金额超8000万元的物资采购项目合作,并携手推出中铁五局采购专场。资质达到中铁五局要求的阿里巴巴诚信通会员均可参与报价,第一批在线采购订单涉及型材、建材、管材等10多个品类,共计18500吨物资,总估值8710万元。采购物资仅在阿里巴巴采购专场成交,不接受其他渠道报价(阿里巴巴—采购必应频道—中铁五局采购信息如图6-7所示)。

图6-7 阿里巴巴—采购必应频道—中铁五局采购信息

> 这是中铁五局"阳光采购计划"的首次尝试，改变传统的"招投标"方式，选择更加开放与透明的电子商务平台，整合物资采购需求，共享优质供应商渠道资源，有效降低采购成本，构建全新的物资采购供应链。中铁五局物资部表示，依托新平台、拓展新渠道、探索新模式是中铁五局与阿里巴巴合作的目的，中铁五局经过充分考虑决定使用电子商务平台开展网络采购，改变传统的采购模式，以提高全集团物资采购的质量与效率。在电子交易时代下，大宗工程物资采购更需创新、探索与尝试新采购模式。
>
> 作为全球最大的采购平台和批发市场，阿里巴巴协助数以百万计的买家和供应商从事网上生意，能提供大量的供应商资源，并拥有采购平台的网络技术、网络资源、网络影响力及服务优势。阿里巴巴小企业业务事业群负责人表示，这是央企走向透明采购的第一步，对阿里巴巴小企业业务事业群来说，也会通过产品优化、服务升级等方式不断为更多企业提供采购、加工、定制服务。

总之，网络采购行为的普及化与标准化，有利于信息沟通，促进采购管理定量化、科学化，为决策提供更多、更准确、更及时的信息，使决策依据更充分。

2. 网络采购的局限性

网络采购也存在着一些局限性，这些局限性在短期内还无法避免，需要通过不断的制度建设与技术进步，逐渐消除这些局限性的不利影响。其局限性主要表现在以下几个方面：

第一，搜索功能不够人性化。

第二，电子商务市场管理还不规范，相关法律法规还不健全。

第三，采购观念的区域差异较大，存在不均衡性。

第四，交易的安全性还存在一定的风险。

3. 网络采购的必要性

作为一种全新的信息沟通与商品采购渠道，互联网的迅猛发展使传统的有形市场发生了根本性的变革，企业所面对的顾客群、虚拟市场空间以及竞争对手都有质的改变，企业将在一个全新的营销环境下生存。随着个人计算机与网络的普及、网民人数的激增、软件的丰富，越来越多的企业将必然选择在网络市场进行信息搜集与发布。

当前，对各企业来说，不应把互联网看成是一种高科技，对之有一种神乎其神的距离感，网络其实是存在于企业身边的信息工具，在互联网上有无限的商机，世界各大洲的客商每天都在互联网上查询"Made in China"商品的信息。

网络信息传输工具将是未来商业发展的一个大趋势，网络采购也必将成为采购的一个重要渠道与方式，企业应充分尊重电子商务与网络市场的发展规律，客观对待网络采购的优势与局限，依据各自产品和产业特点，有针对性地"扬长避短"，利用好这个工具，为企业的发展带来活力和竞争力。

服装批发与采购的电子商务创新之道

6.1.3 网络采购流程

1. 网络采购程序

一般来说，按照网络采购的时间顺序，可将网络采购程序分为采购前准备工作、采购协商与执行、采购交付与售后服务三个环节。

网络采购流程

（1）采购前的准备工作

传统采购模式中，采购前的准备过程中，采购商的主要工作是向供应商进行宣传和获取尽可能多的有效信息。在电子商务市场环境中，这个过程转变为采购商依据自己的要求，在网络中查询所需要的产品资源信息，供应商积极地将自己产品的信息资源（如产品价格、质量、公司状况、技术支持等）发布在网络上，并及时将最新产品信息与动态进行更新，以迎合采购商的需求。

（2）采购协商与执行

在与各备选供应商进行联系后，采购商可以要求各供应商寄送样品，并就具体价格、定制要求、物流配送、售后服务等具体条款与供应商进行信息交换，并最终确定供应商。在网络环境中，传统采购磋商的单据交换可以演变为记录、文件或报文在网络中的传输过程。

磋商过程完成之后，需要以法律文书的形式将磋商的结果确定下来，以监督合同的履行，因此双方必须以书面形式签订采购合同。一方面可以杜绝采购过程中的不规范行为，另一方面也可以避免因无效合同引起的经济纠纷。合作初期双方也可以通过纸质文书进行规范，通过邮寄、传真等形式将签订好的文书进行寄送，兼顾了传统采购与网络采购的要求。

（3）采购交付与售后服务

采购合同签订、各种文书完成以后，就要进行"交钱交货"了，采购商要进行支付与结算，供应商要进行货物交付。在"货款两清"之后，一般按照双方协议，依据货物特点有一定时间的"售后服务"期，在这个时间界限内，供应商有义务协助采购商进行设备安装调试、操作使用培训、质量担保退换等售后服务行为。售后服务是现代采购中十分重要的一个环节，已经成为采购决策的一个重要考虑因素。售后服务期限的截止标志着一项完整采购任务的完成。

2. 网络采购模块

依据采购活动中各项工作的性质，可将整个过程中的工作环节分为三个模块，各模块具有其特定的功能设计，共同协助采购任务的完成和采购功能的实现。

（1）采购申请模块

采购申请模块依据采购品性质的不同可以分为三个方面：一是一般消耗品（如办公用品、书籍或计算机零配件）或服务的申请；二是企业原材料供应部门或生产部门提交的采购申请；三是企业ERP系统自动提交的原材料采购申请。有些可能是初次采购申请，有些可能是常规性、批量化采购。例如，一些一般消耗品可能会出现某种物品的初次采购；ERP系统中库存短缺采购一般是常规性和批量化采购。三种采购品申请提交可分为手工提交与系统数据交换自动传输两种。

（2）采购审批模块

根据审批制度和预设的自动审核程序，对接收到的申请进行审核。对于企业内部提交的并经审批通过的产品申请，直接向仓库管理系统检查库存,如果库存有则立即通知申请者领用;如果库存没有,则进行采购。

对于审批未获通过的申请,立即通知申请者:申请由于何种原因未获批准,请修改申请或重新申请。对于已经通过的采购申请,一方面要邮件通知申请者,另一方面还要提交给采购管理模块。因此,在一定程度上,采购审批模块是采购申请模块与采购管理模块之间的连接机构,通过审批程序,实现申请的审核与筛选。

(3)采购管理模块

采购管理模块的主要功能有以下几个方面:

第一,采购管理部门针对已经审批通过并且需要进行网络采购的任务,统计、整理与汇总,进行网上采购策划、采购计划制定。

第二,对于需要招投标的采购任务,设计招标书,发布招标公告。招标书可以比较简单,主要说明招标任务、内容和要求,招标程序,时间进度,评标原则、标准和定标方法等。招标书可以采取招标公告形式发表,也可以附在招标公告上发表。招标公告可以在企业自己的电子商务网站发布,也可以链接到某些著名的门户网站,或在著名的广告公司注册,这样可以扩大宣传范围。

第三,建立评标小组和评标指标体系,组织评标。评标方式可以在网下,也可以在网上进行。然后公布评标结果,确定中标单位,与中标单位签订采购合同,监督管理采购活动实施。采购活动的实施可以网上网下结合进行。网上搞信息联系,网下搞送货。网下进货程序和其他采购方式相同。

3. 网络采购实施步骤

电子商务采购是一种非常有发展前景的采购模式,它主要依赖于电子商务技术的发展和物流技术的提高,依赖于人们思想观念和管理理念的转变。我国目前已经有不少企业以及政府部门采用了网上采购的方式,对降低采购成本、提高采购效率、杜绝采购腐败起到了十分积极的作用,应该大力提倡这一新的采购方式。其一般步骤如下:

第一步,要进行采购分析与策划,对现有采购流程进行优化,针对不同采购品进行分类,制定出适宜网络交易的标准采购流程。

第二步,建立企业网站或者在第三方电子商务网站建立账号。这是进行电子商务采购的基础,要按照采购标准流程来组织页面、设置账号。

第三步,采购单位通过网络发布招标采购信息(即发布招标书或招标公告),详细说明对物料的要求(包括质量、数量、时间、地点等），以及对供应商的资质要求等。也可以通过搜索引擎寻找供应商，主动向他们发送电子邮件，对所购物料进行询价，广泛收集报价信息。

第四步，对于有供应能力和意愿的商家，采购商可以要求邮寄样品、说明书与服务指南。在一定时间界限内，采购商对这些信息进行收集、整理与汇总。

第五步，对供应商进行初步筛选，依照公司相关工作流程建立评标小组，将之前收集的材料信息进行分析处理，选择最合适的供应商进行贸易洽谈。

第六步，网上评标，由程序按设定的标准进行自动选择或由评标小组进行分析评比，将选择或评比结果进行整理。

第七步，采购实施。中标单位按采购订单通过运输交付货物，采购单位支付货款，处理有关善后事宜。

第八步，售后服务。虽然售后服务是采购中的最后一个环节，但是对于供需双方的战略合作关系的建立有着十分重要的作用。

6.2 网络采购的模式

网络技术的发展为采购提供了各种便利，基于采购系统与平台的差异，一般将采购模式分为三类：买方模式、卖方模式和第三方交易平台模式。这三种模式各有特点，适用于不同的采购品与企业，在现实经济社会中有着广泛的应用。每种模式各有特点，对于采购方与供应商来说，应根据自身情况，选择合适的采购模式。

6.2.1 买方模式

1. 基于买方系统的采购模式

买方模式（Buy-side Model）是指采购方在互联网上发布所需采购产品的信息，供应商在采购方的网站上登录自己的产品信息，以供采购方评估，并通过采购方网站进行进一步的信息沟通，完成采购业务的全过程。买方模式示意图如图6-8所示。

买方模式中采购方承担了建立、维护和更新产品目录的工作。虽然这样成本会增加，但采购方可以更紧密地控制整个采购流程。采购方可以限定目录中所需产品的种类和规格，甚至可以给不同的员工在采购不同的产品时设定采购权限和数量限制。采购方可以通

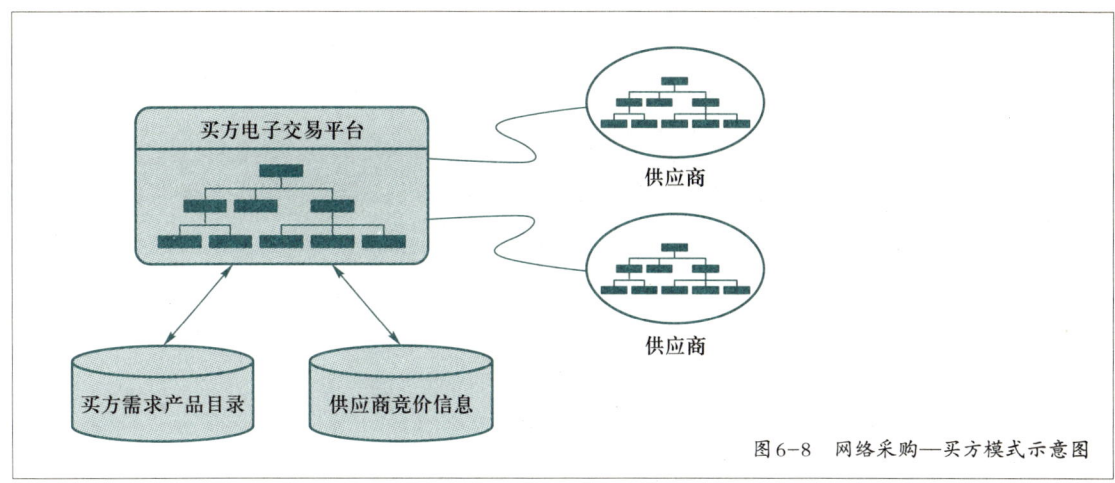

图6-8 网络采购——买方模式示意图

过系统后台了解到所有可能的供应商的产品信息,并能很方便地进行对比和分析。

下面以上海地铁电子商务平台为例(见图6-9),讲解买方电子商务采购平台。采购方(买方)自建网站,定期将所需要的产品信息在网站上进行发布。已经注册的用户通过网站右上角的登录框登录,查看信息,参与竞价。没有注册的用户需要点击"供应商注册与修改"按钮进行注册,注册后参与竞价。

图6-9 上海地铁采购电子商务平台

在电子商务平台注册中,需要供应商仔细阅读相关注册条款,同意注册协议,见图6-10。

然后根据要求填写相关资料,完成注册(见图6-11)。在首页的"竞价公告"栏目中查看相关采购信息。如果符合对供应商的要求,可以点击"我要报名"按钮(见图6-12)。

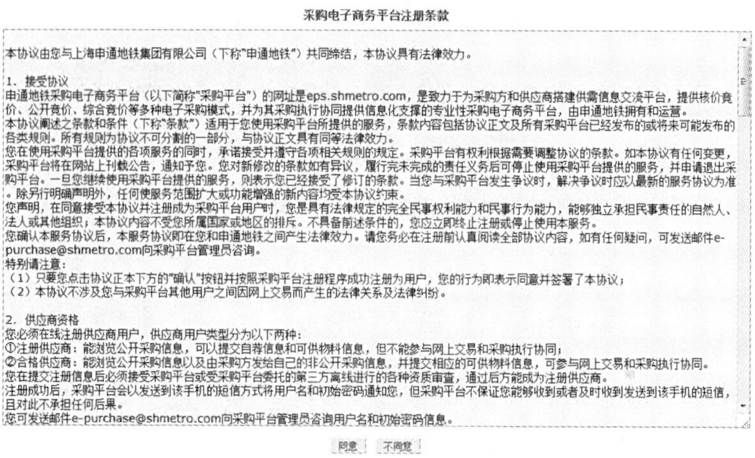

图 6-10 采购平台注册条款

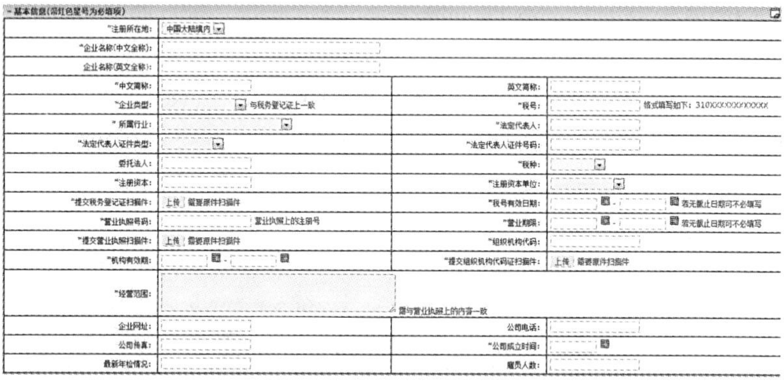

图 6-11 注册信息填写

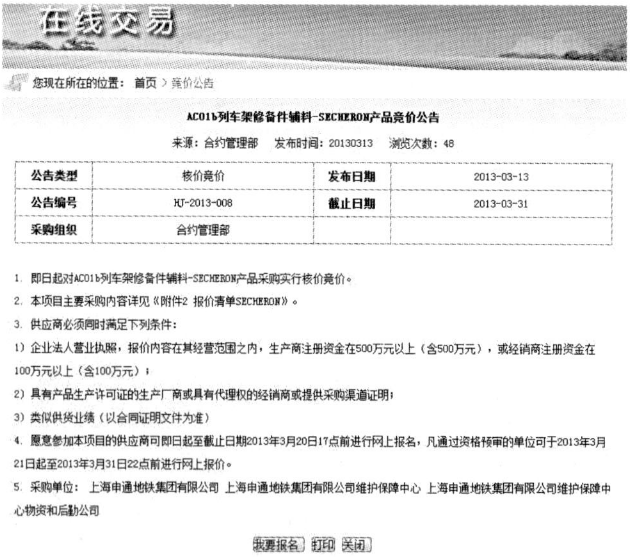

图 6-12 产品竞价公告

在产品竞价公告的有效期内，符合要求的供应商登录系统，进行报名。竞价时间截止后，采购方（买方）从网站后台登录，导出所有报名供应商的相关信息，进行整理汇总，并按照之前的采购要求和流程，进行筛选、评标，结果在网站首页的"竞价结果"中公布（见图6-13）。

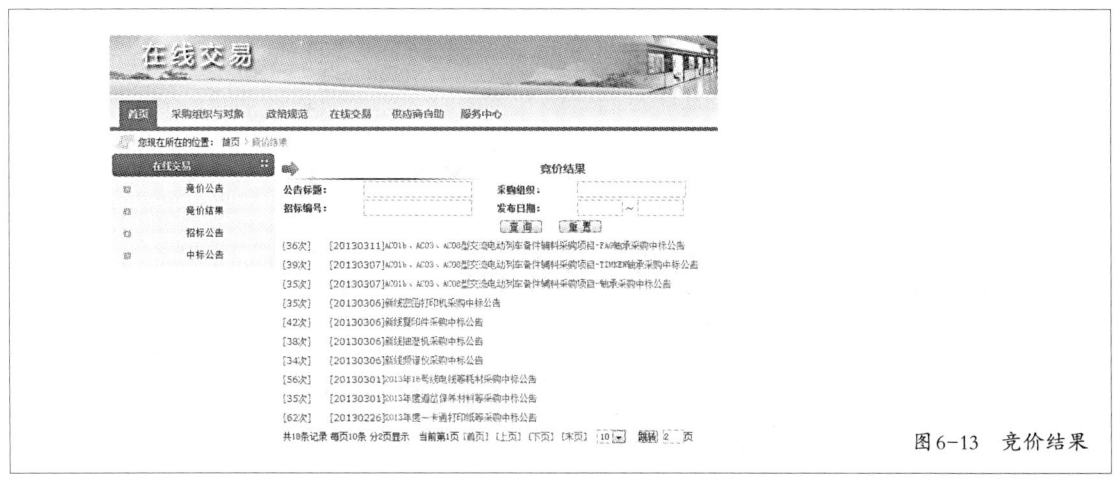

图6-13　竞价结果

供应商可以从中查询参与出价的项目，点击查看中标结果及其详情（见图6-14）。

图6-14　中标公告详情

中标结果将会在一定时间内公示，公示期内，如对中标供应商有异议，可投诉。公示期结束后，采购方将与供应商就竞价标的进行交易，履行采购合约，供应商提供售后服务，从而完成一次采购作业。

2. 买方模式与RAT应用

买方模式的优缺点明显。其缺点是：从采购商的角度来看，买方模式的产品目录工作难度较大，需要采购商投入人力与物力进行买方系统的维护与更新。产品目录需要整理与汇总，在一定的时效期内进行发布，并在后期进行信息的分析与筛选，这些工作的开展，将会增加采购方的成本投入和费用开支。

其优点是：买方系统与后台的集成性好。采购方可以根据自身需求，开发适合的系统和平台，从而在数据的通用性和系统的集成性方面具有一定优势，方便后期的数据分析与处理。这种基于买方开发的系统具有较好的使用方便性。

采购方如果采用买方模式，就要求其对采购系统所产生的成本具有较好的承担能力，对采购系统具有较高的利用率。买方模式要求企业在行业中有一定的影响力，这样才能吸引更多的供应商，提供较多的选择机会。一些生产性企业在常规物料与零部件采购中经常采用这种模式。

通用汽车公司网络采购平台

通用汽车公司自1999年开始建设网络采购平台，将公司每年价值870亿美元的汽车零件采购工作全部转移到网络上进行。通用汽车公司还敦促零件、原料和汽车服务供货商全力配合。通用汽车公司在建立网络采购系统方面态度非常积极认真，将网站名称从GM MarketSite改为GM TradeXchange。当时通用汽车公司希望这个网站能为其降低采购成本，并将当时采购部门的3800名员工进行了精简，很多剩余人力安排到其他部门工作。通用汽车公司认为，参与的供货商越多，采购网站就越有机会成为全世界最大的汽车相关产品和服务交易市场。供应商可以通过网络交易省去繁杂的文件往返，达到降低成本的目的，还可以接触更多销售渠道，加速采购流程。

在网络采购中，采购商经常采用的一种方法是"反拍卖采购技术"（RAT，是Reverse Auction Technology的英文缩写），又称为"反拍卖"、"逆向拍卖"。"逆向拍卖"与"正向拍卖"的相同之处主要表现为二者都是一种"一对多"的商务过程，都是价格激烈竞争的过程。不同的是，正向拍卖是为卖方销售服务的，逆向拍卖是为买方采购服务的；正向拍卖是逐级向上竞价，逆向拍卖是逐级向下竞价；正向拍卖是最高价成交，逆向拍卖是最低价成交；正向拍卖是卖方主动，买方竞争，逆向拍卖则是买方主动，卖方竞争。

　　反拍卖采购技术最早于1999年诞生于美国。该技术问世后，就被迅速地应用于电子商务市场与网络采购中。近年来美国一些州政府也开始将反拍卖技术应用于政府采购之中并取得令人瞩目的效果。一些发展中国家也已在政府采购中引入反拍卖技术，例如巴西政府于2000年颁布条例，规定包括立法与司法机构在内的联邦政府在购买一般性的商品和服务时须采用逆向拍卖采购方式。图6-15为我国中央政府采购网的反拍卖采购页面。

图6-15　中央政府采购网——反拍卖采购

　　RAT技术通过应用互联网进行操作，可以最大限度地帮助采购者充分地发现卖主。在运行过程中，可以规避价格同盟的可能，加剧竞争因素，从而最大限度地降低采购成本和交易成本。此外投标过程大大缩短，投标结果按事先约定由竞价系统自动产生，不仅有利于成交价格的迅速确定，而且使得采购流程便于监控和管理。激烈的竞价过程不仅使采购方能有效地发现卖方集体的成本区间，同时投标方也可从中发现其在竞争同行中的位置，促进其不断进行技术、管理等各方面的革新，提高竞争力。

6.2.2　卖方模式

1. 基于卖方系统的采购模式

　　卖方模式是指供应商在互联网上发布其产品信息（例如在线目录），采购方则通过浏览来取得所需的商品信息，以做出采购决策，并下订单以及确定付款和交付选择。这就像一个购物者在超市购物一样，各类产品都整齐地摆在货架上，购物者可以根据价格、质量等因素自由选择，决定购买后，与超市进行结算。买方模式示意图如图6-16所示。

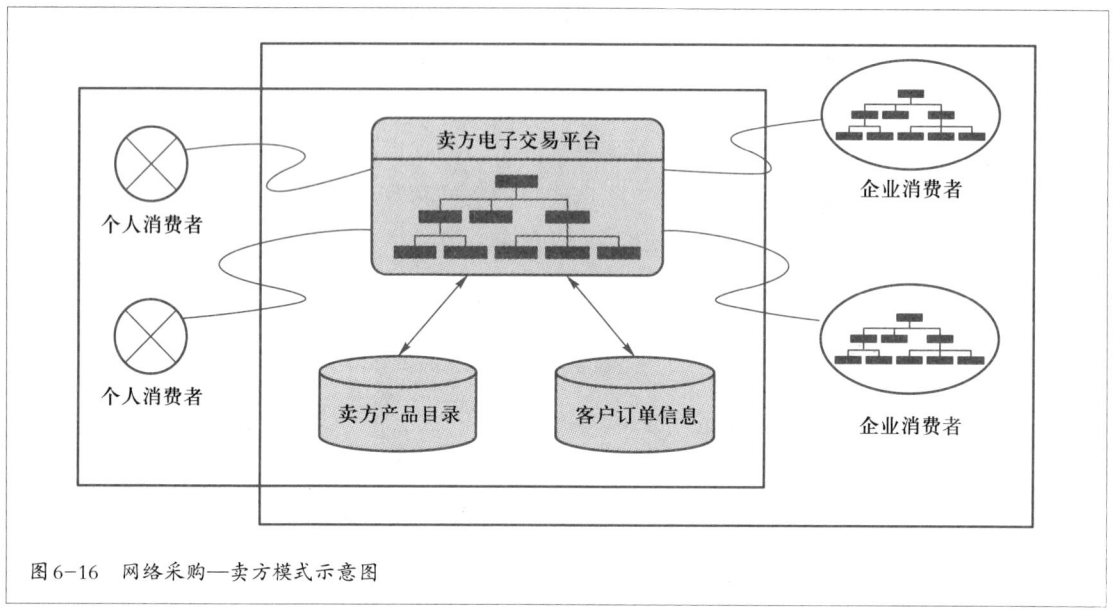

图6-16　网络采购—卖方模式示意图

　　在这样一个模式里，供应商必须投入人力、物力和财力建设维护卖方系统，及时更新产品目录。在买方采购的过程中，他们不需要花费太多成本和精力就能得到自己所需要的产品信息，既便宜又方便，但同时没有太多的议价优势，还不得不面临电子采购与后台的企业内部信息系统无法很好地集成的问题。因为采购方与供应商是通过供应商的系统进行交流的，由于双方所用的标准可能不同，供应商系统向采购方传输的电子文档不一定能为采购方的信息系统所识别并自动地加以处理，传送到相关责任人处，这些文档必须经过一定的转化，甚至需经手工处理，大大降低了电子采购的效率，延长了采购的时间。

　　2. 卖方模式的分类

　　一般认为，在卖方模式中，采购方案可以分为3种主要方式：电子目录、正向拍卖和一对一采购服务。

　　（1）电子目录

　　采购方可以通过在线的电子目录获取产品信息，电子目录可以是统一的，也可以是为每位客户定制目录（个性化订单式采购）。借助于现代电子及网络技术的发展，电子目录格式灵活、容量大、应用广泛,远远优于纸张目录。采购方可以通过电子目录中的产品图片、性能介绍、顾客评论、参考价格、物流运输等各种信息综合比较,全面了解产品。为了便于采购,采购商可以使用卖方系统提供的"购物车",它能存储订单信息并与购买者的信息系统相整合,许多供应商还为重点客户提供独立的页面和目录,甚至可以针对一些大客户报出更加优惠的价格。

电子目录为采购商提供了一个进行有效定制的机会。例如戴尔计算机公司给客户提供了自行配置的在线工具,企业可以在采购机型的基础上,按照自己的需求,进行个性化定制,网络销售系统可以在线定制产品、获得报价和发送订单,方便顾客的选购。电子目录销售可以减少订单处理成本和文字工作;加快订单周转,减少订购和产品配置中的错误;减少购买者的搜索成本;减少销售各环节的分销与物流成本;增强定制产品的能力和向不同客户提供不同的价格的能力。下面以戴尔(www.dell.com.cn)为例进行图示说明。

戴尔官方网站首页中,导航栏将产品分为"家庭与个人产品"、"中小型企业产品"、"政府、教育和医疗"、"用于大型企业"四个目录,分别针对不同的采购商(见图6-17)。

图6-17 Dell官方网站首页分类目录

在主页右上角还设置了"客户特选主页",方便采购。

点击"客户特选主页",进入"Premier"在线(见图6-18),该B2B电子商务解决方案旨在帮助企业资源规划(ERP)系统/采购系统充分地得到利用。

Dell产品电子目录如图6-19所示。

选定一个系列的产品,电子目录会展示不同配置产品的基本特性和价格,供不同需求的采购商选择。

采购商还可以根据自身的个性化需求,对产品进行定制(见图6-20),通过点击"更改配置"按钮,选择适合的配置(见图6-21)。

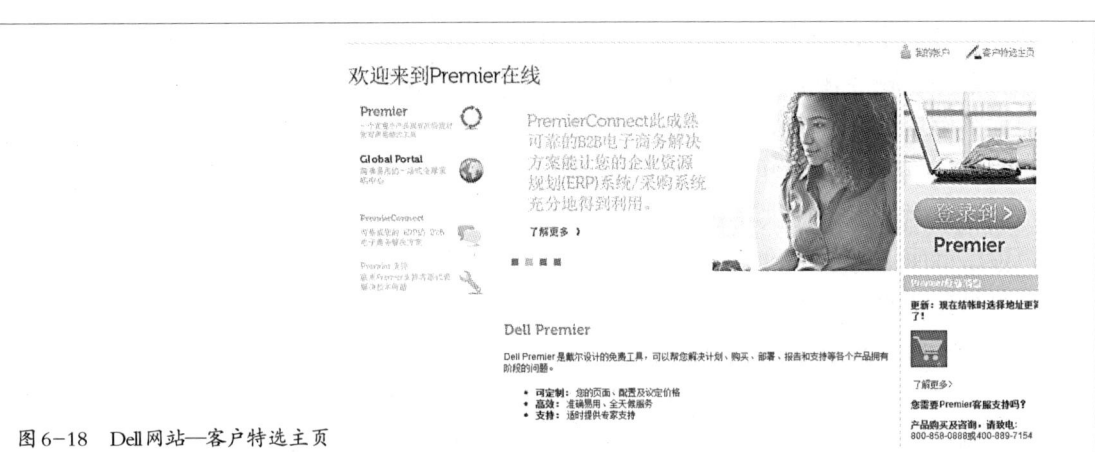

图 6-18　Dell 网站——客户特选主页

图 6-19　Dell 产品电子目录

图 6-20　个性化定制

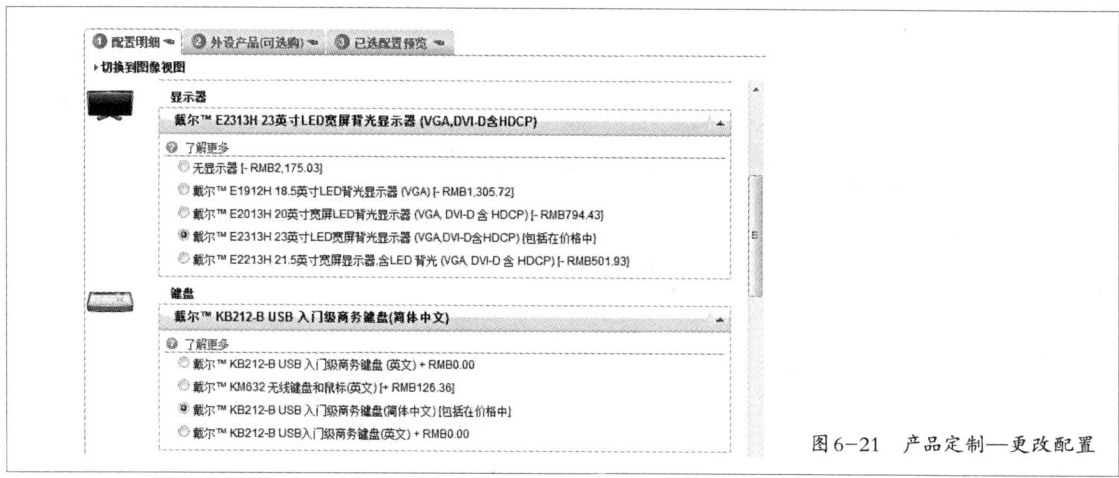

图 6-21 产品定制—更改配置

对需要更改的配置进行选择,当所有的更改完成后,点击"放入购物车",完成产品选择,进入结算流程(见图 6-22)。

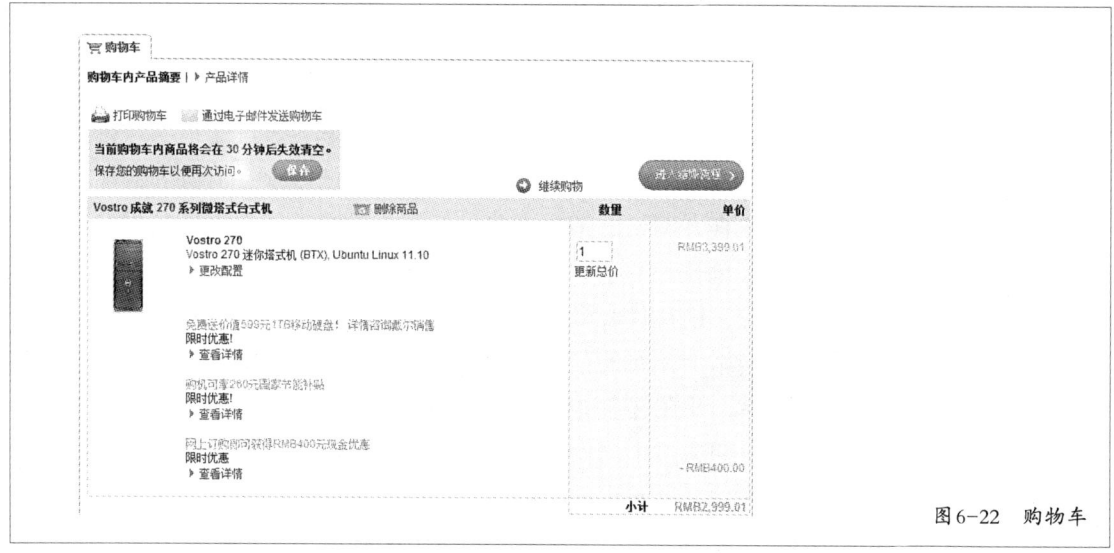

图 6-22 购物车

点击"进入结账流程",完成付款,即可完成采购的网络环节,Dell 网站工作人员从后台确认支付,形成订单,并安排发货。

(2)正向拍卖

正向拍卖是传统的英国模式拍卖,正向拍卖模式是由卖方提供一件物品,买方通过竞拍,出价高者赢得拍卖,我们常见的拍卖大多是正向拍卖。正向拍卖又分为在自己的网站上拍卖和通过中介平台的拍卖两种类型。图 6-23 所示为京东网的产品拍卖页面。

自建拍卖网站,卖方会为拍卖网站的基础设施和日常运营维护支付费用,但是如果卖方已经有了用于电子目录的系统,那么开展

图6-23 产品拍卖

在线拍卖所需的额外费用就不会太高。采购方可以方便地登录到拍卖网站，根据其意愿设定出价，与其他采购者竞争。

（3）一对一采购服务

对于一些经常采购的重要客户和采购量较大的客户，可以享受到卖方网站的一对一服务，这些服务与卖方系统集成，通过网络与通信、自动与人工的结合，提供人性化的高水平服务。例如，戴尔计算机官方网站的销售不仅包括网络销售，还有电话销售，当采购商的订单较大的时候，卖方的服务人员可以通过计算机实现一对一的服务，销售代表会按照客户的要求进行个性化定制，或者提供一些比网站上公布的信息更为优惠的政策措施，帮助客户采购到更好的产品，并在这个过程中建立与客户的长久合作关系。

后期通过主动发送最新产品、服务调查、优惠活动等信息进行客户维护。这种个性化服务，可以提高供应商信息传递的针对性和准确性，综合提升品牌价值和服务水平，方便了采购商后期的采购。一对一采购服务有不同形式，包括电话、即时网络交流等，如图6-24所示。

拨打电话，或者点击"QQ在线咨询"，供应商会根据需要的服务类型，推荐一对一服务，解决采购中遇到的问题，协助完成订单。例如，点击"QQ在线咨询"，会出现如图6-25所示界面，采购方根据需要服务的类型进行选择，并获得帮助支持。

3. 卖方模式与XML技术

卖方模式对供应商要求较高，对采购商来说简便实用、信息公开。一般这些供应商在行业或者区域内具有一定的影响力和知名度。

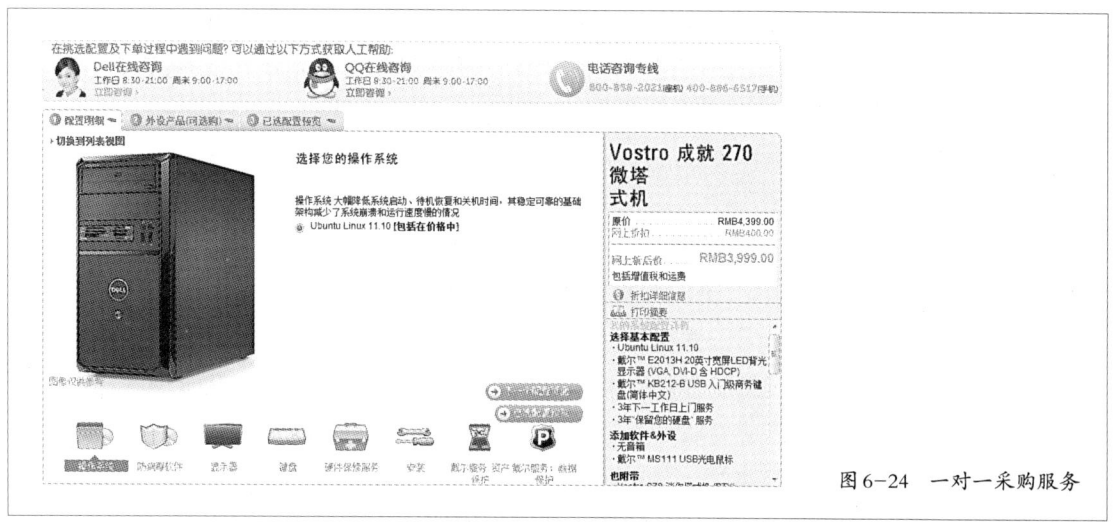

图6-24 一对一采购服务

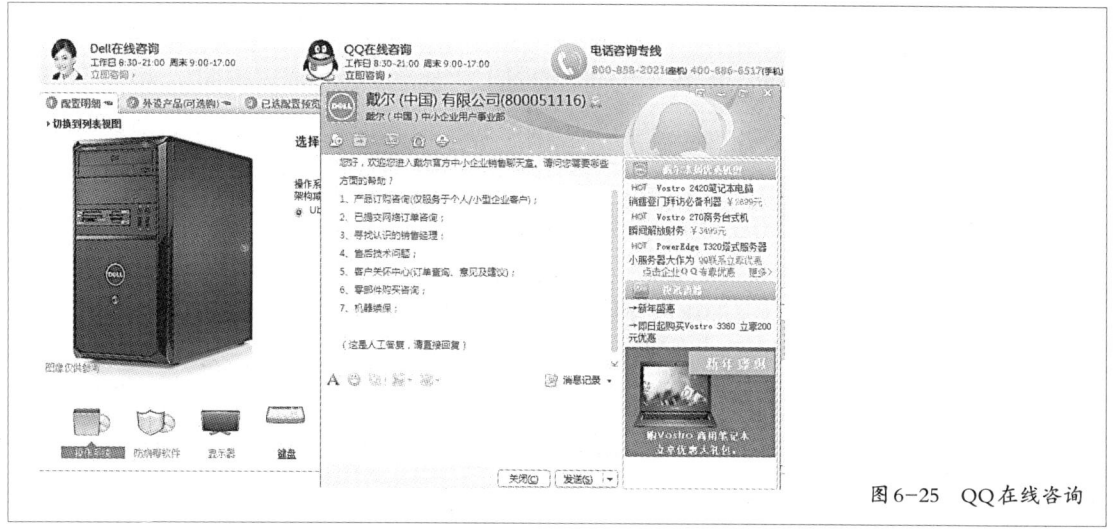

图6-25 QQ在线咨询

采购商可以很方便地找到他们的网络销售系统进行采购，在卖方的系统中进行产品选择一般比较容易，信息量也较为齐全，加之即时通信、人工服务的参与，使得采购十分方便简洁。但由于卖方模式下系统是基于供应商建立的，数据传输与采购方后台系统的集成性可能不是很好，给采购方的数据分析和使用带来了诸多不便。

XML（eXtensible Makeup Language）技术的出现，为互联网上的数据表示和传输提供了新的思路，在一定程度上解决了采购方在卖方模式中信息系统的集成问题，促进了基于互联网的B2B电子商务的发展。XML的简单特点使其易于在任何应用程序中读写数据，这使XML很快成为数据交换的唯一公共语言。虽然不同的应用软件支持不同的数据交换格式，但它们几乎都支持XML，那就意味着程序可以更容易地与 Windows, Mac OS, Linux 以及其他平台下产生的信息结合, 然后可以很容易地加载 XML 数据到程序中并进行分析, 以 XML 格式输出结果。开放的、基于文本的 XML 非常适用于服务器之间交换事务信息。

中山科新电子采购交易中心

6.2.3 第三方交易平台模式

1. 第三方交易平台模式的概念

第三方交易平台模式,又称为市场模式,是指供应商和采购方通过第三方设立的网站进行采购业务的过程。在这个模式里,无论是供应商还是采购方都只需在第三方网站上发布并描述自己提供或需要的产品信息,第三方网站则负责产品信息的归纳和整理,以便于用户查找和使用。在国内电子商务迅速发展的过程中,一些 B2B 电子商务网站成为众多商家采购和销售的平台。第三方交易平台模式如图 6-26 所示。

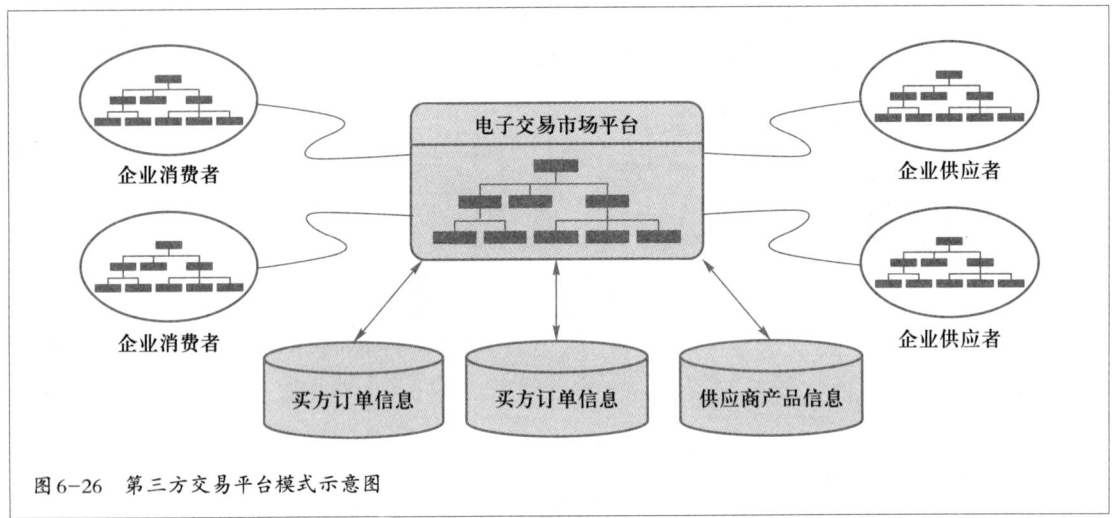

图 6-26 第三方交易平台模式示意图

纵观当前国内 B2B 领域,大量存在的是两种模式:一种是行业垂直类 B2B 电子商务网站,即针对一个行业做深、做透,比如中国化工网、中国玻璃网(见图 6-27)、全球五金网(见图 6-28)等。此类网站无疑在专业上更具权威。

另一种则是水平型的综合类 B2B 电子商务网站,覆盖不同行业,在广度上下工夫,比如阿里巴巴(见图 6-29)、环球资源网(见图 6-30)等。

2. 第三方交易平台模式的特点

第三方交易平台模式可以为买卖双方省去建立网站的花费,由

第6章 网络采购

图6-27 中国玻璃网

图6-28 全球五金网

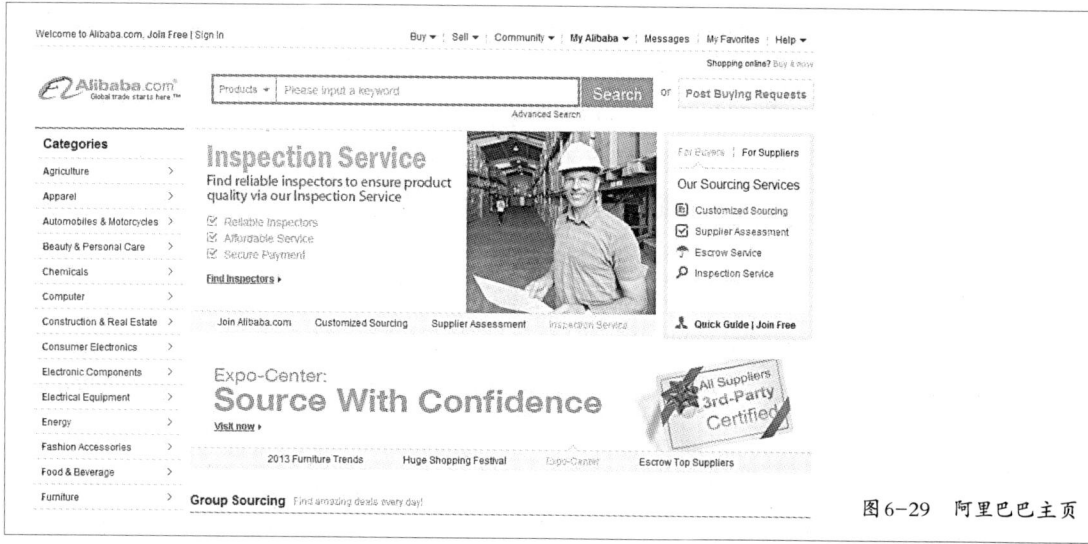

图6-29 阿里巴巴主页

于这一市场是独立的第三方网站，它与采购方的后台系统集成比较难。为了弥补这一缺陷，现今一些网上交易市场特别是由电子采购方案提供商建立的E-market，纷纷采用了基于XML的开放型构架，这种构架已逐渐成为构建E-market的主流模式。在这种构架下，不论企业自身的系统是什么"语言"，都可通过XML顺利地进行"沟通"。同时平台还为客户提供后台集成的服务，使企业能顺畅地通过电子市场进行采购。

图6-30　环球资源网

基于互联网的B2B电子采购，根据模式的不同，资本的投入量有明显的差异。买方模式无疑需要投入较多，这不仅是因为技术复杂，而且后台系统的集成也要求大量的投入。在第三方交易平台上进行采购，要比自建采购网站便宜很多，而且在这个平台上，产品丰富，采购的选择很多。对于一些中小企业来说是一个很好的选择，一方面中小企业对自建网站的成本承受能力弱，且其网站可能没有足够的"号召力"，不能吸引足够多的供应商；另一方面又不能在卖方模式中有足够的议价权，想采购物美价廉的产品，在第三方交易平台进行采购，是务实的选择。

3. 中小企业采购与第三方交易平台

中小企业在我国市场经济中数量居多，分布在各个行业，对于经济发展发挥着重要的作用。但是，中小企业在实施网络采购过程中存在着以下问题：

首先，中小企业的市场定位决定其采购活动呈现出"小批量、多品种"的特点。中小企业的产品主要是为了满足市场上拾遗补阙的需求，其采购需求的种类多、批量小，其生产方式决定了采购方式的特点。

其次，中小企业一般面临着采购人才缺乏、信息化程度低的问题。中小企业缺乏对人才的吸引力，这是不争的事实；IT人才缺乏、信息化程度较低，在电子商务市场发展的过程中，很难跟上网络的脚步。

最后，资金薄弱、融资难度大。中小企业由于信用评价体系缺失，信用担保体系不健全，加上其自身实力较弱、抗市场风险能力较差、生产经营稳定性差等原因，往往存在融资难的问题，加大了企业生产经营成本，阻碍了企业的发展。

在中小企业的发展过程中，还必须面对国内大型企业的竞争以及经济全球化、竞争国际化的严峻形势，中小企业的生存、发展面临着前所未有的困难，因此中小企业应该充分利用自身灵活的特点，从多角度节约采购成本，以提升竞争力。电子商务市场的发展和第三方交易平台电子采购模式的普及为中小企业采购带来了新选择，通过第三方交易平台模式进行采购可以为中小企业带来诸多方便和好处。

以国内较为知名的阿里巴巴中国站（www.1688.com）为例，这一类型的第三方网站可以提供较为完善的采购服务，帮助中小企业完成采购作业。

在阿里巴巴中国站首页最上方是搜索栏，可以对产品、公司、求购和资讯等内容进行搜索，快速找到匹配的结果。在导航栏，划分了"产业带"、"VIP批发"、"样品中心"、"加工定制"、"代理加盟"、"公司黄页"等区域（见图6-31）。

图6-31　阿里巴巴中国站主页

在导航栏下面是产品分类,供不同行业的采购商通过分类寻找合适的产品(见图6-32)。

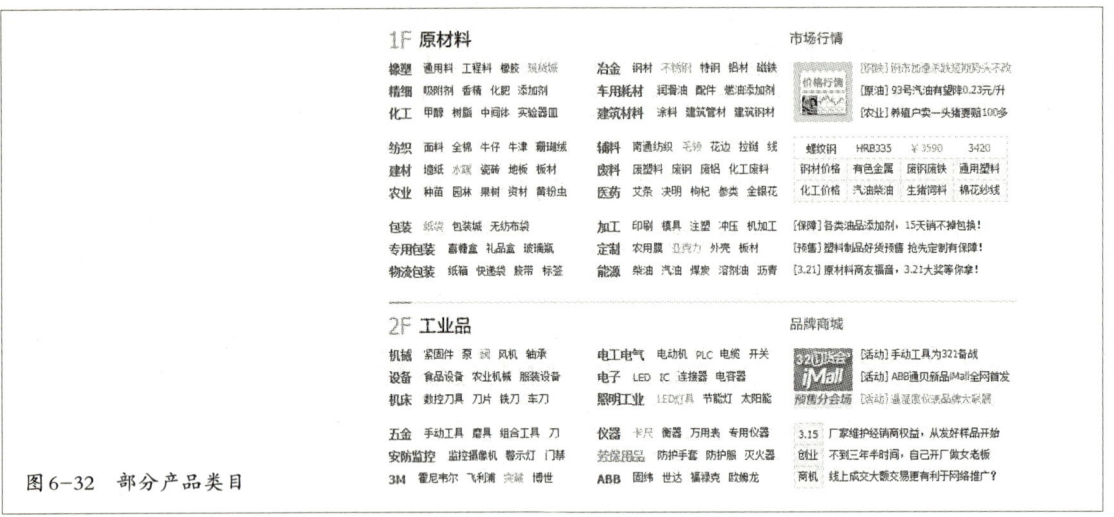

图6-32 部分产品类目

在网站首页最下方是各种服务链接栏,其中包括了"新手指南"、"采购商服务"、"供应商服务"、"阿里巴巴服务"、"交易安全"等多种服务(见图6-33)。以阿里巴巴为代表的第三方电子商务交易平台在近些年的蓬勃发展之后,逐渐形成了较为完善的服务体系,可以帮助中小企业解决在网络采购中可能遇到的各种问题。下面以环保袋为例,图示说明阿里巴巴平台的采购流程。

阿里巴巴中国供应商
400服务热线

图6-33 服务类目栏

在搜索栏里输入"环保袋",搜索类目可以选择"产品"、"公司"、"求购"或"资讯"。在"产品"类目中搜索,共找到410 261条记录(见图6-34)。采购方可以通过"用途"、"款式"、"提手方式"、"产品属性"对产品进行筛选,通过"所在地区"、"经营模式"、"销量"、"价格"对搜索结果进行排序(见图6-35)。

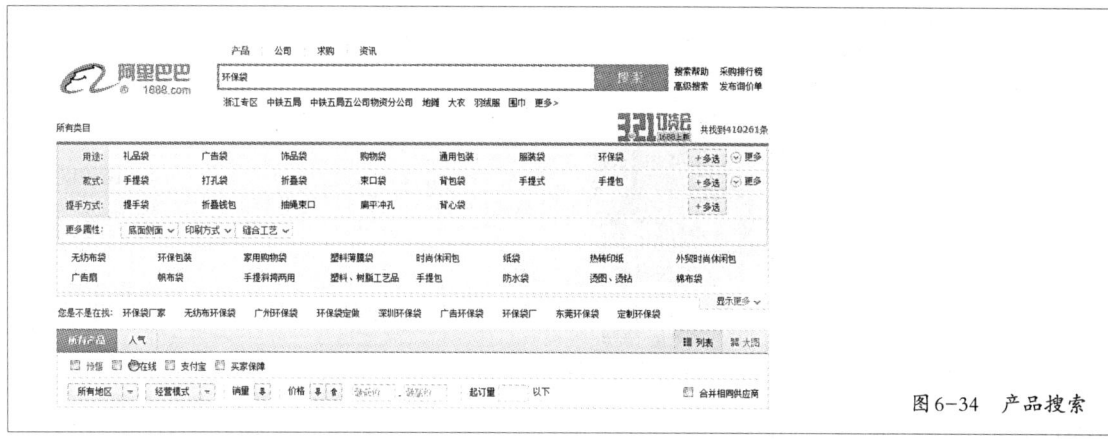

图6-34 产品搜索

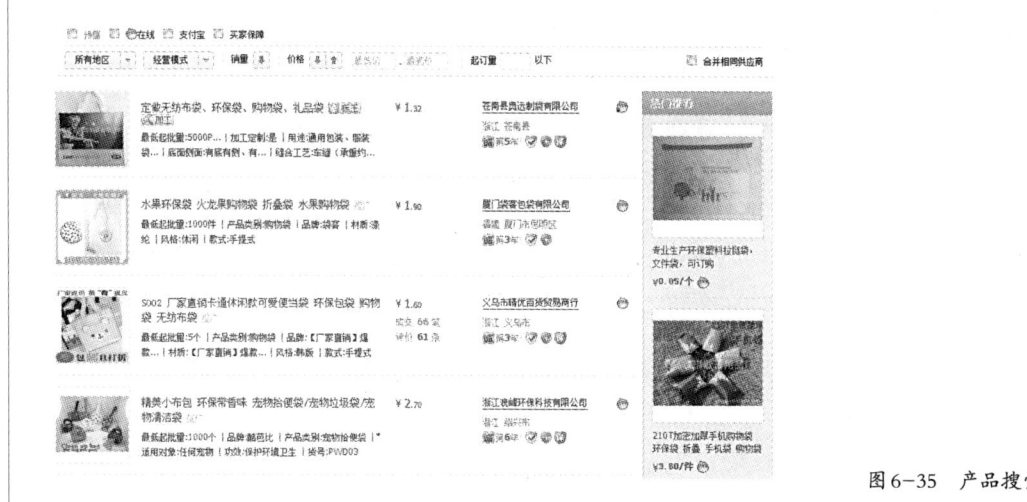

图6-35 产品搜索结果

网站的搜索引擎会根据程序和客户的要求列出产品的详情,包括产品名称、产品介绍和供应商名称及联系方式。

在搜索到的产品结果中,点击其中一个,打开链接,可以查看与产品相关的详细信息。例如供货商供应的产品、公司相关介绍、诚信档案、联系方式等。采购商还可以通过供应商设定的模版进行定制。网站还提供了即时通讯工具,供买卖双方洽谈。产品详情如图6-36所示。

产品介绍之后,还会附有"交易流程"、"保障说明"等内容(见图6-37)。

在搜索类别中选择"公司",网站会将符合要求的公司列举出来。

采购方可以通过"主营行业"、"经营规模"、"员工人数"、"年营业额"对搜索结果进行筛选,通过"所在地区"、"经营模式"、"会

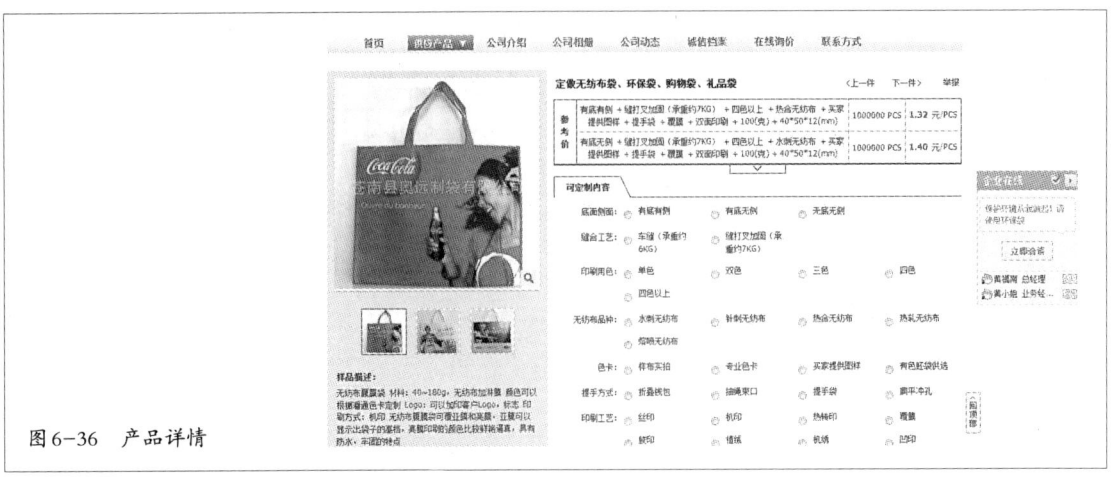

图 6-36　产品详情

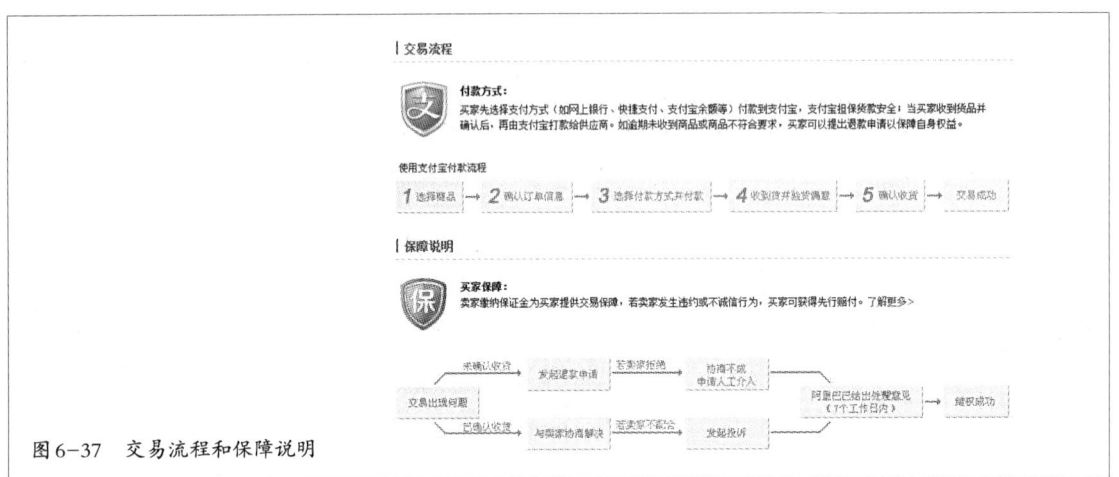

图 6-37　交易流程和保障说明

图 6-38　公司搜索结果详情

员类型"对搜索结果进行排序。阿里巴巴还可以按照公司所在地，将其位置标注在地图上。选择其中一个搜索结果，点击打开链接，查看公司详情（见图6-38）。在公司详情中，展示工厂介绍、加工生产、产品类目、价格案例、诚信档案、联系方式等内容。

在搜索类别中选择"求购",网站会将符合要求的求购信息列举出来(见图6-39)。

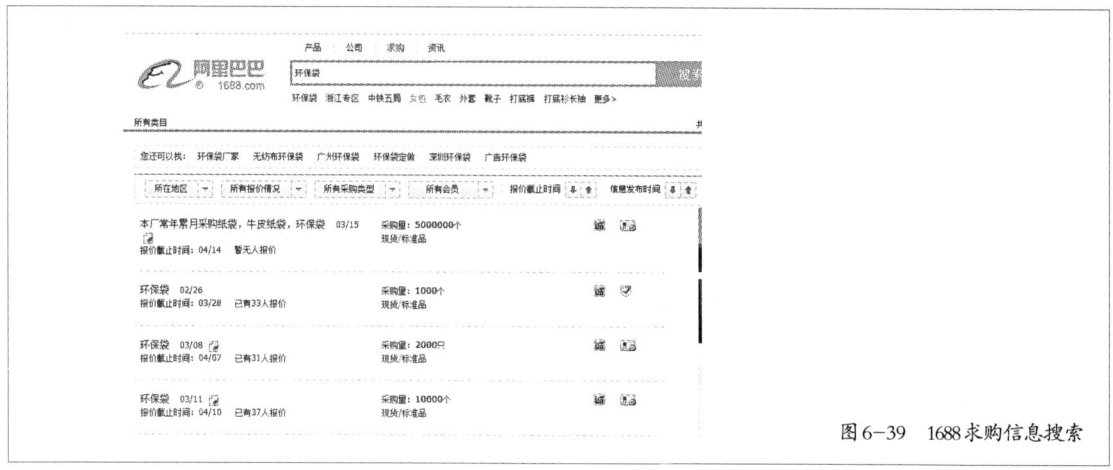

图6-39　1688求购信息搜索

搜索引擎会将符合要求的求购信息列举出来,包括采购名称、截止时间、报价人数、采购量等基本情况。选择其中一条记录,点击打开链接。

在打开的链接中,可以看到采购商信息、产品数量、图片等信息(见图6-40)。

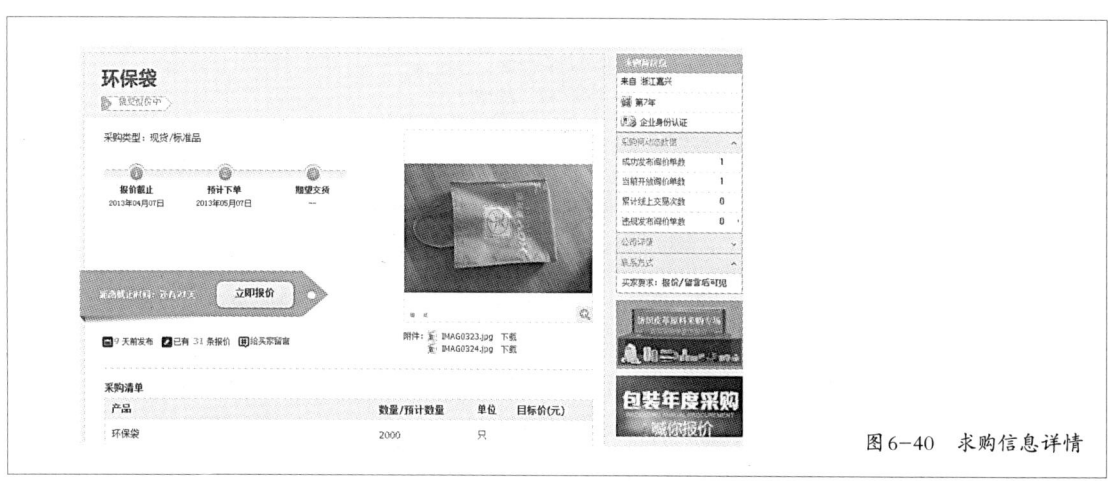

图6-40　求购信息详情

在搜索类别中选择"资讯",网站会将符合要求的资讯信息列举出来(见图6-41)。

搜索结果将展示关于"环保袋"的各类咨讯,可以通过资讯了解行业发展,寻找商机。点击打开其中一条链接,查看详细内容(见图6-42)。

图 6-41　资讯搜索

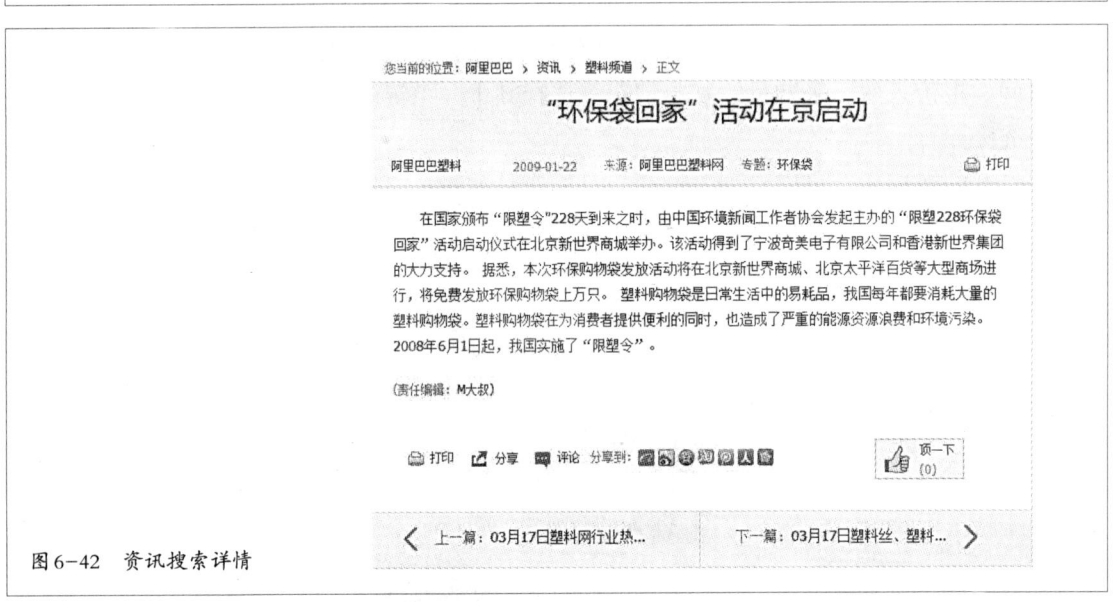

图 6-42　资讯搜索详情

　　如果在网站上发布的产品信息中找不到合适的，或者想要让供应商主动联系，可以采取发布求购信息的方式。点击主页搜索栏右边的"让卖家找上门，发布询价单"按钮，进入阿里巴巴的采购必应频道，主动发布采购信息，在这个页面填写产品名称、产品数量、单位、目标价、产品说明等信息（见图6-43）。

　　同时将联系人、联系方式、询价截止日期等详细要求填写规范，提交发布信息（见图6-44），求购信息就可以在第三方平台上展示，采购方可以随时通过后台跟踪、审阅报价信息。

图 6-43 采购必应栏目

图 6-44 采购信息发布

6.2.4 采购模式的对比分析

1. 三种模式对比

对于采购方来说，三种模式各有优缺点，适合不同的企业与采购品，从产品目录工作的难易度、与后台系统的集成性、使用的方便性、资本投入额、议价优势五个方面进行对比，其结果如表6-1所示。

表6-1 三种B2B网络采购模式对比

项目	卖方模式	市场模式	买方模式
产品目录工作的难易度	简单	中等	复杂
与后台系统的集成性	差	中等	好
使用的方便性	不方便	中等	方便
资本投入额	低	中等	很高
议价优势	低	中等	高

2. 采购模式选择

企业建立何种电子采购模式的决策取决于多方面的因素，主要的有两个：一是企业规模的大小；二是企业采购物料的种类。我们把企业规模分为大企业和中小企业两种，将采购物料种类分为直接物料与MRO物料。以企业规模与物料类别为依据，进行采购模式的选择。

（1）企业规模与采购模式

大企业规模大，财力雄厚，通常已拥有了较成熟的ERP系统或MRPⅡ系统，另外也有资金和实力进行更深、更广的信息系统开发。中小企业一般不具有一整套的ERP或MRPⅡ系统，而只是对几个关键的部门或业务流程进行了计算机化和自动化，并且能够投入到信息系统开发中的财力、物力和人力相对不充足。

一般来说，大企业的生产规模推动了信息系统的建设，从而在人力资源、软硬件设施和信息管理方面为网络采购做了充足准备，再加上财力的投入，实施网络采购就成了"水到渠成"的过程。例如，一般的汽车生产企业，都有其电子商务采购平台（见图6-45）。对于中小企业而言，由于各方面要素投入的制约，在采购模式选择中就要"精打细算"，找到合适的平衡点。

（2）直接物料与MRO物料

物料的采购可以分为两种：直接物料和MRO物料。直接物料是指与生产直接有关的物料，例如原材料、生产设备等。直接物料采购的特点是数量大、价值高，需求有一定的周期性和可预测性，而且采购直接物料时要分析的技术参数较多，供应商的选择过程比较复杂。因此通常直接物料的供应商数目较少，而且比较固定，一般不轻易更换。

MRO物料是指与维护（Maintenance）、修理（Repair）、运作

图6-45 汽车企业自建采购网站

（Operation）有关的物料，例如办公用品、生产设备的零部件等。MRO物料采购的特点是单位数量小、种类繁多、单位价值低、频率高、供应商多，但是MRO采购总量却不低。MRO采购的另一个特点是，虽然每次采购商品的价值不高，但采购的固定成本却相对很高。原因是直接物料只满足生产部门的需要，而生产部门有详细的生产计划，因此直接物料的采购有较强的周期性和计划性，但是MRO物料的使用对象涵盖了整个企业的各个部门，各个部门对MRO物料的需求时间、数量，品质的要求都不同，从而导致MRO采购非常频繁，且每次都要经过一个复杂的流程，其采购成本居高不下。Gartner Group经过调查发现，75%的MRO采购金额低于1 000美元，而无论采购的是只有5美元的信纸还是5 000美元的计算机，每次采购的固定成本均超过100美元。MRO采购成了企业总成本中的一个黑洞，电子采购在这方面有很大的用武之地。图6-46所示为MRO物料采购网站。

（3）模式选择

不同的企业规模、不同的采购物料种类所适用的模式有很大的差别。我们按照企业规模和物料类别进行分类说明，如表6-2所示。

采购平台选择

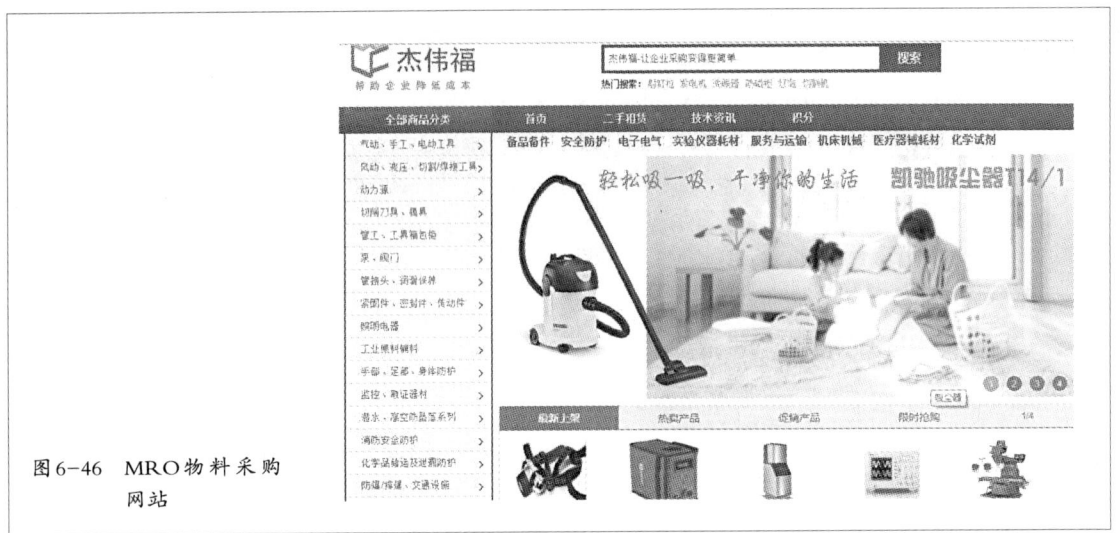

图6-46 MRO物料采购网站

表6-2 B2B网络采购实施策略分析

模式	企业规模/物料类别	大企业		中小企业	
		直接物料采购	MRO物料采购	直接物料采购	MRO物料采购
卖方模式				√	
买方模式		√	√	√	
市场模式			√		√

6.3 供应商分析

选择供应商是采购活动中一项非常重要的工作，加强供应商管理、提高其供应可靠性及灵活性、缩短交货周期、增加送货频率可以极大地改进企业的经营表现，如可以缩短生产总周期、提高生产效率、减少库存、加快资金周转、增强对市场需求的应变能力等。所以如能选到好的供应商对提高企业经营效果有很重要的意义。

6.3.1 供应商选择的一般标准

1. 质量

在现代企业管理中，质量管理贯穿整个生产过程，按照时间顺序，可以将其划分为进料质量管理、过程质量控制和出货质量控制。据统计，产品中价值的很大一部分是经由采购而来的，是供应商提供的，因此毫无疑问，产品的质量应该从采购环节加以控制和管理，这也是"上游质量控制"的体现。供应商上游质量控制得好，不仅可以为下游质量控制打好基础，同时可以降低质量成本。

产品质量是众多采购商第一位考虑的因素，这与国际上重视产品质量的趋势是一致的。在网络采购中，由于产品采购商和供应商最初是通过网络进行信息传递的，很多产品只能通过文本和图片描述获得，对于质量的管理就显得更为重要了。

2. 价格

价格是指企业进行采购作业时，通过某种方式与供应商之间确定的所需采购的物品和服务价格。依据不同的交易条件，采购价格会有不同的种类。采购价格一般由成本、需求以及交易条件决定。网络采购中，由于软件和信息技术的应用，供应商一般能够根据采购商的数量、交易模式、运输物流给出不同的参考价格，且这些报价较为直观、透明。采购商对供应商的报价要综合考虑，将不同的报价进行对比分析，在适合的供应模式下，选择最具竞争力的报价是选择供应商的重要参考依据。

3. 交付

交付是产品从供应方转交至采购方的过程。交付是快速响应客户需求的重要保证，按时交付是最基本的采购目标。在网络采购中，一般来说采购商和供应商存在地域差异，因此在交付管理环节中可能存在一些比传统采购更难应对的问题，采购商在选择供应商时应更加注意对交付因素的重视。在交付过程中，运输与采购几乎形影不离，有采购交付就需要把采购物品运输到目的地。在交付管理中应该注重对物流运输的管理，一是对运输费用的控制，二是尽可能地实现准时化供货。

4. 服务

供应商的整体服务水平是指供应商内部各作业环节能够配合购买者的能力与态度，内容包括供应商对产品的培训工作、安装服务、技术支持服务、售后服务等方面。通过以上服务，采购商可以缩短设备的投产时间或投入运行所需要的时间，增强对产品质量的信心，提高产品的适应性，有些升级功能还将提高产品对新技术的支持能力。在现代市场经济中，产品竞争逐渐向服务竞争转变，供应商的服务水平也是采购商选择供应商的一个重要因素。例如国内一些著名的B2B网站都可以实现在网络上采购，安装调试和售后服务在采购地完成。采购商应根据采购的物料性质，为服务因素在选择供应商中制定合理的权重。

供应商选择标准

6.3.2 供应商调查

供应商管理的首要工作,就是要了解供应商、了解市场环境。要了解供应商的情况,就要进行供应商调查。供应商调查是指对供应商基本信息情况进行了解与分析,对初次接触、未经考核评价的供应商应进行供应商调查。供应商调查一般可以从四个方面进行,分别是企业业绩、业务结构与生产能力、质量体系、企业环境。

1. 企业业绩

企业业绩评价是对一定时期内企业的整体经营业绩所进行的综合性评价。它通常是由评价主体采用特定的工具,依托于相应的评价体系,对照统一的评价标准,按照一定的程序,通过定量、定性分析,对企业经营者的业绩完成情况进行客观、公正、准确的评价,以确保企业战略目标的达成和经营者奖惩机制的兑现。在对供应商的业绩进行评价时应注意三个方面的问题:首先,指标必须能够反映行业和企业特点;其次,指标必须具有可控性;最后,指标不宜过于复杂。

2. 业务结构与生产能力

业务结构是指企业开展不同领域业务的构成及其比例关系。业务结构会对整个企业的发展和获利能力产生较大的影响。生产能力是指在计划期内,企业参与生产的全部固定资产,在既定的组织技术条件下所能生产的产品数量,或者能够处理的原材料数量。生产能力是反映企业所拥有的加工能力的一个技术参数,它也可以反映企业的生产规模。这两个指标可以影响企业的利润率和盈利能力。

3. 质量体系

质量体系指为保证产品、过程或服务质量,满足规定(或潜有)的要求,由组织机构及职责、程序、活动、能力、资源等构成的有机整体。质量体系包含一套专门的组织机构,具备了保证产品或服务质量的人力、物力,还要明确有关部门和人员的职责和权力,以及规定完成任务所必需的各项程序和活动。质量体系认证在一定程度上可以强化品质管理、提高企业效益、增强采购商信心。一些世界知名的汽车制造商如雪铁龙(Citroen)、标志(Peugeot)、雷诺(Renault)和日产(Nissan)汽车制造商已强制要求其供应商通过ISO/TS16949的认证。

4. 企业环境

任何一个企业和社会组织都是存在于环境之中的。企业环境可分为微观环境和宏观环境。微观环境包括那些直接影响企业履行其使命状况的行动者、供应商以及各种市场中间商、顾客、竞争对手等。宏观环境包括那些影响企业微观环境中所有行动者的较广泛的社会力量或因素,包括人口的、经济的、技术的、政治的、法律的以及社会文化方面的力量和因素。企业与环境之间存在着密切的联系。一方面,环境是企业赖以生存的基础;另一方面,企业是一种具有活力的社会组织,它并不是只能被动地为环境所支配,而是在适应环境的同时也对环境产生影响,推动社会进步和经济繁荣。

6.3.3 供应商选择的流程

在众多的供应商中,如何挑选优秀的供应商?必须要建立一套高效的选择方法,而选择方法和流程的确定要根据采购商的实际情况进行定制,必须依据采购的产品性质、生产特点、管理风格等实际情况,进行合理的流程设计。

1. 一般步骤

(1)内部需求分析

要进行采购,首先要分析弄清采购管理机构所代理的全体需求者们究竟需要什么、需要多少、什么时候需要等问题,从而明确应当采购什么、采购多少、什么时候采购以及怎样采购等问题,以得到一份明确可靠、科学合理的采购任务清单。这个环节的工作就叫做采购需求分析。

（2）分析市场环境，搜集整理厂商信息，建立选择目标

这个步骤的目的在于找到适合开发的有效的产品市场，详细了解现在的产品需求、产品的类型和特征，确认用户需求，从而确认供应商评价选择的必要性。同时分析现有供应商的现状，分析、总结企业存在的问题。

（3）成立评价小组，建立供应商评价标准

企业必须建立一个小组以控制和实施供应商评价。评价小组必须同时得到制造商企业和供应商企业最高领导层的支持。供应商综合评价的指标体系是企业对供应商进行综合评价的依据和标准，是反映企业本身和环境所构成的复杂系统不同属性的指标，按隶属关系、层次结构有序组成的集合。应根据系统全面性、简明科学性、稳定可比性、灵活可操作性的原则，建立集成化供应链管理环境下供应商的综合评价指标体系。不同行业、企业、产品需求，不同环境下的供应商评价应该是不一样的，但评价因素应涉及供应商的业绩、设备管理、人力资源开发、质量控制、成本控制、技术开发、用户满意度、交货协议等方面。

（4）供应商参与，实施合作

一旦企业决定实施供应商评价，评价小组必须与初步选定的供应商取得联系，以确认他们是否愿意与企业建立合作关系，是否有获得更高业绩水平的愿望。企业应尽早让供应商参与到评价的设计过程中来。然而因为企业的力量和资源是有限的，企业只能与少数的、关键的供应商保持紧密的合作，所以参与的供应商不宜太多。

2. 一般原则

在供应商选择的过程中，要根据不同的企业类别、市场环境、生产要求、采购物料的性质等因素制定不同的原则。一般来说，供应商选择可以遵循门当户对原则、半数原则、供应商数量控制原则、供应链战略原则和学习更新原则。

（1）门当户对原则

门当户对原则体现的是一种对等管理思想。在充分竞争的供应市场上，由于供应商的个体管理水平和生产规模不同，企业应该考虑与自身规模、层次相当的供应商。

（2）半数原则

半数原则是要求在一个供应商处购买的产品的数量不能超过该供应商产能的50%。如果仅由一家或两家供应商负责某类物资

的供应，供应风险较大，如有突发事件，则会影响企业供应链的正常运行。

（3）供应商数量控制原则

供应商数量控制原则指某类物资的供应商数量不能太多，最好保持在3~4家，并且有主次之分。这样做可以在降低供应商管理成本的同时，保证管理的效果，对主力供应商应采取框架协议采购的模式。

（4）供应链战略原则

供应链战略原则是指与重要供应商发展供应链战略合作关系。通过分析市场竞争环境，对有限竞争的市场和垄断货源的供应市场，需要采取战略合作的原则，确保企业的资源获取能力和价格优惠。

（5）学习更新原则

采购是一个动态的过程，不是一成不变的，在选择了合适的供应商与采购物料之后，还要不断地进行学习和研究，及时更新理念和数据库，当有新技术、新工艺、新标准、新产品出现的时候，就要进行新一轮的评价，及时更新各项数据库，选择更合适的供应商。

6.3.4 供应商评价方法

近些年供应商评价选择方法的研究主要集中在定性与定量分析相结合的多目标评价选择方面，且向着多种方法融合的趋势发展。现将一些常用的方法列举如下，以供参考。

供应商评价指标

1. 直观判断法

直观判断法是指通过调查、征询意见、综合分析和判断来评估供应商的一种方法。主要是采纳有经验的采购人员的意见，或者直接由采购人员凭经验作出判断。这种方法简单、快速、方便，但是缺乏科学性，受掌握信息的详尽度限制，因此常用于选择企业非主要原材料的供应商。有些物资的采购，没有必要采用复杂的流程，凭借采购人员的经验就可以完成决策，例如办公室的日用品。

2. 评分法

评分法是指依据对供应商评价的各项指标，按照供应商的优劣档次，分别对各供应商进行评分，得分最高者为最佳供应商或者首选供应商。在评分过程中，还可以根据评价项目的权重，采用加权综合评分法。首先规定衡量供应商的各个重要指标（如产品质量、价格、合同完成率等）的加权分数，然后根据以往交易的统计资料，分别计算各供应商的得分。供应商评价表如表6-3所示。

表6-3 供应商评价表

序号	评价项目	极差 0分	差 1分	较好 2分	良好 3分	优秀 4分
1	产品质量					
2	技术服务能力					
3	交货速度					
4	反应速度					
5	供应商信誉					
6	产品价格					
7	延期付款期限					
8	销售人员					
9	人际关系					
10	产品说明书					
11	售后服务					

3. 层次分析法

层次分析法（The Analytic Hierarchy Process）简称AHP，在20世纪70年代中期由美国运筹学家托马斯·塞蒂（T.L.Saaty）正式提出。它是一种定性和定量相结合的、系统化、层次化的分析方法。层次分析法将一个复杂的多目标决策问题作为一个系统，将目标分解为多个目标或准则，进而分解为多指标（或准则、约束）的若干层次，通过定性指标模糊量化方法算出层次单排序（权数）和总排序，以作为多目标（多指标）、多方案优化决策的系统方法。层次分析法的一般步骤包括：建立层次结构模型、构造成对比较矩阵、计算权向量并做一致性检验、计算组合权向量并做组合一致性检验。

4. 成本法

成本法（Total Cost of Ownership，TCO）是目前供应商评价选择中广泛使用的一种新的成本计算方法。传统的采购成本分析均专注于考虑供应商价格因素，这是因为在大多数商品的购买过程中，价格是采购成本中最重要的。在很多情况下，人们不太关注其他的成本。TCO作为一个采购工具，其目的是了解一项特殊的购买活动或从一个特定的供应商处获得服务所需的相关成本。它可以使采购方在获得、拥有、使用及处理一项货物或服务时确定哪项成本最相关或最重要。

采购成本组成如图6-47所示。

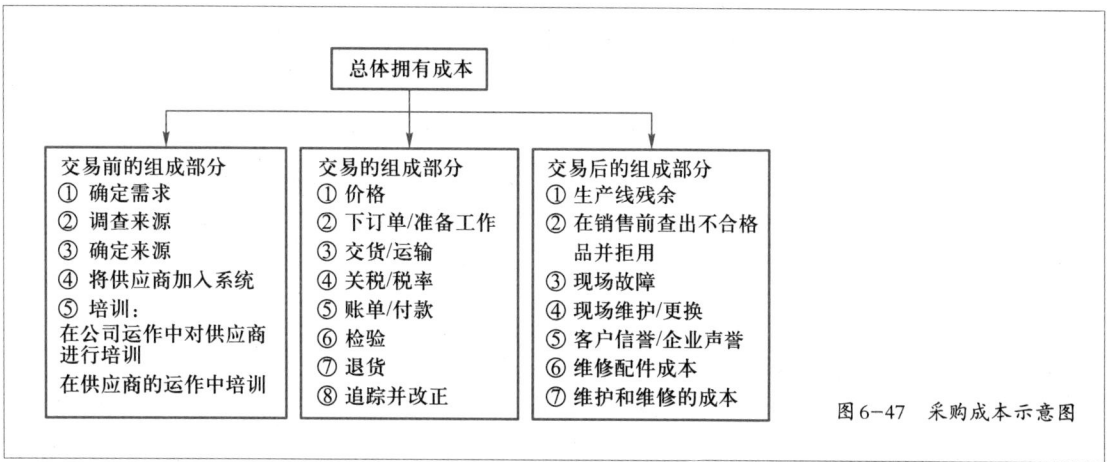

图6-47 采购成本示意图

6.3.5 供应渠道与采购策略

1. 供应商对企业的积极意义

（1）确保物料供应的可靠性

好的供应商具备很强的交货能力，保证按时、按质、按量交货，确保企业生产计划和销售计划的顺利执行。反之则会直接影响企业的生产和销售，对企业影响很大。

（2）保证产品质量

按质量控制的时间顺序可将其划分为进料质量控制、过程质量控制及出货质量控制。由于产品价值60%的部分是经由采购而来，也就是说企业产品质量更多地应控制在供应商质量管理过程中，这就是"上游质量控制"的体现。

（3）充分利用供应商的技术能力

当前许多大公司都将自身企业产品开发与生产延伸到供应商，与供应商建立伙伴关系。在不需要自身能力和自己不用直接进行投资的前提下，应充分利用供应商的技术能力与生产设施为自己开发生产。

2. 供应渠道与采购策略

（1）确定不同的采购策略

企业的采购物品往往品种繁多，重要程度差异很大，而数量又大小不一，市场上供求关系也不尽相同，所以采购的策略也应该是灵活多样的。

在对采购物料进行分析的时候，经常会用到ABC分类法进行分类。该方法按照全年货币价值从大到小排序，然后划分为三大类，分别称为A类、B类和C类。A类物料价值最高，受到高度重视，处于中间的B类物料受重视程度稍差，而C类物料价值低，仅需进行例行控制管理。

ABC分类法是十分重要而有效的物料分类管理方法，适用于物料管理部门的几乎所有职能岗位，包括物料的计划和控制、采购、物料和采购的研究、收货、仓储和库存控制等，同样适用于来料质量控制。

（2）建立可靠、优化的供应配套体系

在选择和管理供应商的时候，要用动态的方法，具有一定的柔性。一方面要采取表现不合格供应商的淘汰制，以优化供应配套体系，适当减少供应商的数量，使采购活动尽量集中，以发展伙伴型的供应商合作关系。另一方面又要避免依赖独家供应商，防止垄断供应的风险。在供应商出现问题或者需要更换的时候，要提前做好准备，以防因临时的物料供应不足给生产和经营造成影响。

（3）供应渠道的选择

在购买原材料及零件时应能对流通路径加以调查，对不必要的中间环节予以排除，直接与生产厂商交易，则中间商利润、销售费用、运输费用等都可以节省，因而能购入较便宜的商品。但当非要中间商介入不可时，比如说具有地区性的特殊技术的公司所制造的产品，如果地区遥远，直接购买时因运费、通信费及日程上诸多不利，在这种情况下，可利用中间商渠道来进行交易。一些特殊品因批量小、金额小如能利用经销商来向特殊品专门制造商订购，在交货期、品质、价格等方面对采购都是有利的。

（4）防范供应商垄断供应

许多企业对某些重要材料过于依赖同一家供应商，往往会落入供应商垄断供货的控制之中。这种供应商常常能左右采购价格，施加极大的影响。出现垄断供应的原因，可能是公司只有唯一的一家供应商，或者该供应商受到强有力的专利保护，任何其他商家都不能生产同类产品，采购商或许被"套牢"，处在进退维谷的两难境地，因为转换供应商不划算。这时候可以找一些行之有效的措施，防范垄断供应。

6.4 供应商管理

6.4.1 供应商绩效管理

1. 供应商绩效考核

供应商绩效考核是对现有供应商的日常表现进行定期监控和考核。随着采购管理在企业中的地位越来越重要，企业对供应商的管理水平也在不断上升，因此对供应商的业绩考核工作显得十分重要，不仅仅是要对重要供应商的来货质量进行定期检查，而且需要一整套的规范和程序。为了科学、客观地反映供应商供应活动的运作情况，应该建立与之相适应的供应商绩效考核指标体系。在制定考核指标体系时，应该突出重点，对关键指标进行重点分析，尽可能地采用实时分析与考核的方法，要把绩效度量范围扩大到能反映供应活动的信息上去。评估供应商绩效的因素主要有质量、交货时间、价格、服务水平等。

2. 供应商绩效考核原则

供应商的业绩对采购企业的影响越来越大，在产品价格、产品质量、交货提前期、库存水平、产品设计等诸多方面都影响着采购业务的质量。采购企业需要与供应商有效地协同，对供货记录进行全面的跟踪，并通过考核评价加以控制，保证企业供应链系统中采购链的稳定和高效运作。企业对供应商的考核评价工作应具备如下一般原则：考核评价指标体系的科学性、考核评价模式的有效性、考核评价信息的互动性、系统的安全性。

6.4.2 供应商绩效考核的指标体系

1. 绩效考核指标

（1）质量指标

供应商质量指标是供应商考评的最基本指标，包括来料批次合格率、来料抽检缺陷率、来料在线报废率、供应商来料免检率等。此外，有的公司将供应商体系、质量信息、供应商是否使用和如何使用SPC（存储程序控制法）与质量控制等也纳入考核，如供应商是否通过了ISO9000认证或供应商的质量审核体系是否达到一定的水平。还有些公司要求供应商在提供产品的同时要提供相应的质量文件，如过程质量检验报告、出货质量检验报告、产品成分性能测试报告等。

（2）供应指标

供应指标又称企业指标，是同供应商的交货表现及供应商企划管理水平相关的考核因素。其中最主要的有：准时交货率；交货周期，即自订单开出之日到收货之时的时间长度，以天为单位；订单变化接受率，这是衡量供应商对订单变化灵活性反应的一个指标，指在双方确认的交货周期中可接受的订单增加或减少的比率。供应商能够接受的订单增加接受率与订单减少接受率往往不同，前者取决于供应商生产能力的弹性、生产计划安排与反应快慢及库存大小与状态（原材料、半成品或成品），后者主要取决于供应商的反应、库存（包括原材料与在制品）大小及因减少订单带来可能损失的承受力。

（3）经济指标

供应商考核的经济指标总是与采购价格和成本相联系。与质量及供应指标不同的是，质量与供应考核通常每月进行一次，而经济指标则相对稳定，多数企业是每季度考核一次。此外，经济指标往往都是定性的，难以量化。

（4）支持、配合与服务指标

同经济类指标一样，考核供应商在支持、配合与服务方面的表现通常也是定性的考核，每季度一次。相关的指标有：反应与沟通、表现合作态度、参与本公司的改进与开发项目、售后服务等。

2. 指标体系的建立与运作

基于以上的分析，一般从价格和费用、产品质量、交付情况、服务情况等四个方面对供应商进行评价，并按百分制的形式来计算分值。

（1）价格和费用考核

价格和费用是评价供应商的重要标准。企业可以根据市场同类材料最低价、最高价、平均价、自行估价计算出一个比较标准和合理的价格。价格的权重可以占到20%~30%。

（2）产品质量考核

采购物资的质量是企业产品质量的基本保障，但质量超过要求标准、功能过剩也会带来经济损失。评价供应商的质量指标有批退率、平均合格率、总合格率等，由质量检验部门依据厂商交货及其有关资料编列明细表。一般质量权重占35%~45%，其质量越低则扣分越多。

（3）交货情况评估

交货及其他服务由采购部门根据交货迟延或有关资料编制明细表进行评估。

$$交货率 = 送货数量 / 订购数量 \times 100\%$$

交货率越高，得分就越多。

$$逾期率 = 逾期批数 / 交货批数 \times 100\%$$

逾期率越高，得分越少；逾期越长，扣分越多；逾期造成停工待料,则加重扣分。

交货期权重占20%左右,其交货越短越准时,得分越高。

(4)服务水平评估

由于工业企业购进物资的技术含量高,因而售后服务尤为重要,是采购时需要向供方提出的必要条件。另外供应商提供的其他服务,如服务态度、手续繁简、节省费用的措施等也需要进行比较,在其他条件相同的情况下,选服务水平高者为供应商。服务越好,得分越多。服务水平权重可占15%左右。

(5)综合评分

供应商评价是一个典型的多对象、多因素综合评估问题,目前已经研究出大量的评估方法,其基本思想是相同的。先对每个评价因素单独评分,为了使不同性质的因素之间具有可比性,每个因素的分值取值范围应该一致。再根据每个因素的重要程度分配权重。有了评估分值和权重就可以算得评估数值,数值大者为优。

6.4.3 供应商关系与管理

1. 供应商分类

根据供应商的竞争性、重要性和不可替代性,可将供应商分成一般供应商、主力供应商、战略供应商三类。

供应商关系管理

(1)一般供应商

这一类供应商的产品市场化程度较高,供应链增值率较低,供应商数量多,产品的标准化程度较高,供应商转换成本低,应把管理重点放在价格上,按照充分竞争的原则实施管理。

(2)主力供应商

这一类的供应商在市场中占有率较高或是在某个行业处于垄断地位,产品具有较强的竞争力,对企业有较大的增值作用,其特点是供应商数量不多,具有较高替代成本。

(3)战略供应商

这一类供应商的产品在供应链中占有非常重要的地位,产品具有无可替代性,能对采购方的生产运营产生重大的影响,或者由于其产品为满足采购方需求实现了个性化和独特化,供应商转换成本很高或不可替代,对这类供应商应签订战略合作协议,建立长期稳固的合作关系。

2.供应商关系的发展

供应商关系的发展经历了交易性竞争关系、合作性适应关系、战略性伙伴关系的不断演变。

传统的采购思维认为,供应商之间的竞争有利于采购商获得更低的价格和采购的主导权。在这种思想的影响下,采购活动一直处在交易性竞争关系中,采购商与供应商之间是一种对立的交易关系。因此一个大公司进行采购,拥有上千家的供应商就不足为奇了。在这种关系中,单纯的价格竞争最终导致质量下降,增加了采购中的质量管理成本,长期来看双方利益都不能得到保障。

到了19世纪80年代早期,采购管理的工作重心已逐渐转向质量和顾客满意。质量标准也从最终顾客的角度来制定,合作性适应关系逐渐开始出现。采购企业对订货制定了更为复杂的标准,不仅包括产品本身,也包括交货、技术服务、售后支持等。采购企业开始依靠更少的供应商,但是对供应商提出了更高的要求。不过,在某种程度上,这种供应商与采购方之间的关系仍然是对立的,各个供应商之间也是对立的关系。采购者所制定的产品的规格、标准越来越复杂,而供应商却少有机会介入其制定过程。

之后,供应商和采购商之间的关系逐渐演变,战略性伙伴关系开始出现。供应商更多地参与到采购商的标准制定过程中,双方的合作领域涉及很多方面,如生产、工程技术、设计、采购、营销。供应商积极参与采购客户的产品设计和规划的制定过程。这种合作的形式也是在不断更新变化的,一揽子采购协议或者是其他更加非正式化的一些订购协议都日益普遍。

3. 构建良好的伙伴关系

如果上游企业与下游企业知道它们的购买与销售关系是稳定的,企业之间就能发展效率更高的、更专业化的生产过程,可能使上游企业调整它的产品,使之完全满足下游企业的需要,或者下游企业调整自身使之更加适合上游企业产品的特性。长久稳定的伙伴关系可以让企业和供应商建立专门的交易过程,包括专业化的后勤系统、特殊的包装、记录保存及控制的独特安排,以及其他相互影响的降低成本的方式,大大提高了采购活动的经济性。

集团企业通过电子商务平台采购

2007年4月至5月,16家著名公司联合阿里巴巴在其网站进行了集团大采购活动，三星、LG电子、海尔、德力西和高邦等多家国内500强企业和行业龙头公司陆续登陆，采购产品总量超过千种，采购金额高达数亿元。大买家所处行业和所需的产品涉及的行业范围不断扩大，如图6-48所示。

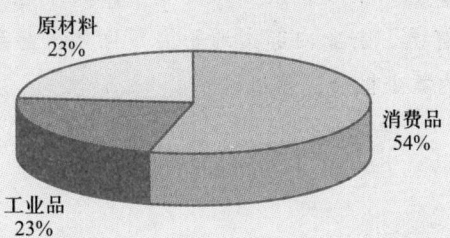

图6-48　大买家行业分布图

4月23日和24日，三星集团在东莞长安国际酒店举办了"2007中国三星采购展"，本次采购以回路件、结构件、组装件、半导体等电子元件为主。采购现场氛围热烈，各供应商都做好了充分准备，公司资料、样品、现场演示等一应俱全，并按照采购产品的系列与三星的采购人员分组进行洽谈。

在这次现场洽谈会上，共有19家阿里巴巴会员企业应邀前来与三星进行了亲密接触，而这19家企业也是经过阿里巴巴大买家采购活动层层筛选最终脱颖而出的。据了解，三星采购流程和标准非常严格，对条件符合的供应商会进行实地考察，并进行一系列的评估，最后确定供应商的名单，时间大概需要半年左右。

本次由三星方面筛选出来最终参加现场洽谈会的19家阿里巴巴会员企业，从地域分布上来看广东、浙江和江苏三地占据了相当高的比例。这些企业平均拥有的员工数量接近400人，公司年销售额均值近1500万美元。但值得一提的是在这两项指标上19家企业的差异较大：员工数量从几十到上千不等，年销售额低的不足100万美元，高的多达3500万美元。其中一家来自上海的公司仅仅拥有96名员工，年销售只有75万美元，同样获得了三星的青睐，这充分证明了企业规模和销售背景并非跨国巨头选择供应商的唯一标准。

案例分析：

产品性价比、企业产品资质认证是大买家采购关注的焦点，其中如供应商的成本控制力、质量保障体系以及是否符合欧盟及美国环保要求、是否通过ISO9001等国际通行标准大买家也较为看重。

成为大买家的供应商，不仅意味着长期稳定的订单，对于企业也是难得的提升和推广机会，因此联姻大买家几乎成为每个阿里巴巴会员企业的梦想，不过在众多采购报名活动中也存在错过报名时间、填写资料有误、企业内部沟通不力等问题，导致部分企业错失了牵手大买家的黄金机会，需要注意。

技能训练

根据实训背景描述，通过分析公司现状及网络贸易平台的特征，尝试对公司开展网络采购进行框架设计与制度建设。

（一）实训目标

1. 掌握各种采购模式的特点；
2. 能够对典型采购平台进行基本操作；
3. 能够根据公司的运营情况，提出网络采购的实施办法。

（二）环境要求

1. 软件和模拟动画实训时，需每人配备计算机一台，并安装Flash 8以上版本播放器；
2. 准备部分商品信息资料（可以是数字化处理后的商品资料）。

（三）背景资料

义乌诗琴针织有限公司在发展过程中，在物料需求方面遇到了很多的问题，其中各种日常物料的采购就是较为繁琐的一件事情。公司各个部门的运营都需要消耗多种类型的物资，包括办公用品、各类耗材等，这些物料即为MRO物料。与生产物料比起来，其需求分布在各个部门中，体现出了小批量、多批次、计划性不强的特点，采购难度和成本都很高。这也是很多中小企业在采购过程中容易忽视的一个环节，如果管理和控制不好，也会给企业带来较大的成本支出。

公司决定从原来的采购部门中划分出来一个团队，专门负责MRO物料的采购，这个团队面临一个全新的工作，从零开始。如果你被委任负责这个团队的构建与管理工作，你如何开展工作？如何组建团队?

（四）操作步骤

以下步骤供参考：

1. 分析中小企业MRO物料的需求特点；
2. 选择合适的采购渠道和平台，力求高效、透明、操作性强；
3. 制定合适的采购制度，对物料采购平台、流程、管理等问题进行规范；
4. 参照供应商选择的指标，制定一套选择模式，如以质量、价格、交付、服务为选择指标，并给每个指标设置一个合理的权重；
5. 以一种产品的需求为例（比如打印纸、计算机周边用品），在不同的电子商务平台上进行模拟采购，比较和选择你认为适合的平台。

（五）注意事项

在选择网络采购平台时，学生需要掌握在卖方平台中，对有限制条件的商品进行采购时，如何设置一套较为合理、符合要求的采购商品选择标准，并针对给定的实例，做出选择。

在选择供应商时，学生需要掌握在第三方电子商务平台中采购订制产品时，如何找到备选的供应商，并将供应商的基本信息汇总，协助需要采购的部门进行筛选。

（六）实训报告

实训名称：		学　时：	
实训地点：		日　期：	
小组成员：			
姓名：	班级：		学号：

一、实训描述

本次实训需要对背景资料进行分析，完成采购商品的综合评价与选择，主要考虑物料需求部门的实际需要，根据实际情况进行选择；还需要利用第三方平台寻找需要的供应商信息，提供给需要的部门，协助完成供应商选择与采购工作。

二、任务分配

续表

三、任务实施 　　要求按照任务执行流程的要求分要点来描述任务的具体实施步骤。
四、任务小结 　　请写出在操作过程中遇到的问题及解决办法。
五、任务执行评价 　　根据任务完成的质量、及时度，报告的编写质量给出成绩（100分制），作为本项目总成绩评定时的依据之一。 　　成绩： 　　　　　　　　　　　　　　　　　　　　　　　日期：　　年　　月　　日
六、任务拓展 　　1. 实践不同采购平台的基本操作； 　　2. 汇总各种商品的属性和评价指标。

同步测试

（一）单选题

1. 现阶段，（　　）不是采购模式的一个种类。
   A. 买方模式　　　　　　　　B. 卖方模式
   C. 第三方交易平台模式　　　D. 第四方交易平台模式

2. 阿里巴巴电子商务网站属于（　　）。
   A. 买方模式　　　　　　　　B. 卖方模式
   C. 第三方交易平台模式　　　D. 第四方交易平台模式

3. （　　）不是供应商选择的一般标准。
   A. 价格　　B. 质量　　C. 交付　　D. 品牌

4. 现阶段供应商关系一般是（　　）。
   A. 交易性竞争关系　　　　　B. 合作性适应关系
   C. 战略性伙伴关系　　　　　D. 暂时性供应关系

5. 下列不属于供应商一般分类的是（　　）。
   A. 一般供应商　　　　　　　B. 备用供应商
   C. 主力供应商　　　　　　　D. 战略供应商

（二）多选题

1. 下列属于卖方模式的有（　　）。
   A. Dell计算机　B. 京东商城　C. 阿里巴巴　D. 亚马逊
2. 常见的供应商评估方法有（　　）。
   A. 直观判断　　　　　　B. 评分法
   C. 层次分析法　　　　　D. 成本法
3. 供应商选择的一般原则有（　　）。
   A. 门当户对原则　　　　B. 半数原则
   C. 供应商数量控制原则　D. 供应链战略原则
   E. 学习更新原则

（三）简答题

1. 结合区域经济发展和切身体会，谈一下全球化对采购和供应链管理的影响。
2. 对比买方模式、卖方模式和第三方交易平台模式的优劣。
3. 简述供应商绩效考核的指标体系及其运作。

能力测评

 专业能力自评

	能/否	任务名称
通过学习本模块，你		了解全球化与电子商务发展
		掌握网络采购的基本模式
		掌握网络采购的基本流程
		熟悉各种采购模式中的典型平台
		掌握采购平台的选择
		了解供应商选择的一般标准
		了解供应商管理和评价的基本方法
通过学习本模块，你还		

注："能/否"栏填"能"或"否"。

核心能力自评

	核心能力	是否提高
通过学习本模块，你的	信息获取能力	
	口头表达能力	
	与人沟通能力	
	动手操作能力	
	解决问题能力	
	书面表达能力	
	团队合作精神	
通过学习本模块，你的		

自评人（签名）：　　　　　　　　　　　　教师（签名）：

　　　　　　　　年　月　日　　　　　　　　　　　　　　　年　月　日

注："是否提高"栏可填写"明显提高"、"有所提高"、"没有提高"。

参考文献

一、专著或教材

[1] 李琪.网络贸易.北京：清华大学出版社，2010.

[2] 侯贵松.超级业务主管胜经.北京：中国纺织出版社，2003.

[3] 黄泰山.出口营销实战.北京：中国海关出版社，2013.

[4] 范云峰.换个思维找客户：开拓客户的技巧.北京：京华出版社，2004.

[5] 陈念祥，张思羽.金牌外贸业务员找客户：16种方法·案例·评析.北京：中国海关出版社，2006.

[6] [美]菲利普·科特勒.市场营销.俞利军，译.北京：华夏出版社，2011.

[7] [英]马丁·克里斯托夫.关系营销.逸文，译.北京：中国财政经济出版社，2005.

[8] 马刚，李洪心，杨兴凯.客户关系管理.大连：东北财经大学出版社，2012.

[9] 杨路明.客户关系管理.重庆：重庆大学出版社，2008.

[10] 韩耀.客户关系管理：原理·技术·应用.北京：中国物资出版社，2004.

[11] 姚国章.电子商务与企业管理.北京：北京大学出版社，2002.

[12] 邵兵家，于同奎.客户关系管理——理论与实践.北京：清华大学出版社，2004.

[13] 杨永恒.客户关系管理：价值导向及使能技术.大连：东北财经大学出版社，2002.

[14] 龚国华，吴峒山，王国才.采购与供应链管理.上海：复旦大学出版社，2005.

[15] 杭州夏天岛影视动漫制作有限公司.阿里巴巴带你玩转电子商务：网络采购.北京：中信出版社，2007.

[16] 沈凤池.阿里巴巴电子商务初级认证教程：国内贸易方向.北京：清华大学出版社，2008.

[17] 伍蓓，胡军.采购与供应战略.北京：中国物资出版社，2009.

[18] 陈鸿雁.采购管理实务.北京：北京交通大学出版社，2011.

[19] 王槐林.采购管理与库存控制.北京：中国物资出版社，2008.

[20] 张新颖.采购实务.北京：机械工业出版社，2011.

[21] 张计划，李亮.从零开始学采购.北京：化学工业出版社，2012.

[22] 刘宝红.采购与供应链管理：一个实践者的角度.北京：机械工业出版社，2012.

[23] 许宝良.商品采购.北京：高等教育出版社，2012.

[24] 魏国辰.采购实际操作技巧.北京：中国物资出版社，2007.

[25] 谢勤龙，等.企业采购业务运作精要：基于 ERP、SCM 电子商务.北京：机械工业出版社，2002.

二、期刊文章

[1] 刘峰.浅谈中小企业网络贸易问题.现代商业,2009（8）：17.

[2] 陈振宇，张闪，秦丽.电子商务环境下凡客诚品的CRM应用研究.电子商务,2013（6）.

[3] 吴鸭珠.电子商务环境下有效实施客户关系管理的对策.电子商务.2011（09）.

[4] 覃蓉芳，万宇，武振业.浅谈以顾客价值为中心的企业战略模式.软科学.2002（02）.

[5] 杨伟.中小企业ERP选型分析.浙江国际海运职业技术学院学报，2008（01）：56.

[6] 黄水香.ERP实施影响因素研究述评.江西蓝天学院学报，2008（02）：26.

[7] 戴颖鹏.关于ERP系统与电子商务的有效集成.消费导刊,2009（04）：39.

三、网上文章

[1] 贸易.百度百科.http://baike.baidu.com/view/13505.htm.

[2] 网络贸易.百度百科.http://baike.baidu.com/view/1843016.htm.

[3] 询盘管理和在线洽谈.百度文库.

http://wenku.baidu.com/view/7a4bb1f8aef8941ea76e054b.html.

[4] 网络客户关系管理.百度文库.

http://wenku.baidu.com/view/d815e5c008a1284ac85043cc.html.

郑重声明

高等教育出版社依法对本书享有专有出版权。任何未经许可的复制、销售行为均违反《中华人民共和国著作权法》，其行为人将承担相应的民事责任和行政责任；构成犯罪的，将被依法追究刑事责任。为了维护市场秩序，保护读者的合法权益，避免读者误用盗版书造成不良后果，我社将配合行政执法部门和司法机关对违法犯罪的单位和个人进行严厉打击。社会各界人士如发现上述侵权行为，希望及时举报，本社将奖励举报有功人员。

反盗版举报电话　（010）58581897　58582371　58581879

反盗版举报传真　（010）82086060

反盗版举报邮箱　dd@hep.com.cn

通信地址　北京市西城区德外大街4号　高等教育出版社法务部

邮政编码　100120

短信防伪说明

本图书采用出版物短信防伪系统，用户购书后刮开封底防伪密码涂层，将16位防伪密码发送短信至106695881280，免费查询所购图书真伪，详情请查询中国扫黄打非网（http://www.shdf.gov.cn）。

反盗版短信举报

编辑短信"JB，图书名称，出版社，购买地点"发送至10669588128

短信防伪客服电话

（010）58582300

电子商务专业资源库平台使用说明

1. 登录www.cchve.com.cn，在专业列表中选择电子商务专业。

2. 自行注册账号，登录后可看到相关课程及资源，还可进入课程中心进行选课。

增值学习卡使用说明

1. 请登录http://hve.hep.com.cn，自行注册账号，然后用本书封底学习卡防伪明码和密码充值后使用。

2. 注意事项：

（1）本账号有效学习时间50小时。到期账号失效。

（2）本账号过期作废，有效登录时间截至2015年12月31日。

课程咨询电子邮箱：songchen@hep.com.cn　　咨询电话：（010）58581854

技术支持电子邮箱：gaojiaoshe@itmc.cn　　服务热线：400-081-0003

咨询电话：（010）68208490